Edgar Hilsenrath · Jossel Wassermanns Heimkehr

Edgar Hilsenrath

Jossel Wassermanns Heimkehr

Roman

Piper
München Zürich

Für Marianne

ISBN 3-492-03616-3

Gesetzt aus der Palatino-Antiqua
Gesamtherstellung: Jos. C. Huber KG, Dießen
Printed in Germany

Inhalt

Prolog 7
I. Teil 41
II. Teil 221
Epilog 293

Prolog

1

Es hatte die ganze Nacht geschneit, aber am frühen Morgen, als die Schtetljuden mit ihren Bündeln und Koffern zum Bahnhof gingen, lockerten sich die Wolken auf, und über dem Bahnhof öffnete sich ein Stückchen blaßblauer Himmel. Es war ganz klar. Dort oben hatte der liebe Gott ein Guckloch in die Wolken gebohrt, um die letzten Juden noch einmal zu sehen, ehe sie fortzogen. Vielleicht wollte Gott auch das Schtetl sehen, zum letzten Mal, denn es würde nie wieder so sein wie es war.

Nicht weit von dem einzigen und offenen Bahnsteig entfernt, hinter dem Stellwerk, stand eine Gruppe ruthenischer und polnischer Arbeiter. Sie froren, denn sie standen schon lange hier.

»Ich hab neulich vom Popen gehört, daß die Juden zur Zwangsarbeit fahren«, sagte einer der Ruthenen.

»Und ich hab auch was gehört«, sagte einer der Polen. »Aber was ganz anderes. Ich habe gehört, daß die Juden ins Feuer fahren.«

Die polnischen und ruthenischen Arbeiter redeten noch eine Weile, wie man eben so redet, über dies und das, zum Beispiel über die Häuser der Juden, die man ihnen versprochen hatte, sie redeten über Möbel und Federbetten und sonstiges Zeug, alles brauchbare Dinge, aber vor allem über die kostbaren Pelzmäntel. Denn es war sicher: Alles hatten die Juden nicht mitgenommen. Sie sprachen auch über Hacken und Schaufeln, die notwendig waren, um das vergrabene Gold und die Juwelen der Juden zu finden.

Nachdem der Judenzug abgefahren war, zerstreute sich die Gruppe. Soldaten, Miliz und Hilfspolizei kamen vom Bahnhofsgelände zurück. Es begann wieder zu schneien, und der Neuschnee verwischte die Fußspuren der Juden auf der schmalen Gasse, die zum Bahnhof führte. Es war merkwürdig. Gegen Mittag war nichts mehr zu sehen. Nur die Straßenhunde schnupperten noch im Schnee, und ihre Nasen erkannten zuweilen die Witterung eines Verschwundenen, der sie gefüttert hatte. Vielleicht war es ein bärtiger Jude im Kaftan, einer mit Schläfenlocken und einer Pelzmütze oder schwarzem Hut, vielleicht ein junges Mädchen mit wehendem Haar im Wind am offenen Hoftor oder am Ziehbrunnen oder auf dem Balkon, vielleicht ein Kind, ein Krüppel, ein Bettler, vielleicht eine Schwangere, eine aus frommem Haus, mit Perücke und Kopftuch, vielleicht ein gläubiger Mensch oder ein Abtrünniger. Die Hunde schnupperten lautlos. Nur einer von ihnen begann zu winseln und hob seine Schnauze zum Himmel. Das war der Hund des Wasserträgers Jankl – ein Mann, der so groß und stark war, daß es hieß: weder Regen noch Schnee könnten die Spuren seiner schweren Schritte endgültig verwischen.

Der Wasserträger Jankl war als letzter in den Waggon gestiegen. Und so war es kein Wunder, daß er ganz nah an der Tür stand, die von außen verriegelt worden war. Jankl, der Wasserträger, stand neben seinem Holzkoffer. Und ob man's glaubt oder nicht: Auf dem Holzkoffer saßen der Advokat Fischel Rosenkranz und Chane Sure, die Heiratsvermittlerin. Noch herrschte keine Panik im Waggon, denn sie waren kaum eine Stunde unterwegs. Noch war genug Essen da und auch genug Wasser, denn jeder hatte vorgesorgt. Auch mußte keiner dringend seine Notdurft verrichten. Der Güterwagen, in anderen Zeiten für den Transport von Gütern und Schlachtvieh bestimmt, war völlig überfüllt und alles andere als bequem, alle wurden hin- und hergeschüttelt, und viele mußten aus Platzmangel stehen, aber da die Fahrt erst angefangen hatte, murrte noch keiner. Man versuchte, es auszuhalten.

Der Wasserträger Jankl rauchte. Und auch der Advokat rauchte. Und Chane Sure, die Heiratsvermittlerin, kaute an einem Stück Brot.

»Sag, Jankl«, sagte die Heiratsvermittlerin, »stimmt das wirklich mit dem Testament?«

»So wahr ich Jankl heiße«, sagte der Wasserträger. »Es stimmt.«

»Ja«, sagte die Heiratsvermittlerin.

»Mögen die Kinder, die ich nie gezeugt habe, in der Hölle schmoren«, sagte der Wasserträger, »... und meine gottseligen Eltern nie Frieden finden ... und die Menschen nicht besser werden am Tag, wenn der Messias kommt ... wenn das nicht stimmt.«

»Schon gut«, sagte die Heiratsvermittlerin.

»Wie war das?« fragte der Advokat.

»Wie war was?«

»Nun, ich meine die Sache mit dem Testament.«

»Ich hab es schon zu oft erzählt«, sagte der Wasserträger.

»Dann erzähl es eben noch einmal«, sagte der Advokat.

»Achtzigtausend Schweizer Franken hab ich geerbt«, sagte der Wasserträger. »Die genaue Summe war achtzigtausend Franken und dreiunddreißig Rappen.«

»Und wer soll dir das vererbt haben?«

»Mein Onkel Jossel – Gott hab ihn selig –, der ein reicher Mann war und bei Kriegsausbruch verstorben ist.«

»Und wo hat dieser Onkel Jossel gewohnt?«

»In der Schweiz hat er gewohnt.«

»Weißt du auch in welcher Stadt?«

»Das hab ich vergessen.«

»Vielleicht in Zürich?«

»Ich kann mir die Namen dieser fremden Städte nicht merken, aber ich glaube, so hieß diese Stadt.«

»Und wer hat dir den Brief geschickt?«

»Nun, wer schon. Sein Notar.«

»Zeig mal das Testament. Und zeig mal den Brief.«

»Ich habe beides vergraben.«

»Und warum hast du es vergraben?«

»Damit's mir keiner wegnimmt.«

»Er hätte gleich in die Schweiz fahren sollen«, sagte die Heiratsvermittlerin zum Advokaten. »So was schiebt man doch nicht auf.«

»Es ging nicht«, sagte der Wasserträger, »denn als mir dieser schweinefleischfressende Goi, dieser hinkende Briefträger mit dem Klumpfuß, ich meine Nicolai Melniciuk, Sie wissen schon, der Ruthene, nun, als der mir den Brief mit dem Testament gebracht hat, da war der Krieg schon ausgebrochen. Wie sollte ich da in die Schweiz fahren?«

»Du hättest mit dem Testament zu mir kommen sollen«, sagte der Advokat.

»Ich bin aber zum Rebben gegangen«, sagte der Wasserträger, »weil der Rebbe ein heiliger Mann ist und ein Schriftgelehrter, und weil alle Juden, die ich kenne, zum Rebben gehen, wenn sie einen guten Rat brauchen.«

»Und was hat der Rebbe zu dir gesagt?«

»›Jankl‹, hat der Rebbe gesagt, ›du bist ein unwissender und ungehobelter Mensch. Du trinkst Branntwein wie ein Goi, und je mehr du trinkst, um so mehr schrumpft dein Verstand. Du kannst weder lesen noch schreiben und kennst das Gesetz nicht. Du rülpst so laut in der Synagoge, daß die Frommen erschrecken. Du hast kein Weib und sorgst nicht für Nachkommen, obwohl das eine heilige Pflicht ist. Du wäschst dich selten, trägst Lumpen und hast Löcher in den Schuhen. Die Leute machen einen großen Bogen um dich, und sogar die Kettenhunde bellen wütend, wenn sie dich sehen, obwohl sie dich kennen. Aber Gott scheint es trotzdem gut mit dir zu meinen, Jankl, denn es war Sein Wille, daß der Brief mit dem Testament von deinem Onkel Jossel zu spät kam.‹

›Wieso, Rebbe?‹ hab ich gefragt.

›Weil es eben Sein Wille war‹, hat der Rebbe gesagt. ›Kann ich Seinen Willen etwa ändern? Na, siehst du: Es war Sein Wille. Denn wäre der Brief mit dem Testament von deinem Onkel Jossel zu früh gekommen, und du hättest die Erbschaft hierher gebracht, dann hättest du alles wieder verloren. Denn uns erwarten schwere Zeiten, Jankl, und man wird den Juden alles wegnehmen, was sie besitzen.‹ Und dann hat der Rebbe gesagt: ›In der Schweiz ist das Geld sicher. Nach dem Krieg wird sich alles ändern. Dann werden hier andere Gojim an der Macht sein, andere und bessere. Und dann kannst du in die Schweiz fahren und das viele Geld ins Schtetl holen.‹«

»Hat der Rebbe noch was gesagt?«

»Ja. Er hat gesagt: ›Wenn du mir versprichst, daß du nach dem Krieg die Armen nicht vergißt und mit dem vielen Geld Gutes tust, dann geb ich dir eine meiner fünf Töchter. Bring mir das Geld, die achtzigtausend Schweizer Franken und die dreiunddreißig Rappen, und wir beiden werden *Tachles* reden.‹«

»Tachles!« Die Heiratsvermittlerin schüttelte energisch den Kopf. »Unsinn. Der Rebbe hat sich nur einen Scherz erlaubt. Der Rebbe würde nie eine seiner Töchter einem Wasserträger zur Frau geben. Das ist ausgeschlossen.«

»Es ist undenkbar«, sagte der Advokat.

»Es gibt schönere Mädchen im Schtetl als die Töchter des Rebben«, sagte die Heiratsvermittlerin. »Nach dem Krieg wirst du ein reicher Mann sein. Dann kommst du zu mir, und ich finde für dich das schönste Mädchen im Schtetl.«

»Das muß ich mir noch überlegen«, sagte der Wasserträger.

»Achtzigtausend Schweizer Franken, hast du gesagt?«

»Achtzigtausend Franken und dreiunddreißig Rappen.«

»Dreiunddreißig Rappen.« Die Heiratsvermittlerin lachte auf. Und auch der Advokat lachte. Sogar der Wasserträger öffnete den breiten, faltigen Mund und stieß einen heiseren Laut aus, der wie Gelächter klang. Dann fing die Heiratsvermittlerin plötzlich zu schluchzen an.

»Was ist los?« fragte der Advokat.

»Gar nichts«, sagte die Heiratsvermittlerin. »Mir geht nur so vieles durch den Kopf. Zum Beispiel diese Sache mit dem Osten, die Richtung, in die wir fahren. Arbeit soll es dort geben. Was für Arbeit?«

»Das weiß niemand«, sagte der Advokat.

»Weiß jemand, wo das im Osten ist?«

»Irgendwo«, sagte der Advokat.

»Wird es schwere Arbeit sein?«

»Auch das weiß niemand«, sagte der Advokat.« Aber als Kenner der Gojim und als Advokat bin ich bestens geeignet, um für euch alle dort im Osten mit den Gojim zu verhandeln.«

Eine Zeitlang sagte keiner von ihnen ein Wort. Die Heiratsvermittlerin holte noch eine Nascherei aus ihrer Handtasche, der Advokat zündete sich wieder eine Zigarette an, und auch der Wasserträger rollte sich eine in einem Fetzen Zeitungspapier.

»Ich brauche kein schönes Mädchen«, sagte der Wasserträger plötzlich. »Was soll ich mit einem schönen Mädchen? Nein. Meine Frau darf nicht schön sein. Und auch nicht zu klug. Und auch nicht gebildet. Eine solche Frau würde mich nur auslachen. Ich kann kaum meinen eigenen Namen schreiben. Und der Melamed im Schtetl hat mir nie beigebracht, in der Thora zu lesen, obwohl er's versucht hat, so wahr mir Gott helfe.

Was soll ich also mit solch einer Frau? Sie würde nie zufrieden sein, und sie würde mich verhöhnen, und sie würde versuchen, mich zu ärgern, bei Tag und bei Nacht. Sie würde mein Leben zur Hölle machen. Sie würde das Essen nicht salzen und den Ofen nicht heizen. Und eines Tages würde sie weglaufen mit einem anderen und besseren Mann.«

Der Wasserträger sagte nichts mehr. Er blickte eine Weile in den leeren Raum über den Köpfen der Menge. Sein riesiger Körper, an die Tür des Waggons gelehnt, fing das Rattern des Zuges auf und zuckte beim Klicken der eisernen Räder.

»Ich werde Rifke heiraten«, sagte er dann. »Rifke, die Tochter des Schusters Katz. Die werde ich heiraten.«

»Aber Rifke hat einen Buckel«, sagte die Heiratsvermittlerin. »Und sie ist nicht mehr jung. Und sie hat nur noch wenige Zähne im Mund.«

»Das macht nichts«, sagte der Wasserträger.

»Warum ausgerechnet Rifke, die Tochter des Schusters Katz?«

»Weil sie die einzige im Schtetl ist, die mich mag«, sagte der Wasserträger, »die einzige, die mich nicht verspottet, wenn ich mit den Wassereimern auftauche, in meinen Lumpen und den durchlöcherten Schuhen, die einzige, von der ich weiß, daß sie mir ein gutes Weib sein wird.«

Und der Wasserträger sagte: »Ich habe schon oft mit dem Schuster gesprochen. Und ich habe zu ihm gesagt: ›Warum willst du mir Rifke nicht geben? Ich werde hart arbeiten. Das verspreche ich dir. Und ich werde mir einen Hahn kaufen und ein paar Hennen. Und Futter für die Hühner. Und glaub mir. Ich bin gar nicht so dumm, obwohl ich die Thora nicht kenne. Wir werden die Hühner am Anfang nicht schlachten. Und ihre Eier nicht essen. Wir werden abwarten, bis sie sich vermehren. Und Holz für einen guten Zaun um meine Hütte, das hab ich auch, du verstehst ... damit die Hühner nicht weglaufen. Und dann, wenn es viele sind, werden wir Hühner und Eier verkaufen. Und auch für uns wird dann noch etwas übrigbleiben, vor allem ein Huhn für den Sabbat.‹ Aber der Schuster hat mich ausgelacht. Und er hat mich aus dem Haus gejagt.«

»Na, mach dir nichts draus«, sagte der Advokat. »Nach dem Krieg, wenn du die achtzigtausend Schweizer Franken hast und die dreiunddreißig Rappen, dann wird dich keiner aus dem Haus jagen.«

»Ja«, sagte die Heiratsvermittlerin. »Dann bestimmt nicht.«

Um diese Jahreszeit wird es schnell dunkel. Schon am späten Nachmittag verschwammen die Gesichter im Dämmerlicht. Als es stockfinster wurde, ängstigten sich die kleinen Kinder und fingen zu weinen an. Einige Alte krächzten, einige beteten. Es stank bereits an diesem ersten Reisetag nach Kot und Urin. Und die Luft wurde immer schwerer.

Der Advokat war aufgestanden und hatte dem Wasserträger seinen Platz auf dem Holzkoffer angeboten. Und so saß der Wasserträger nun neben Chane Sure, der Heiratsvermittlerin, die unaufhörlich auf ihn einredete und ihm die vielen Mädchen beschrieb, die sie nach dem Krieg, wenn alle Juden wieder im Schtetl waren, für ihn aussuchen würde. Für eine kleine Belohnung natürlich. Das gehört zum Geschäft.

Der Wasserträger hörte sich das alles eine Weile an. Dann aber fing die Heiratsvermittlerin wieder zu schluchzen an und sagte nichts mehr.

Der Wasserträger war gar nicht müde. Je später es wurde, um so wohler fühlte er sich. Denn er wußte jetzt genau, was er wollte. Er wollte Rifke, die Tochter des Schusters Katz. Nach dem Krieg, so dachte er, dann wirst du noch mal mit dem Schuster reden. Es wäre ja gelacht, wenn er Rifke nicht hergeben würde. Und er konnte es jetzt wirklich sehen: Er und Rifke unter dem Baldachin. Und später in ihrer warmen Hütte.

›Sag, Jankl, stört dich mein Buckel nicht?‹

›Nein, Rifke. Es kommt auf das Herz an. Nicht auf den Buckel.‹

›Und mein zahnloser Mund?‹

›Wir werden zum Dentisten gehen, zum Dentisten Goldstein. Mach dir da keine Sorgen.‹

›Ich bin schwanger, Jankl. Streichle meinen Bauch.‹

›Später, Rifke.‹

›Heute ist Sabbat, Jankl. Ich werde gleich die Kerzen anzünden. Und der Fisch ist auch fertig. Und die Hühnersuppe.‹

›Wir sind erst zwei Monate verheiratet, Rifke.‹

›Ja, Jankl. Streichle meinen Bauch. Und halte mich fest.‹

›Wie, Rifke?‹

›Nimm mich in deine starken Arme.‹

›So, Rifke?‹

›Ja, Jankl. So umarmst du mich richtig. So ganz lieb. Hätt ich dir früher nicht zugetraut. Oder doch. Natürlich. Ich hab's dir immer schon zugetraut.‹

Sie fuhren in östlicher Richtung. Der Osten liegt dort, wo die Sonne aufgeht, auch wenn es zum letzten Mal ist.

2

Es ist wahr: Der Wasserträger war als letzter in den Waggon gestiegen. Aber wenn es einen letzten gab, dann gab es auch einen ersten.

Der erste war der Rebbe. Er war dem Volk vorangegangen, natürlich mit seiner Frau, der Rebbezen, und seinen fünf Töchtern ... die waren dabei. Als der Zug abfuhr, hatten die Leute ihrem Rebben ehrfürchtig Platz gemacht. Und sie hatten ihn zum Fenster geschoben – ein schmaler, mit Stacheldraht vergitterter Schlitz –, weil sie sich dachten: Das ist der beste Platz im Waggon. Durchs Gitterfenster kann er das Schneetreiben sehen, dort draußen, und auch den Himmel, und er wird hören, wie der Wind flüstert, der den Zug begleitet.

Und der Wind da draußen, der flüsterte dem Rebben etwas ins Ohr. Und der Rebbe nickte und sagte: »Ja, du hast vollkommen recht. Die Gojim sind dumm. Sie plündern jetzt unsere Häuser. Und sie graben in unseren Gärten. Und sie glauben, daß wir alles zurückgelassen haben, was wir besaßen. Und sie lachen sich ins Fäustchen. Dabei wissen sie nicht, daß wir das Beste mitgenommen haben.«

»Was ist das Beste?« fragte der Wind.

Und der Rebbe sagte: »Unsere Geschichte. Die haben wir mitgenommen.«

Und der Wind sagte: »Aber Rebbe. Das kann doch

nicht sein. Die Geschichte der Schtetljuden ist zurückgeblieben.«

»Nein«, sagte der Rebbe. »Du irrst dich. Nur die Spuren unserer Geschichte sind zurückgeblieben.«

Und auch das ist wahr. Die Spuren waren zurückgeblieben. Aber die Zeit würde sie allmählich verwischen, und es würde nichts zurückbleiben. Nichts. Und so sagte er zum Flüstern des Windes: »Wir haben nur das Vergessen zurückgelassen, und was wir mitgenommen haben, ist das Erinnern.« Und der Rebbe kriegte plötzlich Angst, denn die Geschichte der Schtetljuden und das wahre Erinnern, das war in großer Gefahr.

»Wir müssen unsere Geschichte irgendwo verstekken«, sagte er zum Wind, »wo die Gojim sie nicht finden.«

Und der Rebbe dachte nach und sagte zu sich: »Wir dürfen sie auf keinen Fall mit uns herumschleppen. Denn wenn uns die Gojim in den Ofen stecken – man hat ja Gerüchte gehört –, dann könnte unsere Geschichte mit uns verbrennen. Am besten, wir verstekken sie auf dem Dach des Zuges. Dort ist sie uns nahe und doch so weit weg, daß die Gojim sie nicht finden. Nein. Kein Goi ist so klug und wird die Geschichte der Juden aus Pohodna und das Erinnern an sie auf dem Dach eines Güterzuges vermuten.«

Und siehe da: Kaum hatte der Rebbe diesen Gedanken zu Ende gedacht, da huschte die Geschichte der Schtetljuden aus den schlechtgelüfteten Waggons und hockte sich auf das Dach des Zuges. Auf welchen Waggon? Na, wo schon. Auf den letzten natürlich.

Der Zug fuhr immer geradeaus. In östlicher Richtung. Wohin sonst. Die Juden werden nach dem Osten gebracht. Das hatte man ihnen gesagt. Nach dem Osten. Ein geflügeltes Wort. Aber lag der Osten wirklich im Osten? Könnte es sein, daß der Osten im Norden liegt? Ist so was möglich? Es schien aber so zu sein, denn der Zug machte eine lange Kurve, irgendwo, und fuhr dann wieder geradeaus. In eine ganz andere Richtung. Und auch das war merkwürdig, denn auf offener Strecke, und auch irgendwo, blieb der Zug stehen. Es wimmelte plötzlich von Grauuniformierten, die den Zug umringten und den Wachmannschaften etwas zuriefen. Irgendwas war los. Aber was? Das konnte noch nicht das Endziel sein. Das war's auch nicht. Denn die Grauuniformierten verschwanden wieder. Die Wachmannschaft kletterte auf ihre Posten. Die Lokomotive pfiff. Und sie ruckte ein wenig. Und da war ein Zischen und Sausen. Na ja. So war's. Und dann fuhr der Zug wieder los. Aber in die verkehrte Richtung. Nämlich zurück.

Und auch das ist wahr. Der Zug fuhr wieder zurück. Möglicherweise durfte er gar nicht weiterfahren. Vielleicht war die Strecke blockiert. Es war ja Krieg. Sicher brauchte die Regierung die vielen Gleise, die nach Osten führten – und auch in andere Richtungen –, also all die vielen Gleise, die zu wichtigen Zielen führten, für wichtigere Zwecke als den Transport von Schtetljuden. Der Ofen konnte warten. Ein Ofen hat Zeit. Beim

Ofen brennt's nicht. Er brennt sowieso, vorausgesetzt, er wird regelmäßig und ordnungsgemäß mit Brennmaterial gefüttert. Und das gab es ja genug. Und wer weiß. Vielleicht existierte so ein Ofen gar nicht – es waren alles nur Gerüchte. Und Millionen grauer Männer waren unterwegs zur Front, die kein Gerücht war, und die irgendwo dort lag, wo all die vielen Gleise hinführten. Die Bahnstrecke durfte also nicht blockiert werden von einem Zug, der zu einem Gerücht fuhr und dessen Fracht schon abgeschrieben war, also eigentlich gar nicht existierte.

Der Rebbe sagte zu sich: »Wir fahren wieder zurück.«

Und sie fuhren tatsächlich wieder zurück. Ein paar Stunden dauerte das. Oder etwas länger. Auf jeden Fall fuhr der Zug in gemäßigtem Tempo, und zwar die ganze Nacht hindurch. Kurz vor dem Schtetl, auf einem toten Gleis – blieb der Zug stehen.

»Du kennst diese Gegend«, sagte der Rebbe. »Hier steht doch ein altes Sägewerk. Fünf Kilometer sind's bis zum Schtetl. Natürlich, Mottel, der Sohn des Holzhändlers, hatte es mal gekauft. Und hier ist auch ein totes Gleis. Was soll das bedeuten?«

Nun, es bedeutete nichts. Überhaupt nichts. Oder doch? »Es gibt nichts ohne Bedeutung«, sagte der Rebbe zu sich. »Alles hat seinen Sinn. Vielleicht wissen die Gojim nicht, wie man den Ofen heizen muß, diesen Ofen, den es sicherlich gar nicht gibt. Wer kennt sich da aus. Vielleicht müssen wir warten, weil sich Befehle überkreuzt haben und dadurch die Ordnung in Gefahr ist. Widersprüche darf es bei den Weichenstellern nicht geben. Oder die Bahnstrecke war wirklich blockiert. Vielleicht fahren wir in einigen Stunden wieder los. Zuerst in östlicher Richtung, dann nach Norden, weil der Osten in dieser verrückten neuen Welt auch im Norden liegen könnte. Wir fahren dann bis zum Endziel. Oder auch nicht. Vielleicht stehen wir hier einige Tage, bis die Gojim sich wieder an uns erinnern und den Zug weiterfahren lassen. Irgendwohin. Na, eben dorthin, wo sie auf uns warten.«

Während die Schtetljuden in den Waggons auf Ereignisse warteten, die von den Gojim bestimmt wurden, hockte ihre Geschichte auf dem Dach des Zuges. Irgendwo befand sich auch der liebe Gott.

Und da die Geschichte der Schtetljuden viele Stimmen hat, hockten auch die Stimmen auf dem Dach des Zuges, im Wind, im Schneegestöber. Sie quasselten erregt durcheinander, denn sie erzählten alles, was in den Waggons passierte. Alles war wichtig und nichts unwichtig genug, um nicht registriert zu werden. Natürlich schrieben sie nichts auf, aber das brauchten sie gar nicht, weil Worte nicht verloren gehen auf dieser Welt, und Worte des Erinnerns schon ganz und gar nicht.

»Glaubst du, daß das Wimmern eines Säuglings wichtig ist?« fragte eine der Quasselstimmen.

»Natürlich ist es wichtig.«

»Und das Krächzen eines alten Juden?«

»Genauso wichtig.«

»Und wie ist es mit dem Furz des Wasserträgers, der

im Sitzen eingeschlafen ist – auf seinem Holzkoffer – und der gerade vom häuslichen Glück träumt und vom flackernden Feuer im Küchenherd und von Rifke, die das Feuer schürt ... Rifke, die Bucklige mit ihrem Schwangerbauch?«

»Es ist der Furz eines Träumers. Und der ist besonders wichtig.«

»Und wenn ein Baby wimmert, dann beruhigt es sich doch mal irgendwann, nicht wahr? Und plötzlich lacht es und hat sein Gewimmer vergessen. Es lacht, und es schlägt die Augen auf, und sein strahlender Blick trifft die Mutter.«

»Auch der Blick eines Säuglings ist wichtig, und das Strahlen seiner Augen erfreut nicht nur die Mutter, es erfreut auch den lieben Gott.«

»Es passiert so vieles in den Waggons, und wir müssen alles festhalten.«

»Ja.«

»Glaubst du, daß die Gojim wissen, daß wir alles registrieren, ohne es aufzuschreiben?«

»Nein. Sie wissen es nicht.«

Und tatsächlich: Die kleinen Quasselstimmen erzählten alles, was unter dem Dach des Zuges passierte. Kein Geräusch, nicht das geringste, ging ihnen verloren. Nur jene Stimmen, die festhielten, was später mal in den Geschichtsbüchern stehen würde, die schwiegen.

»Es ist langweilig«, sagte eine dieser Stimmen. »Die kleinen Quasselstimmen haben es besser. Sie sind immer beschäftigt. Na, was sagst du dazu: Jetzt erzählen sie vom Furz des Wasserträgers, den sein Traum gezeugt hat. Und sie erzählen vom Krächzen der alten Juden und dem Gewimmer der Säuglinge. Sie befassen sich mit jedem einzelnen. Alles wollen sie festhalten. Sogar ein Blick ist ihnen wichtig, zum Beispiel: der strahlende Blick eines Säuglings, der seine Mutter ins Herz trifft.«

Und wahrlich: Die Stimmen, deren Erzählungen für die Geschichtsbücher bestimmt waren, gähnten vor Langeweile, und sie blickten zum Sägewerk des alten Mottel, das längst stillgelegt war.

»Wo ist eigentlich die Wachmannschaft?«

»Die traut sich nicht raus ins Schneegestöber.«

»Und wann werden wir weiterfahren?«

»Woher soll ich das wissen?«

»Und wenn wir dann weiterfahren, glaubst du, daß was passiert? Irgendwas, was später in den Büchern stehen wird, den Geschichtsbüchern für Schulkinder, aber auch für Erwachsene, in den Bibliotheken und den Bücherregalen gebildeter Bürger?«

»Möglich.«

Mutmaßungen. Der Jude kennt immer zwei Möglichkeiten, eine so und eine so. Es könnte ja sein, daß dort, wo die Endstation ist, ein Geheimnis auf sie lauert. Vielleicht ist dort ein Sanatorium? Freundliche Ärzte und Schwestern in blütenweißen Kitteln würden die Schtetljuden empfangen? Einer der Ärzte würde sagen: ›Es war alles nur ein Scherz. Hier wird es euch gutgehen. Hier werdet ihr mit allem versorgt. Hier gibt's Essen und Trinken für euch. Und Milch für eure

Kinder. Sogar ein Betstübl ist da. Und ein Thoraschrank. Nur eine Thora haben wir nicht.‹

›Die haben wir mitgenommen‹, würde der Rebbe sagen. ›Die Thora ist leicht zu tragen, denn es sind nur die fünf Bücher Mosis, auf Pergament geschrieben und zusammengerollt. Juden haben die heilige Schrift immer mitgenommen, die Thora, mein ich, auf jede große Reise, auch auf die Flucht. Und wir haben sie mitgebracht. Machen Sie sich keine Sorgen.‹

›Und die Gebetbücher?‹

›Jeder von uns hat sein Gebetbuch mitgenommen.‹

›Und diese komischen Gebetsmäntel mit den langen Fransen?‹

›Sie meinen den *Thalles* ... den großen beim Gebet, den sich der Jude umhängt, und vielleicht meinen Sie auch den kleinen ... nun eben den kleinen Thalles, den der Fromme nie auszieht und den er immer auf dem Leibe trägt?‹

›Den meine ich.‹

›Die haben wir auch.‹

Vielleicht ist dort, wo das Endziel ist, ein Rosengarten, in dem der Rebbe mit seinen Jüngern spazierengeht, denn der Rebbe ist ein Gerechter, ein Weiser, ein *Zadik,* und es ist eine Ehre und ein Vergnügen, ihm zuzuhören, zum Beispiel: wenn er den Talmud erläutert und fabuliert und über alles redet, vor allem vom lieben Gott und Seiner Welt und Seiner Gerechtigkeit, an der man nicht zweifeln darf, obwohl sie oft unverständlich ist und Geduld erfordert. Denn dem Geduldigen, der das Warten gelernt hat, wird sich Gott offenbaren. Natürlich ist der Rosengarten im Winter verschneit, aber der Winter dauert nicht ewig. Irgendwann wird die Schneedecke schmelzen, die Eiszapfen an den Ästen der alten Bäume am Wegrand werden ihre Spitzen verlieren und ganz naß und traurig werden, und sie werden sich in schillernde Wassertropfen verwandeln und zur Erde fallen. Und da sich die Natur über die Anwesenheit des Rebben freut und weil es die Erde eilig hat, dem Rebben zu gefallen, wird der Frühling etwas früher ins Land der Gojim ziehen. Und ich kann es schon sehen: Der Rebbe schnuppert in der Luft. ›Bald ist Frühling‹, sagt er. ›Und bald ist Sommer. Und der Rosengarten wird ein Rosengarten sein. Und die Rosen werden duften, genauso wie die Rosen im Schtetl, ich meine die Rosen im Garten des Viehhändlers Schmuel Jankovic, der ein reicher Mann war und sich einen Rosengarten leisten konnte. Sogar einen Gärtner hat er gehabt, der Schmuel Jankovic. Und wißt ihr was: Nun, er hat mich oft eingeladen. Rebbe, hat er gesagt, willst du nicht in meinem Rosengarten spazierengehen? Du kannst deine Jünger mitbringen und alle Anhänger aus deinem Hof. Und meine Frau wird einen Apfelstrudel backen. Und wir werden dich und deine Jünger bewirten. Und einen guten Schnaps hab ich auch, einen fürs Gemüt ... so wahr ich lebe ... meine Zunge soll verdorren, wenn das nicht so ist!‹

Und sicher hat das Sanatorium viele Wunder, von denen ein Schtetljude nur träumen kann. Ich wette mit euch, daß es dort eine Wasserleitung gibt und sogar ein Klo mit einer Spülung. Was hab ich gesagt: ein Klo und eine Wasserleitung. Unsinn. Es gibt dort viele Klos und viele Wasserleitungen. Armer Wasserträger. Dort, am

Endziel, am Ziel aller Ziele, wirst du vergeblich nach einem Ziehbrunnen suchen. Man wird dich auslachen. Man wird zu dir sagen: Du bist hier nicht im Schtetl. Du bist hier zwar im Osten, aber die freundlichen Leute, die all die Wunder für uns gebaut haben, die kommen aus dem Westen. Alles ist modern. Sogar die Wasserleitungen und die Klos. So ist das, Jankl. Aber mach dir nichts draus. Du bist stark und groß, obwohl dein Kopf ein bißchen verstopft ist. Aber das macht nichts. Arbeit gibt es immer. Man wird etwas für dich finden. Du könntest zum Beispiel den Schwestern helfen und den Ärzten, diesen netten, freundlichen Menschen. Du könntest Kranke transportieren und schwere Geräte tragen und neue Betten in die Zimmer rollen, auch Koffer und Bündel und Rucksäcke könntest du tragen, zum Beispiel: das Gepäck der Neuankömmlinge. Es soll ja auch gebaut werden. Ein neues Gebäude. Ein zweites Sanatorium. Du könntest Ziegel schleppen oder beim Zementmischen helfen. Also, Kopf hoch, Jankl. Den Juden geht es hier gut.

Und andere Wunder wird es in diesem Sanatorium geben. Stellt euch mal vor: Jeder hat sein eigenes Zimmer. Und jedes Zimmer hat elektrisches Licht. Man braucht nur auf den Schalter zu drücken, und im Bruchteil einer Sekunde ist es hell. Im Schtetl gab es Petroleumlampen, und die ganz Armen hatten nicht mal das. Sie hatten ein Öllämpchen wie in biblischen Zeiten. Und was hab ich gesagt: elektrisches Licht? Es gibt sogar eine elektrische Klingel. In jedem Zimmer eine. Man braucht nur auf so eine Klingel zu drücken, und schon ist eine Schwester da, um nach den Wünschen zu fragen. Ich werde euch ein Beispiel geben. Also, da liegt die Rebbezen in ihrem breiten Bett. Und sie drückt auf die Klingel. Und schon ist eine Schwester da.

›Heut ist doch nicht etwa Sabbat?‹ fragt die Rebbezen.

›Nein, heute ist ein gewöhnlicher Wochentag.‹

›Am Sabbat darf man nämlich nicht klingeln.‹

›Ja. Ich weiß. Ihr Juden habt komische Bräuche.‹

›Ein Glück, daß heute kein Sabbat ist, denn ich hätte mich sonst versündigt ... mit dem verbotenen elektrischen Geklingel.‹

›Es ist wirklich ein Wochentag.‹

›Können Sie mir etwas bringen?‹

›Selbstverständlich.‹

›Ich habe Durst.‹

›Wollen Sie ein Glas Wasser?‹

›Nein. Eine Limonade.‹

›Eine Himbeerlimonade?‹

›Nein. Eine Rosenlimonade. Wissen Sie, bei uns im Schtetl süßt man frisches Brunnenwasser mit Rosensirup, ich meine, diejenigen, die sich das leisten können, Sie verstehen schon, was ich meine.‹

›Ja, ich verstehe.‹

›Und zum Mittagessen möchte ich ein Stück *gefillte Fisch,* obwohl heute ein Wochentag ist und man den Fisch gewöhnlich am Sabbat ißt. Aber ich habe so seltsame Gelüste. Vielleicht bin ich wieder schwanger. Ich habe nämlich einige Söhne, wissen Sie, die schon erwachsen sind, aber auch fünf Töchter, die jünger sind. Aber ich denke: Noch eines müßte unterwegs sein.‹

›Also, gefillte Fisch?‹

›Ja.‹

›Wollen Sie auch eine Suppe?‹

›Ja. Eine Nudelsuppe.‹

›Eine Nudelsuppe?‹

›Ja. Ich hoffe natürlich, daß die Nudeln nicht aus der Fabrik sind. Haben Sie hier ein Nudelholz und ein Nudelbrett?‹

›Wir haben viele Nudelbretter und viele Nudelhölzer. Und die Nudelfrauen kneten und rollen den Teig wie bei euch im Schtetl. Und sie schneiden die Nudeln ganz dünn mit ihren flinken Fingern. Sie werden schon sehen.‹

»Aber es gibt noch eine zweite Möglichkeit«, sagte die Stimme. »Und wenn diese stimmt, dann gibt es dort kein Sanatorium.«

»Was glaubst du, könnte dort sein, dort, wo wir hinkommen?«

»Vielleicht bloß eine Nudelfabrik«, sagte die Stimme, »weil wir doch eben von Nudeln gesprochen haben. Oder eine andere Fabrik. Vielleicht viele Fabriken.«

»Du glaubst doch nicht etwa, daß die Juden dort arbeiten müssen.«

»Möglich ist es schon.«

»Aber jede Möglichkeit hat doch wieder zwei Möglichkeiten.«

»Das ist wahr.«

»Es könnte also sein, daß es weder Fabriken noch sonst etwas gibt. Auch kein Sanatorium.«

»Das ist möglich.«

»Vielleicht ein riesiges Feld, auf dem die Juden arbeiten müssen wie gewöhnliche Knechte.«

»Auch das ist möglich.«

»Vor einigen Tagen brach der Rebbe in ein Wehgeschrei aus. Und er sagte zur Rebbezen: ›Ich hab was gehört ... von einem ruthenischen Bauern hab ich was gehört. Der kam aus einer fernen Gegend, die gar nicht so fern ist. Er kam aus einer polnischen Gegend, dort wo ein Wunderrabbi wohnt, einer, der fast so groß ist wie der Wunderrabbi von Sadagura. Viele Juden wohnen dort, genauso wie in unserer Gegend. Und er kam hier vorbei, der ruthenische Bauer. Und er erzählte etwas von Feuer und Rauch. Und einem großen Ofen. Und einem merkwürdigen Gestank. So stinkt nur Menschenfleisch, nachdem man es in den Ofen geschoben hat, sagte der Bauer.‹

›Glaub dem Bauern nicht‹, sagte die Rebbezen. ›Diese Bauern sind abergläubisch. Und sie wollen uns nur Angst einjagen. Und sie reden zuviel, besonders wenn sie betrunken sind.‹«

Die Stimmen sprachen noch eine Zeitlang über die vielen Möglichkeiten, von denen es immer zwei gab, dann schwiegen sie erschöpft.

Und da brach ein Gelächter aus den Wolken, das nur die Stimmen hören konnten, die die Geschichte der Juden aus Pohodna festhielten. Es ward Nacht. Und es ward Tag. Der zweite Tag. In der Morgendämmerung pustete der Wind den Schnee über die Landschaft, so wie er das die ganze Nacht getan hatte. Mit dem Gelächter aber kam auch die Sonne zum Vorschein.

»Der Himmel verspricht einen sonnigen Tag«, sagte eine der Stimmen.

Der Zug stand auf dem toten Gleis. Die Leute hinter dem Fensterschlitz sahen das Sägewerk und den verschneiten Wald. Und einige von ihnen, die diese Gegend kannten, die sagten: »Hinter Mottels Sägewerk liegt ein ruthenisches Dorf, und wenn man etwas weitergeht, da ist die Landstraße, die zum Schtetl führt. Es ist also gar nicht weit. Und auf der anderen Seite der Landstraße, dort ist wieder ein Dorf, aber kein ruthenisches ... das ist ein polnisches. Und wenn du weitergehst, in der Nähe der Bukowiner Grenze, da liegen zwei rumänische Dörfer. Und zwischen ihnen ist ein Zigeunerlager. Weißt du noch: Die klauen den Bauern die Wäsche von der Leine, und die klauen Hühner und Enten und Gänse und wer weiß was noch. Und sie kamen auch ins Schtetl, um Wäsche zu klauen und Hühner und Gänse und Enten und wer weiß was noch, aber sie kamen auch, um Pferde zu kaufen und Naphtha und eiserne Reifen für die Räder ihrer Planwagen, und Zeltstoff kauften sie und bunte Tücher und Petroleumlampen mit verstellbarem Docht, und sie kamen, um mit den Juden zu handeln und Kessel zu flicken und aus der Hand zu lesen, um zu segnen und zu verfluchen. Und manche von ihnen konnten Geige spielen. Und sie spielten auf dem Marktplatz und auf den Hochzeiten der Reichen und in Moische Pipiks Kaffeehaus, das eigentlich ein Kramladen war ... nun, dort spielten sie eben auch, bei Moische Pipik, der mit dem Blähbauch, dessen Blähbauch sprichwörtlich war, denn es hieß: ›Ein Bauch wie der Bauch von Moische

Pipik ...‹, nun ja, der saß doch meistens vor dem Kramladen auf einer Holzkiste und lud die Leute zum Sitzen ein ... im Laden natürlich, an den Tischen, und er fragte sie, ob sie nicht ein Gläschen Tee wollten, echt russischen, aber nicht aus Sibirien, mit insekten- und wurmfreiem Zucker, oder einen Kaffee wie aus des Kaisers Küche oder vielleicht eine Rolle Bindfaden oder bunte Bonbons oder Naphtha oder besonders billigen Mais oder ein Küken, das seiner Mutter weggelaufen und deshalb für einen Spottpreis zu haben war.«

Am späten Vormittag kamen ein paar Bauern aus dem Wald, zuerst vereinzelt, dann wurden es mehr. Auch Weiber und Kinder waren dabei. Einige der Bauern lachten und spuckten in weitem Bogen und riefen den Juden Schimpf- und Hohnworte zu, andere aber waren mit Brot gekommen und großen Wasserkrügen. Sie näherten sich dem Zug, kamen aber nicht weit, denn die Wachen schossen in die Luft, und so machten sie schleunigst kehrt. Es wurde still, auf einmal. Auch das Gezeter und Geflüster in den Waggons verstummte. Nur die grauschwarzen Krähen stießen ab und zu krächzende Leute aus, wenn sie den Zug umflogen.

»Die Krähen krächzen wie alte Juden«, sagten die Stimmen.

Und auch das ist wahr: Die kleinen Quasselstimmen schliefen nie, da sie auch die Atemzüge zählten, und zwar jedes einzelnen Juden. Die großen und gewichtigen Stimmen aber, die nur aufbewahrten, was spätere Generationen für wichtig hielten, die gönnten sich ab und zu mal ein Nickerchen.

Auch an diesem Morgen des zweiten Tages hielten die für die Geschichtsforschung der Zukunft zuständigen Stimmen ihren harmlosen Morgenschlaf, und sie erwachten erst, als die Wintersonne schräg über dem Judenzug stand. Sie hatten nichts gehört und nichts gesehen, obwohl die kleinen Quasselstimmen ununterbrochen geplappert hatten ... von der Stille in den Waggons, jäh unterbrochen vom Schrei einer jungen Frau, die entdeckt hatte, daß ihr Baby gestorben war. Sie erzählten von einem zweiten Todesfall ... ein sehr alter Mann, der nicht mal ernstlich krank gewesen war, dessen Herz aber einfach aufgehört hatte zu schlagen. Sie erzählten vom Wehklagen der Angehörigen und warum das ansteckend sei. Denn im Laufe des Vormittags schrien die Juden in den Waggons zu ihrem Gott. Und die Männer klopften mit den Fäusten an ihre Brust, und die Frauen rauften sich das Haar. Und manche klopften mit den Fäusten an die eisernen Türen, die keiner aufmachen konnte. Und die Quasselstimmen erzählten, wie die Juden ihre Notdurft verrichteten, manche im Sitzen, aber die meisten im Stehen. Sie erzählten auch, wie der Rebbe nach längst verrichtetem Morgengebet, also wie der Rebbe die Gebetsriemen wieder auszog und auch die Gebetskapsel von der Stirn entfernte, alles sorgfältig zusammenlegte, in den seidenen Beutel steckte, der sich Tefillinbeutel nannte. Und sie erzählten, wie der Rebbe etwas später laut zu singen anfing. Und auch das war ansteckend, denn die Männer in allen Waggons fingen plötzlich zu singen an. Aber ein wirkliches Singen war's nicht. Es war ein Singsang und ein Gemurmel, und die kleinen Quasselstimmen sagten, es höre sich an wie der Singsang im großen Tempel zu Jerusalem, als die römischen Legionen die äußere Mauer sprengten, die Mauern eben, die den Tempelhof umgaben und den man überqueren mußte, um zum Allerheiligsten zu gelangen. Auch das Wasser wurde knapp in den Waggons, obwohl das noch nicht schlimm war, denn es war erst der zweite Tag.

Die Stimmen der Geschichtsschreibung aber gähnten vor Langeweile und rieben sich den Schlaf aus den Augen.

»Wir haben gut geschlafen.«

»Ja, das haben wir.«

»Der Zug steht immer noch auf dem toten Gleis.«

»Er wird noch ein paar Tage hier rumstehen.«

»Glaubst du?«

»Ja. Der Zug wird so lange warten, bis die Strecke frei ist.«

»Welche Strecke?«

»Die zum Ziel führt.«

»Zur Endstation?«

»Ja.«

Und weil die Stimmen, die für die offizielle Geschichtsschreibung zuständig waren, im Augenblick nichts festzuhalten hatten, fingen sie an, wie die kleinen Quasselstimmen zu plappern, aber nur, um sich die Zeit zu vertreiben.

»Ich wollte dir die Geschichte vom Furz des Wasserträgers erzählen«, sagte die eine Stimme, »der Furz, den sein Traum gezeugt hat. Aber ich kann die Geschichte nicht finden.«

»Ein Furz ist nicht geschichtsträchtig«, sagte die andere Stimme. »Der Furz ist eine reine Bestätigung.«

»Was für eine Bestätigung?«

»Er bestätigt, daß der Mensch einmalig ist. Der eine lacht, wenn ihn was erregt, der andere kichert, manche rülpsen oder grinsen, viele stecken sich was in den Mund oder schlucken oder schneuzen sich, andere weinen, manche tun nur so und betupfen ihre Augen. Beim Wasserträger ist das einfacher. Er furzt. Mal laut, mal leise, je nach dem Grad der inneren Erregung.«

»Es war aber im Traum. Denn er träumte von seiner Rifke und vom häuslichen Glück.«

»Das ist völlig egal.«

»Sein Furz kam also aus der Seele?«

»So ist es.«

»Dann könnte ich dir die Geschichte mit dem Testament erzählen, die der Wasserträger jedem im Schtetl erzählt hat.«

»Die kenne ich.«

»Oder die Geschichte vom Onkel Jossel, der ja das Testament gemacht hat.«

»Die kannte ich mal, aber ich habe sie aus Gründen der Zuständigkeit längst den kleinen Quasselstimmen übergeben und fast wieder vergessen.«

»Um so besser.«

»Onkel Jossel ist aber tot. Und sein Testament nur noch ein Stück Papier.«

»Es gab noch ein zweites Testament für die Gemeinde des Schtetls.«

»Ein zweites?«

»Ja. Eines, von dem die Juden im Zug nichts wissen.«
»Dann ist auch das zweite nur noch Papier.«
»Das wissen wir nicht.«
»Und wer weiß es?«
»Der liebe Gott.«

»Dann erzähle mir also Onkel Jossels Geschichte, die zugleich die Vorgeschichte der Erbschaft ist, die für die Juden des Schtetls zu spät kommt ... oder auch nicht, falls ein Wunder geschieht. Erzähle sie mir, und erzähle sie dem Wind, der gerne mithört, aber nur, um die Geschichten wieder wegzupusten.«

»Nun gut«, sagte die andere Stimme, die erzählen wollte, aber nicht wußte, wie sie die Geschichte Onkel Jossels und seiner Erbschaft anfangen sollte.

»Also«, sagte sie: »Paß mal auf ...

Ein Jude«, sagte die erzählende Stimme schließlich, »der geht doch nie zum Beichtvater. Ist es nicht so? Er kann natürlich den Rebben um Rat fragen oder einen anderen Zadik, manchmal auch seine Frau oder einen Nachbarn, aber der einzige Beichtvater, dem der Jude vertraut, das ist der liebe Gott. Ein Jude kann stundenlang mit dem lieben Gott reden und ihm alles berichten, und der liebe Gott hört immer zu. Meistens ärgert sich der Jude über den lieben Gott, weil der nicht einsehen will, daß der Jude recht hat oder daß es nicht seine Schuld ist, wenn das Schicksal oder die Geschäfte oder wer weiß was ihm einen üblen Streich gespielt haben. Der Jude wird dem lieben Gott erklären, wie das mit der Logik ist und warum alles, was verdreht ist, wieder zurückgedreht werden kann, er wird mit ihm über die

Entknotung des Verknoteten sprechen, und er wird ihm Beispiele geben und so weiter. Und je sturer der liebe Gott ist, um so erregter wird der Jude werden. Und er wird sich die Haare raufen, falls er welche hat, oder sich auf die Brust klopfen und, falls er ein gewöhnlicher und ungebildeter Jude ist, wie zum Beispiel der Wasserträger, dann wird er fluchen und schimpfen, wobei er natürlich den unaussprechlichen Namen des Ewigen vermeidet, und er wird einen Schnaps trinken und auf die Erde spucken und einen Furz lassen. Irgendwann wird sich der Jude beruhigen und sich erleichtert fühlen, und er wird zu sich sagen: ›Die Beichte tut gut.‹«

Die Stimme sagte: »Onkel Jossel war eine Ausnahme. Es mag sein, weil er doch schon so lange unter Gojim wohnte, in der Schweiz, in dieser großen Stadt Zürich, fern vom Schtetl, in dem er geboren war, fern vom Rebben und der Rebbezen mit ihren fünf Töchtern und all den anderen, die er gekannt hatte, zum Beispiel: dem Wasserträger. Onkel Jossel hatte längst verlernt, mit dem lieben Gott zu reden. Und deshalb hatte Onkel Jossel, als er im Sterben lag, seinen irdischen Beichtvater an sein Sterbebett gerufen.«

»Wer war dieser Beichtvater? Doch nicht etwa ein katholischer Priester?«

»Natürlich nicht. Es war sein jüdischer Rechtsanwalt Moische Katz.«

»Moische Katz?«

»Nur Onkel Jossel wagte es, ihn so zu nennen. In der Schweiz hieß der Rechtsanwalt Maximilian. Maximilian Katz.«

»War er verwandt mit dem Schuster Katz?«

»Nein. Er war nicht mit ihm verwandt. Er stammte aus Rußland, auch aus einem jüdischen Schtetl, und war als mittelloser Emigrant vor Jahren in die Schweiz gekommen.«

I. Teil

1

Moische Katz«, sagte Onkel Jossel. »Glauben Sie, daß ich sterbe?«

»Nein«, sagte Moische Katz. »Sie lagen auch unlängst im Sterben, im Frühling war das, und auch vor einem Jahr, allerdings im Herbst, und vor zwei Jahren und vor drei Jahren. Und jedesmal haben Sie sich wieder erholt.«

»Das stimmt«, sagte Onkel Jossel. »Beim letzten Mal waren's nur Blähungen.«

»Wir glaubten alle, es wäre das Herz, aber es waren reine Verdauungsschwierigkeiten. Sie hatten zu viele Klöße gegessen ... die jüdischen Klöße ... *Matzeklöße*.«

»So war es«, sagte Onkel Jossel.

»Als es schon fast zu Ende war mit Ihnen – Sie waren ganz rot im Gesicht und hatten Erstickungsanfälle und Stechen im Bauch und am Herzen, und sie strampelten und fuchtelten mit den Händen in der Luft rum, und Sie japsten und krächzten – als es also schon fast vorbei war, da ließen Sie einen fahren.«

»So war es«, sagte Onkel Jossel.

»So einen Furz hab ich noch nie in meinem Leben gehört«, sagte der Rechtsanwalt.

»Es war wie der Furz eines Wasserträgers«, sagte Onkel Jossel.

»Ja«, sagte der Rechtsanwalt. »Genau so.«

»Es heißt, daß der Furz eines Wasserträgers direkt aus der Seele kommt.«

»Das mag sein«, sagte der Rechtsanwalt. »Aber bei Ihnen kam er nur aus dem Bauch.«

»Ja«, sagte Onkel Jossel.

»Und plötzlich waren Sie wieder gesund. Ihr Gesicht bekam wieder die normale Farbe. Sie japsten auch nicht mehr, und Sie rangen nicht mehr um Luft, und Sie strampelten nicht und Sie fuchtelten nicht mit den Händen und den Armen in der Luft rum. Sie legten Ihren Kopf auf das Schweizer Kissen, und Sie kratzten sich am Schädel, an der Stelle, wo die Haare fehlen, über der Stirn und auch hinten, und Sie blinzelten verschmitzt und Sie sagten zu mir: ›Bis zum nächsten Mal.‹«

»Aber diesmal scheint es doch ernst zu sein«, sagte Onkel Jossel. »Denn ich habe weder Blähungen noch sonstwas.«

»Wir könnten ja den Arzt rufen?«

»Ich will aber keinen Arzt. Wenn ich einen Arzt sehe, dann sterbe ich vor Schreck.«

»Sie meinen ... dann würde es schneller gehen?«

»So ist es.«

»Heute möchte ich mein Testament machen«, sagte Onkel Jossel. »Weil ich nämlich dem Wasserträger Jankl etwas vererben will. Und auch dem Schtetl, in dem ich geboren wurde, will ich was hinterlassen, eigentlich alles, was ich besitze.«

»Meinen Sie nun den Wasserträger oder alle Leute im Schtetl?«

»Ich werde zwei Testamente machen«, sagte Onkel Jossel. »Das eine für den Wasserträger und das andere für die Allgemeinheit, das heißt: für die Gemeinde im Schtetl und für gemeinnützige Zwecke, damit diejenigen was davon haben, die es am nötigsten brauchen.«

»Warum zwei Testamente? Wir könnten ja Ihren letzten Willen auf ein einziges Stück Papier schreiben.«

»Ich will aber zwei«, sagte Onkel Jossel.

»Ich brauche natürlich auch einen Notar«, sagte Onkel Jossel. »Und ich habe auch einen bestellt. Er wird gleich hier sein.«

»Wer ist das?«

»Sie kennen ihn. Es ist Markus Xaver Schnürzli.«

»Den kenne ich allerdings.«

»Er ist ein guter Notar.«

»Ja. Er ist ein guter Notar.«

»Markus Xaver Schnürzli ist der richtige Mann für mich«, sagte Onkel Jossel. »Er hat nicht allzuviel auf dem Kasten ... oder, wie es heißt: unter der Dachklappe. Aber das ist nicht wichtig, da es sowieso besser ist, wenn ein Notar nicht zu viel nachdenkt. Er soll ja nur alles sorgfältig notieren, mit den nötigen Stempeln versehen und dafür sorgen, daß das Testament seine Gültigkeit hat. Markus Xaver Schnürzli ist ein Pedant, einer, der alles genauestens macht, an die Gesetze glaubt, auch wenn es die dümmsten sind, und an die Unfehlbarkeit des Staates und seiner Beamten. Der Mensch ist nicht wichtig für ihn. Natürlich hat er ein Herz wie wir alle, aber trägt sein Herz zwischen seinen Papieren herum, in seiner Aktentasche.« Onkel Jossel pustete seine Backen auf, als drücke ihn etwas im

Bauch, aber da es diesmal keine Blähungen waren, sagte er nur: »Es sticht, das könnte der Bauch sein oder das Herz.«

»Ja«, sagte der Rechtsanwalt. »Herr Schnürzli ist ein ordentlicher Mann, dessen gewissenhafte Arbeit ich schätze.«

»Wir sind anders als er«, sagte Onkel Jossel. »Wir Juden aus dem Schtetl haben so manches erlebt und gesehen, was andere nicht erlebt und nicht gesehen haben, und wir haben so manches kapiert, was andere nicht kapiert haben. Besonders Sie, Moische Katz. Sie kommen aus Rußland. Sie haben die Pogrome erlebt und gesehen, wie man Juden totschlägt, und Sie haben gesehen, daß der Staat zuguckt und nicht mit der Wimper zuckt. Sie haben gelernt, daß man dem Staat nicht blind vertrauen darf und daß man Gesetze, wenn sie ungerecht sind und menschenfeindlich, bekämpfen muß.«

»Das habe ich gelernt«, sagte Moische Katz.

»Sie sind der richtige Rechtsanwalt für mich«, sagte Onkel Jossel, »genauso wie Markus Xaver Schnürzli der richtige Notar ist.«

Onkel Jossel sagte dann noch: »Sie sind vor allem ein ehrlicher Mann, aber es ist eine andere Ehrlichkeit als die des Herrn Schnürzli. Sie wissen, daß der Mensch wichtiger ist als das Gesetz. Sie vertrauen denen, die Ihnen vertrauen. Und Sie werden Vertrauen nie mißbrauchen. Sie sind Jude, ich auch, und wir verstehen uns. Sie werden mich nie hintergehen, weil ich das auch nicht mache. Und Sie werden mich nicht bestehlen, weil ich Sie auch nie bestohlen habe.«

»Das ist richtig«, sagte der Rechtsanwalt. »Wir sind

Juden. Wir wissen, was Vertrauen bedeutet, und wir wissen, was Menschsein bedeutet.«

»Wir verstehen uns«, sagte Onkel Jossel.

»Wir stehen vor einem neuen Krieg«, sagte Onkel Jossel. »Die Engländer und die Franzosen haben dem Ungeheuer aus Braunau einige Flecken von der Landkarte in den Rachen geschoben. Und das hat ihm Appetit gemacht. Es geht dem Ungeheuer aus Braunau so wie mir mit den Matzeklößen. Wenn ich reinbeiße, dann will ich den ganzen Kloß. Und dann noch einen zweiten und einen dritten. Ich esse soviel und solange es mir Spaß macht oder bis der letzte Kloß wieder hochkommt.«

»Es geht Ihnen mit den Matzeklößen genauso wie manchem mit dem Schnaps. Wenn man nippt, dann will man mehr. Und bald trinkt man die ganze Flasche aus.«

»Sie sehen es richtig«, sagte Onkel Jossel. »Das Ungeheuer aus Braunau wird also in wenigen Tagen – es könnten auch nur wenige Stunden sein – in Polen einmarschieren. Und das ist für mich ein Problem.«

»Aber Reb Jossel. Warum sollte das für Sie ein Problem sein?«

»Weil ich möchte, daß Sie meine Leiche nach Pohodna bringen, in das Schtetl, in dem meine Mutter – Gott hab sie selig – mich, den Jossel, Sohn des Habenichts Schloime Wassermann und Enkel des Schankwirts Leibl Wassermann, auf die Welt gebracht hat.«

»Heißt das Schtetl Pohodna?«

»Ich weiß es nicht genau«, sagte Onkel Jossel, »die Wegweiser vor dem Schtetl sind alt, und die Schrift ist abgekratzt und kaum lesbar. Und das einzige Schild am Stadtrand, wo der Name deutlich draufsteht, ist so von den Vögeln beschissen, daß man nichts mehr sieht. Das Städtchen wurde auch oft umbenannt, je nachdem, wer gerade an der Macht war. Mal waren's die Russen, mal die Polen, mal die Rumänen, mal die Türken, mal die Österreicher. Aber wir nannten es auf jeden Fall Pohodna. Daran kann ich mich genau erinnern.«

»Ich schlage vor, daß wir uns auf Pohodna einigen. Damit nichts durcheinanderkommt. Also Pohodna?«

»Ja. Pohodna ist gut.«

»Heute gehört es den Polen, wenn ich nicht irre?«

»Richtig.«

»Und es liegt in der Bukowina?«

»Es lag mal in der Bukowina«, sagte Onkel Jossel. »Und zwar dicht an der alten polnischen Grenze. Die Bukowina gehörte vor dem Weltkrieg zu Österreich. Als die Österreicher 1918 abzogen, fiel die Bukowina an Rumänien.«

»Dann müßte Pohodna ja heute zu Rumänien gehören?«

»Eigentlich ja«, sagte Onkel Jossel. »Aber das Schtetl, das eigentlich nur ein Marktflecken war, lag, wie gesagt, dicht an der alten historischen und umstrittenen polnischen Grenze. Als 1918 der neue polnische Staat entstand, fiel Pohodna durch eine Grenzbegradigung an Polen.«

»Durch eine Grenzbegradigung also?«

»Ja.«

»Es gehört also heute zu Polen?«

»Ja.«

»Und Sie wollen dort beerdigt werden?«

»Richtig.«

»Aber in wenigen Tagen oder in wenigen Stunden könnte das Frontgebiet sein, also schwierig, um mit Ihrem Sarg durchzukommen.«

»Sie haben es erraten.«

»Man müßte im Falle meines Ablebens mit den Deutschen reden«, sagte Onkel Jossel. »Man müßte ihnen sagen – und das überlasse ich Ihnen –, ein Abtrünniger, ein Jude, einer aus dem Schtetl Pohodna, hat kurz vor seinem Tode sein jüdisches Herz wiederentdeckt, und daß er deshalb nur dort begraben werden kann, wo es jüdisches Leben gibt, wo der Rebbe wohnt mit der Rebbezen und ihren fünf Töchtern, und der Schuster Katz und die bucklige Rifke und der Wasserträger, und wo die Heiratsvermittlerin Chane Sure wohnt, die Tochter des verstorbenen Heiratsvermittlers Blum, Itzig Blum, um genauer zu sein, genannt der *Schadchen von Pohodna,* dessen Geschäft von Chane Sure weitergeführt wird, und wo der Advokat Fischel Rosenkranz wohnt und Moische Pipik und all die anderen, die er gekannt hat. Vor allem aber liegen seine Eltern dort auf dem jüdischen Friedhof von Pohodna und seine Großeltern, die ganze Familie.«

»Man könnte natürlich mit den Deutschen reden«, sagte der Rechtsanwalt, »aber die Deutschen haben wenig Verständnis für ein jüdisches Herz. Vergessen Sie auch nicht, daß wir auf der anderen Seite der Front mit den Polen reden müssen und im Falle einer russischen Intervention auch mit den Russen, und die haben auch wenig übrig für den letzten Wunsch eines verstorbenen Juden.«

»Es wird keine polnische Front geben«, sagte Onkel Jossel, »weil die Deutschen in wenigen Stunden ganz Polen besetzen werden. Und die Russen werden sich nicht vom Fleck rühren.«

»Sie überschätzen die Deutschen«, sagte der Rechtsanwalt. »Und Sie unterschätzen die Polen und die Russen. Der Krieg wird ein paar Wochen dauern, die Polen werden sich wehren, so gut sie können, und die Russen werden nicht bloß zuschauen.«

»Nein«, sagte Onkel. »Der Krieg wird nur wenige Stunden dauern.«

»Also gut«, sagte der Rechtsanwalt. »Nehmen wir an, daß die Deutschen ganz Polen besetzen, die Polen nicht lange kämpfen und die Russen nicht die geringste Absicht hätten, ihrerseits vorzurücken, um sich ein Stückchen vom polnischen Kuchen abzuschneiden, möglicherweise auch das Gebiet von Pohodna, weil das nicht weit von der russischen Grenze ist. Nehmen wir also an, die Deutschen besetzen Pohodna. In diesem Fall – aber nur in diesem Fall – werde ich selbstverständlich nur mit den Deutschen verhandeln.«

Der Rechtsanwalt dachte eine Weile nach. Dann sagte er: »Ich werde Sie auf keinen Fall mit der Eisenbahn nach Pohodna transportieren, weil der Bahnverkehr für Zivilisten gesperrt sein wird. Das wird unmöglich sein.«

»Und wie ist es mit dem Lastauto?«

»Auch unmöglich, weil die Landstraßen von Militär verstopft sein werden. Zivilisten werden die Deutschen während der Invasion oder in den ersten Tagen nach ihr nicht durchlassen, besonders Zivilisten, die schon gestorben sind.«

»Haben Sie einen besseren Vorschlag?«

»Nein«, sagte der Rechtsanwalt.

Der Rechtsanwalt aber wäre kein jüdischer Rechtsanwalt, wenn ihm nicht doch etwas eingefallen wäre. Er überlegte, und er sagte dann: »Ich werde Sie auf dem Dach eines Volkswagens nach Pohodna bringen, gut festgebunden natürlich, den Sarg, mein ich, so festgebunden, wie der deutsche Kleinbürger einmal sein Faltboot festbinden wird, wenn er im Sommer zum Bodensee fährt.«

»Aber die Deutschen werden den Volkswagen nicht durchlassen.«

»Doch«, sagte der Rechtsanwalt. »Ich wette mit Ihnen, daß sie ihn durchlassen.«

Und der Rechtsanwalt sagte: »Ich werde Ihnen andere Papiere besorgen. Sie werden nicht Jossel Wassermann heißen, sondern Johann Wassermann. Und auf den neuen Papieren wird draufstehen, daß Sie Protestant sind, und zwar ein Volksdeutscher aus Pohodna, einer der wenigen, die dort gewohnt haben.«

»Am Stadtrand wohnten ein paar Volksdeutsche«, sagte Onkel Jossel. »Das stimmt.«

»Am Stadtrand?«

»Ja«, sagte Onkel Jossel. »Im Zentrum wohnten nur Juden.«

»Also gut«, sagte der Rechtsanwalt. »Sie wohnten also am Stadtrand von Pohodna. Im Frühjahr 1933 zogen Sie aber nach Deutschland, um den braunen

Frühling zu erleben, um dabeizusein. Später fuhren Sie im Auftrag der Partei in die Schweiz – in geheimer Sache für das Reich. Sie wollten natürlich zurück ins Reich, um dort zu leben, als Deutscher unter Deutschen, aber leider sind Sie verstorben. Und da Ihre Familie in Pohodna begraben ist, war es Ihr letzter Wunsch, in Pohodna zu ruhen, einerseits, um deutsches Blut nach Polen zu verpflanzen, andererseits, weil Sie immer an dem Ahnenkult der Germanen festgehalten haben.«

»Das versteh ich nicht ganz.«

»Es ist sehr einfach«, sagte Moische Katz, der Rechtsanwalt. »Wir Juden haben Familiensinn. Den haben die Deutschen zwar auch, aber etwas unterentwickelt. Dafür glauben Sie an Stammbäume, an die Ahnen, an die Scholle. Sie verstehen, Jossel Wassermann, daß die Deutschen begreifen werden, warum Sie, Johann Wassermann, nur dort begraben sein können, wo Ihre Ahnen ruhen. Denn auch das ist deutsche Erde.«

»Ja«, sagte Onkel Jossel.

»Machen Sie sich keine Sorgen«, sagte der Rechtsanwalt.

»Ich mache mir keine Sorgen«, sagte Onkel Jossel.

»Doch«, sagte der Rechtsanwalt. »Ich sehe es Ihnen an. Irgend etwas beunruhigt Sie.«

»Es ist nur wegen des protestantischen Friedhofs«, sagte Onkel Jossel. »Ich kann doch nicht etwa auf einem protestantischen Friedhof begraben werden als Johann Wassermann, der ich gar nicht bin?«

»Wir werden bei einem jüdischen Tischler in Pohodna einen zweiten Sarg bestellen«, sagte der Rechtsanwalt, »und Steine reinlegen und diesen Sarg mit den Steinen auf dem protestantischen Friedhof begraben – weil die Deutschen ja aufpassen werden.«

»Und was ist mit dem Sarg, wo ich drin bin?«

»Den lasse ich auf den jüdischen Friedhof bringen, wenn die Deutschen nicht hingucken.«

»Und wird der Rebbe dabeisein, wenn der Sarg in die Erde versenkt wird? Und wird ein Gebet gesprochen?«

»Selbstverständlich.«

»Eine jüdische Beerdigung?«

»Selbstverständlich«, sagte der Rechtsanwalt.

»Es wäre natürlich einfacher«, sagte der Rechtsanwalt, »wenn wir Sie einäschern und die Asche mit der Post nach Pohodna schicken.«

»Einäschern kommt nicht in Frage«, sagte Onkel Jossel. »Ich habe Angst vor dem Feuer.«

»Oder wir fliegen Ihren Sarg mit einer Privatmaschine nach Pohodna. Das wäre doch auch eine Möglichkeit«.

»Auch das kommt nicht in Frage«, sagte Onkel Jossel. »Ich habe nämlich Angst vorm Fliegen.«

»Also gut«, sagte der Rechtsanwalt. »Dann bleibt's dabei. Mit dem Volkswagen!«

»Ja«, sagte Onkel Jossel.

Onkel Jossel starrte besorgt zur Zimmerdecke. »Ich weiß, daß Sie alles tun werden, um mich nach Pohodna zu bringen«, sagte er dann zum Rechtsanwalt. »Sollte es aber wegen der politischen Lage unmöglich sein, nun, ich meine, falls die Russen aus der anderen Richtung den Deutschen entgegenmarschieren, oder die Polen kämpfen länger als erwartet – wenn überall die Front ist ... nun, was machen wir dann?«

»Dann werde ich Sie vorübergehend in Zürich beerdigen lassen.«

»Vorübergehend?«

»Ja«, sagte der Rechtsanwalt. »Dann warten wir am besten ab, bis der Krieg vorbei ist – das ist am praktischsten –, endgültig vorbei, die Deutschen wieder abgezogen, und wir bringen Sie dann nach dem Krieg sicher und unbehelligt nach Pohodna.«

»In meinem Sarg?«

»Natürlich in Ihrem Sarg. Es wird nichts geändert. Wir bringen Sie dann, das heißt: ich, Moische Katz, bringe Sie dann vom jüdischen Friedhof in Zürich zum jüdischen Friedhof nach Pohodna.«

»Nicht mit dem Flugzeug?«

»Nicht mit dem Flugzeug.«

»Das ist mir zu unsicher.«

»Seien Sie beruhigt.«

»Mit der Eisenbahn oder mit dem Auto?«

»Nach dem Krieg ist das egal.«

»Die polnische Eisenbahn ist verdreckt und außerdem unzuverlässig.«

»Dann eben mit dem Auto.«

»Ja. Mit dem Auto.

Wieviel Geld hab ich noch?« fragte Onkel Jossel.

»Sie besitzen ein ansehnliches Konto, das aber nur für die Beerdigungskosten vorgesehen ist und sonstige Ausgaben, die damit verbunden sind, zum Beispiel: die Kosten für den Rechtsanwalt und für den Notar.«

»Von diesem Konto red ich nicht, sondern nur von dem Konto, das meine Erben betrifft.«

»Auf dem Konto für die Erben sind achthunderttausend Schweizer Franken.«

»Und Grundbesitz und Schmuck und Aktien?«

»Nichts.«

»Warum nicht?«

»Weil Sie alles verkauft haben.«

»Warum hab ich das gemacht?«

»Ich weiß es nicht«, sagte der Rechtsanwalt. »Aber Sie haben gesagt: Ein Jude sollte nur bewegliches Gut besitzen.«

»Das betrifft den Grundbesitz?«

»Ja.«

»Und die Aktien?«

»Sie trauen dem Aktienmarkt nicht.«

»Und was ist mit dem Schmuck?«

»Ich weiß nicht, warum Sie den Schmuck verkauft haben. Aber ich glaube, weil Sie Angst hatten, den Schmuck zu Hause zu behalten, aber zu geizig waren, um ein zweites Schließfach zu mieten. Sie hatten zwar eins, aber da waren Ihre Aktien und Papiere drin, und der Schmuck paßte nicht mehr rein.«

»Ich war also zu geizig, um ein zweites Schließfach zu mieten?«

»So ist es. Sie haben gesagt, das sei rausgeworfenes Geld.«

»Und nun zu den Steuern. Können Sie mit dem Steuerberater reden, damit die Erbschaft nicht besteuert wird?«

»Das kann ich machen.«

»Der Staat hat lange Finger.«

»Das stimmt.«

»Er kann nie genug kriegen. Will immer mehr und noch und noch. Er ist gierig wie das Ungeheuer aus Braunau.«

»Da haben Sie recht.«

»Dem Steuerberater fällt gewöhnlich nichts ein. Aber vielleicht fällt Ihnen was ein, was Sie ihm sagen könnten.«

»Mir fällt bestimmt etwas ein.«

»Wir kennen uns lange. Und Sie, Moische Katz, verstehen mich.«

»Ja«, sagte Moische Katz.

»Ich werde ein Zehntel meines Vermögens meinem Neffen, dem Wasserträger Jankl, vererben.«

»Das sind achtzigtausend Schweizer Franken.«

»So ist es.«

»Haben Sie noch Kleingeld im Portemonnaie?«

»Ich besitze kein Portemonnaie. Das Kleingeld liegt in meiner hinteren Hosentasche, der linken.«

»Haben Sie das gezählt?«

»Selbstverständlich. Es sind genau dreißig Rappen.«

»Denken Sie mal nach. Haben Sie noch irgendwo Geld versteckt?«

»Nur das Geld in meinem Sparstrumpf. Er ist ungewaschen, stinkt ein bißchen und liegt unter der Schmutzwäsche. Sie verstehen: eine Vorsichtsmaßnahme, damit die Diebe nicht auf dumme Gedanken kommen.«

»Und wieviel haben Sie im Sparstrumpf?«

»Dreihundert Rappen. Für den Notfall.«

»Das wären dann insgesamt dreihundertunddreißig Rappen. Für ihre Erben, nehme ich an?«

»Das ist für die Erben.

Zusätzliches Kleingeld.«

»Ein Zehntel davon für den Wasserträger?«

»Richtig. Dreiunddreißig Rappen.

Ich werde veranlassen, daß der Notar das eine Testament gleich nach meinem Ableben wegschickt ... das Testament für meinen Neffen Jankl, den Wasserträger von Pohodna. Das zweite Testament jedoch ist für die Armen und Bedürftigen im Schtetl, also die weitaus größere Summe und der Hauptteil meines Vermögens ... dieses zweite Testament darf er nicht mit der Post schicken, sondern wird es Ihnen übergeben.«

»Und was soll ich damit machen?«

»Sie befestigen es an meinem Sarg, von außen, damit der Rebbe es gleich sieht, wenn der Sarg in Pohodna eintrifft. Sie werden den Sarg begleiten. Sie werden das Auto mit dem Sarg, gleich nach der Ankunft, auf dem Marktplatz in Pohodna abstellen, den Rebben rufen und werden zu ihm sagen: ›Jossel Wassermann ist heimgekehrt. Aber er kommt nicht mit leeren Händen, sondern wie es sich gehört. Er hat Geld für das Schtetl mitgebracht. Lesen Sie sein Testament. Es liegt auf dem Sarg, gut befestigt.‹

Sie werden sich alle mit mir freuen«, sagte Onkel Jossel. »Mein Name wird weiterleben. Und es wird so sein, als wäre ich nie gestorben.«

2

Als der Notar kam, war Onkel Jossel gerade eingeschlafen. »Wir sollten ihm die Augen zudrücken«, sagte der Notar.

»Ja«, sagte der Rechtsanwalt. Aber dann fing Onkel Jossel zu schnarchen an, und der Notar sagte: »Es scheint ihm besser zu gehen. Er hat sich erholt.«

Und der Rechtsanwalt sagte: »Es geht trotzdem zu Ende. Er macht nur noch ein kurzes Nickerchen, um noch mal Kraft zu schöpfen, weil er noch etwas zu sagen hat.«

Und so war's. Onkel Jossel erwachte noch mal, sah den Notar, lächelte, blickte dann zum Fenster, sagte: »Machen Sie das Fenster auf.« Beide eilten zum Fenster, der Notar und der Rechtsanwalt. Sie zogen die Gardinen zurück und öffneten die Fensterflügel, sehr weit. Draußen, über den lärmenden Straßen der großen Stadt, wehte ein deutscher Wind. Er kam von der anderen Seite der Schweizer Grenze und brachte Onkel Jossel, dem Rechtsanwalt und dem Notar die Nachricht vom letzten Tag des Friedens. Die Nachricht hing nur in der Luft. Sie bestand nicht aus Worten. Sie war nur ein Geruch, den alle drei schnupperten.

»Heute ist der 31. August 1939«, sagte der Notar. »Das Datum ist wichtig, ich meine: für das Testament.«

Der Wind, der durch das offene Fenster kam, war nur

der Atem einer Schwangeren. Der Wind kam aus Deutschland. Die Schwangere lag in den Wehen.

»Ich sehe ein schwangeres Land«, sagte Onkel Jossel. »Und ich höre einen unterdrückten Schrei.«

»Die Luft riecht nach Weltuntergang«, sagte der Rechtsanwalt.

»Sie riecht nach Götterdämmerung«, sagte der Notar.

»Aber sie riecht noch nach Frieden«, sagte Onkel Jossel.

Der Rechtsanwalt und der Notar blickten hinunter auf die große Straße, die zum Züricher Bahnhof führte, die Straße mit den Banken und schönen Geschäften.

»Es riecht ganz merkwürdig«, sagte der Notar.

Und der Rechtsanwalt sagte: »Es riecht nach dem letzten Tag.«

Und der letzte Tag war ein Tag des Herrn wie alle Tage, seitdem die Welt erschaffen wurde. Und da der liebe Gott nicht immer sein wahres Gesicht zeigt, damit die Menschen nicht wissen, was er mit ihnen vorhat – nun, an Überraschungen eben –, damit sie rätseln und sich Fragen stellen oder keine, damit sie sich nicht langweilen ... deshalb war dieser letzte Tag ein freundlicher Tag, vollgesaugt mit sommerlicher Wärme, durchtränkt von den Gerüchen der großen Stadt, die aus Mülleimern kamen und Schornsteinen, Auspuffen und offenen Küchenfenstern, aus tausend und einer Duftquelle, aber auch trunken vom Duft reifer Früchte, die der Wind in die Stadt trug mit dem Atem der Blumenkelche und dem Flüstern der Gräser und Blätter. Der Lärm auf der Straße war der übliche Lärm.

»Ich habe die Dienstboten weggeschickt«, sagte Onkel Jossel, »weil ich allein sein wollte. Aber Sie, Moische Katz, kennen ja meine Küche, und Sie könnten mir etwas holen, wenn ich Sie darum bitte.«

»Gern«, sagte der Rechtsanwalt Moische Katz.

»Ich fange nämlich an, Appetit zu kriegen.«

»Auf was Herzhaftes?«

»Nein«, sagte Onkel Jossel. »Ich möchte einen Matzekloß.«

»Einen Matzekloß?«

»Ja. In der Speisekammer ist noch einer. Im Topf ist ein Rest Hühnersuppe. Legen Sie den Matzekloß in die Suppe, und machen Sie alles warm. Und wenn Sie mit dem Sarg nach Pohodna kommen, dann sagen Sie dem Rebben: ›Jossel Wassermann hat zu allerletzt noch eine Hühnersuppe gegessen mit einem großen Matzekloß.‹ Und der Rebbe wird sagen: ›Seine gottselige Mutter machte die besten Matzeklöße im Schtetl.‹ Und er wird sagen: ›Wenn ich nicht irre, war Jossel Wassermann der Besitzer einer Matzenfabrik in der Schweiz. Es war immer schon sein Wunsch, die Matzen selber zu fabrizieren.‹ Und Sie werden zu ihm sagen: ›Das war nicht sein größter Wunsch. Es war einer von vielen Wünschen, die Jossel Wassermann sich erfüllt hat. Denn ein Mensch, der atmet, hat viele Wünsche.‹«

»Ja«, sagte der Rechtsanwalt.

Nachdem der Rechtsanwalt in die Küche gegangen war, um die Suppe aufzuwärmen, die Suppe mit dem großen Matzekloß, nahm der Notar die Gelegenheit wahr, um in Abwesenheit des Rechtsanwalts die heikle Frage zu stellen: »Was sind eigentlich Matzen?«

»Eigentlich müßten Sie das wissen«, sagte Onkel Jossel, »denn Sie vertreten mich seit Jahren, und Sie beurkunden seit Jahren Verträge für mich und die Matzenfabrik.«

»Ich habe das Wort immer nur auf dem Papier gesehen«, sagte der Notar, »aber ich habe nie gewagt, in Ihrer Gegenwart und der Gegenwart des Rechtsanwalts nach etwas zu fragen, was ich in den Verträgen wahrnehme, ohne zu wissen, was es ist. Sie müssen das begreifen, Herr Wassermann. So was konnte ich gar nicht zugeben.«

»Ich werde es Ihnen erklären«, sagte Onkel Jossel. »Matzen sind Matzen. Es ist ganz einfach. Wir Juden essen sie zu Pessach.«

»Und was ist Pessach?«

»Es ist das Passahfest. Was soll das schon sein. Es ist ein Fest, das um die Osterzeit fällt, und wir feiern es zur Erinnerung an den Auszug der Kinder Israel aus Ägypten.«

»Die Sache mit dem Roten Meer und die Sache mit dem Patriarchen Moses und seinem Zauberstab, der das Meer teilte?«

»Ja.«

»Und warum essen die Juden zu Pessach Matzen?«

»Weil sie gut schmecken«, sagte Onkel Jossel. »Aber da ist natürlich noch ein anderer Grund.«

»Und der wäre?«

»Als die Juden aus Ägypten auszogen«, sagte Onkel Jossel, »da hatten sie's verdammt eilig, denn die Heerscharen des Pharao waren ihnen auf den Fersen. Sie nahmen also in aller Eile den ungesäuerten Brotteig mit, als Wegzehrung und Proviant sozusagen, den Teig also, den sie aus Zeitmangel weder säuern noch backen konnten. Erst später in der Wüste, nachdem die Truppen des bösen Pharao alle im Roten Meer ersoffen waren und die Juden nicht mehr flüchten mußten und irgendwo in der großen Wüste haltmachten, um sich auszuruhen, Sie verstehen, und was zu essen, wie das so ist, da holten sie den ungesäuerten Brotteig aus ihrem Gepäck und buken das Ungesäuerte in der Wüstensonne.«

»Und das ist Matze?«

»Sehr richtig.«

»Und was ist ein Matzekloß?«

»Was in meiner Suppe ist«, sagte Onkel Jossel. »Sie werden ihn sehen, wenn der Rechtsanwalt mit der Suppe und dem Kloß aus der Küche kommt. Der Kloß wird aus Matzemehl gemacht, und er schmeckt wie ein richtiger Matzekloß.«

Nachdem der Rechtsanwalt wieder zurück war, und etwas später, als Onkel Jossel seine Suppe mit dem Kloß gegessen hatte, da sagte Onkel Jossel: »Und jetzt geben Sie mir eine Zigarre. Die Zigarren liegen in der braunen Schachtel auf dem Nachttisch.« Und der Rechtsanwalt tat, wie ihm geheißen. Und Onkel Jossel paffte und sagte: »Die Ärzte haben mir das Rauchen verboten. Aber wer das Verbotene tut, weil es ihm Spaß macht, lebt länger.«

Und da Onkel Jossel wußte, daß er nicht sterben würde, solange die Zigarre glühte, paffte er genüßlich und blies den Rauch in Richtung des offenen Fensters.

»Ich bin nach dem Weltkrieg öfter nach Pohodna gefahren«, sagte Onkel Jossel. »Anfang der zwanziger

Jahre. Jeden Sommer war ich dort. Das letzte Mal, na ja, das war im Sommer 1932.«

»Also vor sieben Jahren«, sagte der Notar.

»Genau vor sieben Jahren«, sagte Onkel Jossel. »Als ich wieder abreiste, brachte der Wasserträger meine Koffer zum Bahnhof.«

»Der Wasserträger?«

»Ja«, sagte Onkel Jossel, »der Wasserträger.«

»Die Leute haben sich sicher über Ihr Kommen gefreut?« fragte der Rechtsanwalt. »Ich nehme an, daß so ein hoher Besuch – jemand aus der Schweiz – für eine Menge Aufregung in so einer kleinen Stadt sorgen kann?«

»Ja«, sagte Onkel Jossel. »Als ich das letzte Mal in Pohodna ankam, warteten alle wichtigen Leute auf dem Bahnsteig. Da war der Rebbe mit seinen Anhängern, alle im schwarzen Kaftan und mit ihren Bärten und ihren Pelzmützen – Pelzmützen mit Fransen und Schnüren –, *Strammel* nennt man so eine Pelzmütze auf jiddisch, einfach Strammel, und sie trugen sie trotz sommerlicher Hitze, auch die Reichen waren da, zum Beispiel der Viehhändler Schmuel Jankovic, der ein geräumiges Haus besitzt und sogar einen Rosengarten, in dem der Rebbe und seine Anhänger oft spazierengehen, und der Eierhändler Feiwel Bernstein war da, kein kleiner Straßenhändler, sondern einer, der die Eier exportiert, und auch mein Freund Mottel Silbermann war gekommen, Mottel, dem das Sägewerk gehörte, das aber, wie mir gesagt wurde, seit 1933 stillgelegt ist. Noch viele andere waren da, die ich nicht alle aufzählen kann. Auch die kleinen Leute waren gekommen, sogar die Schnorrer, die Bettler und einige veschämte Arme, die ihre Armut nicht zur Schau trugen. Auch sie waren da, aber sie warteten nicht auf dem Bahnsteig, sondern auf der Gasse, die vom Bahnhof zum Marktplatz führte.«

Onkel Jossel grinste versonnen, und seine rechte Hand beschrieb einen Kreis in der Luft. »Das ist das Schtetl«, sagte er. »Und hier ist der kleine Bahnhof. Und hier ist die Gasse, die zum Marktplatz führt. Und hinter dem Marktplatz liegt die große Synagoge und etwas weiter einige Betstuben – man nennt die Betstube auch *Schul,* weil sie auch Studierzimmer ist für alle Wißbegierigen und Talmudstudenten. Sie wissen das, Moische Katz, aber der Herr Markus Xaver Schnürzli weiß das nicht – na also, der Herr Schnürzli soll's ja auch verstehen –, also die Betstuben etwas weiter entfernt, vom Marktplatz aus gesehen, aber überall verstreut in Schtetl. Wo immer man hinging – man stieß auf ein Betstübl, auf eine Schul. Ja. So war's. Und eines dieser Betstübl lag sogar in der Badgasse, gar nicht zu übersehen, wenn man ins Dampfbad wollte, das türkische Dampfbad meine ich, nach dem die Badgasse benannt worden ist, und das eine richtige *Mikwe* hat, also ein rituelles Bad, eine Art Tauchbecken für die Frommen.«

»Ich habe immer geglaubt, daß die frommen Juden sich nicht waschen«, sagte der Notar.

»Sie waschen sich die Fingerspitzen vor dem Essen«, sagte Onkel Jossel, »aber sie gehen einmal wöchentlich ins Dampfbad in der Badgasse, und zwar am Ende der Woche, also vor Sabbatanfang. Im Dampfbad lassen sie den Schmutz der ganzen Woche zurück und ihren

Schweiß und alles, was noch unter der Haut sitzt. Im Dampfbad öffnen sich die Poren. Da kommt alles raus, was der liebe Gott wegschwemmen will. Da tropft's auf den Fußboden, auf die Holzlatten und darunter, und der Dreck und das Schmutzwasser rinnt in kleinen Kanälen durch rostige Abflußrohre ins Freie, in den Hof und auf die Gasse, die man eben die Badgasse nennt. Bei starkem Regen rinnt das Abwasser manchmal auch in den Kanal, der durch das Schtetl hinunterfließt zum Pruth. Im Dampfbad, das viele auch einfach Schwitzbad nannten, ja, also dort, im Dampf, wo jeder, der das Schwitzen nicht scheut, schwitzen kann, werden alle Keime rausgetrieben, die der Jude loswerden will, besonders, wenn er einen Schnupfen hat oder was auf der Brust oder Jucken im Pisser.«

»Es kommt also alles raus?«

»Jawohl.«

»Waren Sie selber mal in so einem Badehaus?«

»Selbstverständlich. Ich ging sogar öfter hin als die anderen, vor allem vor dem Großen Krieg, vor dem Jahre vierzehn, ich meine, bevor ich in die Schweiz ging, als ich im Schtetl wohnte mit meinen Eltern und Großeltern, der ganzen Mischpoche. Ja. Ich ging oft ins Dampfbad. Ich ging auch hin, um den Bademeister zu sehen, der genauso hieß wie ich.«

»Jossel Wassermann?«

»Nein. Er hieß Jossel, der Bademeister. Er hatte keinen Familiennamen, oder er hatte einen, den keiner kannte.«

»Jossel, der Bademeister?«

»Ja. Er war ein ausgezeichneter Masseur, und das war eigentlich seine Hauptaufgabe: massieren, kneten und peitschen. Er peitschte allerdings nicht mit einer Rute, sondern mit gewöhnlichen Baumzweigen, die sogar noch ihre Blätter hatten. Das pfiff und zischelte und raschelte, wenn er einen auspeitschte.«

»Und die Leute ließen sich widerstandslos von ihm prügeln?«

»Ja«, sagte Onkel Jossel. »Der peitschte einem die bösen Geister raus, die saßen mit allem Dreck unter der Haut. Und wenn die Haut rot anlief, dann war das ein Zeichen, daß die Haut wieder gesund war.«

»Ich verstehe«, sagte der Notar.

»Ich hatte mal einen Bandwurm«, sagte Onkel Jossel. »Und den konnte ich nicht loswerden. Meine Mutter gab mir damals alle möglichen Tees zu trinken. Und die Einlauffrau, ich meine *Gittel mit dem Schlauch,* die im Schtetl von Tür zu Tür ging, um den Kranken Einläufe zu machen, auch die konnte bei mir nichts bewirken. Meine Mutter war ganz verzweifelt damals. Sie ließ sich vom Rebben beraten, und der Rebbe schickte sie zur alten Leike, die mit den Blutegeln. Und die alte Leike brachte einen großen Glasbehälter mit krabbelnden und zuckenden Blutegeln, und die Blutegel wurden an meinem Hintern angesetzt, aber auch das half nichts. Keiner wußte Rat. Auch der Rebbe nicht. Und da ging ich ins Dampfbad in der Hoffnung, den Bandwurm rauszuschwitzen, aber der Bandwurm war unempfindlich. Weder heiße Luft noch ein kräftiger Furz konnten ihm was anhaben. Aber dann packte mich Jossel, der Bademeister, und warf mich auf die Prügelbank und peitschte meinen Rücken und meinen Bauch und meinen Hintern, und siehe da: Der Bandwurm sprang vor Schreck ins Freie.«

»Bandwürmer springen aber nicht«, sagte der Notar.

»Vielleicht kroch er bloß ins Freie«, sagte Onkel Jossel. »Auf jeden Fall steckte er den Kopf heraus, obwohl man nie weiß, ob Bandwürmer auch Köpfe haben. Aber Jossel, der Bademeister, sah den Kopf und packte ihn und zog den ganzen Wurm heraus.

Wenn Sie mal aus der Badgasse rauskommen und die Abwässer und den Gestank hinter sich gelassen haben, dann brauchen Sie bloß in die Franz-Joseph-Gasse einzubiegen, die heute einen polnischen Namen hat. Aber damals, als ich noch jung war, hieß sie so. Und dann gehen Sie die Rothschildgasse rauf bis zur Ecke, wo das Haus des Eierhändlers Feiwel Bernstein steht und das Haus des Viehhändlers Schmuel Jankovic und das Haus von Mottel Silbermann, dem Besitzer des Sägewerks. Und wenn Sie dann durch die Gäßchen der armen Juden gehen und sich dabei die Nase zuhalten, denn es stinkt dort nach vielen kleinen Kindern und Abfällen und Hühnerkacke und noch viel mehr, dort, wo die meisten Bettler und Schnorrer und Taschendiebe wohnen und auch kleinere Handwerker und Gelegenheitshändler, und wenn Sie dann aus den kleinen Gäßchen herauskommen und um die Ecke gehen, am Kaffeehaus vorbei und der benachbarten Betstube und noch ein Stückchen weiter, dann sehen Sie schon den Marktplatz mit dem kleinen Rathaus ... dem Magistrat ... und der Post nebenan und der Bahnhofsgasse gleich hinter der Post. Im Osten liegt der Pruth. Man kann ihn fast überall sehen.«

»Den Fluß?«

»Ja.«

»Im Osten, sagen Sie?«

»Ja. Dort, wo die Sonne aufgeht.«

»Ich nehme an, daß der Marktplatz im Zentrum des Schtetls liegt?«

»Er liegt im Zentrum.«

»Und ich nehme an, daß der Magistrat ein ansehnliches und großes Gebäude ist?«

»Nein«, sagte Onkel Jossel. »Das Haus gehörte früher einem rumänischen Großgrundbesitzer, einem Bojaren, der dort ein Lagerhaus hatte. Und der verkaufte es, kurz nach dem Einmarsch der Österreicher, im Jahre 1774 an die neue Regierung. Später entstand dort ein kleines Rathaus und im Nebengebäude die Post.«

»Und was ist nun eigentlich mit dem Marktplatz?« fragte der Notar.

»Gar nichts«, sagte Onkel Jossel. »Was soll schon mit dem Marktplatz von Pohodna sein? Es ist eben der Marktplatz, wo jede Woche der Wochenmarkt stattfindet.«

»Ein Wochenmarkt also?«

»Ja.«

»Ist der so wichtig?«

»Ja«, sagte Onkel Jossel. »Ohne diesen Wochenmarkt gäbe es kein Schtetl. Der Wochenmarkt hält das Schtetl am Leben. Da kommen die Bauern aus der Umgebung mit ihren Pferden und Kühen und Kälbern und Schafen und Hühnern und Eiern und Mehl und Gemüse und grünen Gurken und ihrer Butter und Milch und Käse und wer weiß was noch, um mit den Juden Handel zu treiben. Die Bauern bringen alles mit, was sie verkaufen wollen. Nur ihre Schweine lassen sie zu Hause, weil die auf dem jüdischen Wochenmarkt nichts zu suchen haben.«

»Die Juden mögen keine Schweine?«

»So ist es«, sagte Onkel Jossel. »Das Schwein ist ein unreines Tier. Und nur die *Apikeurim* fressen Schweinefleisch, weil sie nicht besser sind als Gojim.«

»Wer sind die Apikeurim?«

»Das sind die Abtrünnigen«, sagte Onkel Jossel.

»Auch die Juden bieten am Wochenmarkt ihre Waren an«, sagte Onkel Jossel. »Manche konkurrieren mit den Bauern und haben ebenfalls Hühner und Eier und Milchprodukte, die kleineren Viehhändler kommen manchmal mit einer Kuh oder einem Kalb, aber meistens haben die Juden ganz andere Sachen anzubieten: Naphtha zum Beispiel, das Rohöl für die Petroleumlampen, auch größere und kleinere Lampen für Küche, Wohnzimmer oder Keller. Sie bieten Bindfaden an und Zwirn, Kopftücher und kurze Pelzjoppen, polnische Lederkappen mit Ohrklappen oder rumänische Kutschmas, das sind die spitzen Pelzmützen aus Lammfell, die anders sind als die Pelzmützen der Juden, weil sie weder Fransen noch Schnüre haben, manche Händler bieten auch echte Persianermützen an, nach Russenart, es gibt Juchtenstiefel, neue und gebrauchte, und blankpolierte Offiziersstiefel aus dunklen Quellen – damals, als ich noch ein Junge war und das Gebiet zu Österreich gehörte, waren es österreichische, später polnische. Die Juden verkaufen Fische aus Bottichen, lebende Fische, meistens Karpfen, aber auch tote. Die toten liegen zwischen zerstampftem Eis. Und sie zappeln nicht mehr. Und man kann sie anfassen, was bei den lebendigen Fischen nicht möglich ist. Die Juden verkaufen auch Bonbons aus gläsernen Behältern und türkisches Halva oder Rahat-Lokum und Bruchschokolade. Wer ein Pferd kaufte, konnte vom Juden auch einen Sattel kaufen, neu oder gebraucht, und natürlich das Zaumzeug dazu. Frauenwäsche gibt es auch, aber nichts Unzüchtiges, keine Büstenhalter oder gar durchsichtige Strümpfe, Mieder oder Korsetts. Anders ist es bei der männlichen Bekleidung. Die langen weißen Unterhosen liegen in großen Stößen auf den Ständen, und für Leute mit einem Leistenbruch gibt es kleine, weiße gepolsterte Säckchen mit Haltern und Schnüren, damit die Eier nicht wackeln oder gar gegen das Knie stoßen. Viele Bauern haben einen Leistenbruch, aber auch die Juden, die mit den Bauern wetteifern wollen und sich einbilden, sie könnten einen schweren Mehl- oder Kartoffelsack so ohne weiteres auf den Buckel heben. Ja«, sagte Onkel Jossel, »das ist zwar nur ein Wochenmarkt, aber es geht dort zu wie auf einem Jahrmarkt. Die Juden haben es immer eilig. Sie stürzen frühmorgens, gleich nach dem Morgengebet, aus den Häusern. Manche haben noch die Gebetsriemen an, auf Arm und Stirn, die Riemen mit Kapseln, schwarz sind die Kapseln und hütchenähnlich, und sie verbergen ein Geheimnis, heilige Sprüche sind es, Sprüche aus der Thora, und so rennen sie ohne Kaftan und ohne Pelzmütze, nur mit Käppi, in Hemdsärmeln und zappelig aus den Häusern – wenn's nicht gerade regnet oder eisig kalt ist –, nur um mal schnell um die Ecke zu gucken und weiterzurennen bis zum Wochenmarkt, und unterwegs erinnern sie sich, daß sie ja noch die Gebetsriemen anhaben mit den heiligen Sprüchen in den Kapseln, und sie wickeln sie eilig ab, entfernen auch die Stirnkapsel, kreisen um den Markt, gucken nur mal und rennen wieder zurück, nach Hause, und das ist nicht weit, für niemanden, das Schtetl ist klein, und fast alle Häuser der Juden liegen rings um das Zentrum und den Markt, sie rennen also wieder zurück, weil sie die Gebetsriemen und Kapseln nicht mit sich herumtragen dürfen, und sie stürzen eilig in ihre Wohnungen, legen ihre Tefillin – das sind die Gebetsriemen und die Kapseln – in das seidene Tefillinsäckchen, legen alles sorgfältig rein, so wie es geboten ist, die Stirnkapsel von oben und die Armkapsel von unten, weil die Stirn wichtiger ist als ein Arm ... Sie verstehen ... Die Stirn ist das Jüdische, während der Arm und die Faust das Zeichen der Gojim ist. Sie stecken also die heiligen Bibelsprüche wieder weg, schlingen hastig das Frühstück herunter, das ihre Frauen bereitgestellt haben: Tee oder Milchkaffee, Hühner- oder Gänseschmalz, Zwiebeln und Brot, und sie setzen sich die Pelzmütze auf, überprüfen noch mal, ob sie auch den Thalles anhaben, das ist der Gebetsmantel, aber nicht den großen, den sie nur beim Gebet tragen, sondern den kleinen, den sie immer auf dem Leib tragen und in dem sie auch schlafen und den man auf der Straße nicht sieht mit Ausnahme der Fransen und Schnüre, die man sehen soll und die unter dem Rock hervorgucken und beim Gehen mitschlenkern. Jeder soll die *Zitzes* sehen – so heißen die Fransen und Schnüre, denn es steht geschrieben: ›Rede mit den Kindern Israel, und sprich zu ihnen, daß sie und ihre Nachkommen sich Quasten machen an den Zipfeln ihrer Kleider. Und dazu sollen die Quasten euch dienen: So oft ihr sie ansehet, sollt ihr an alle Gebote des Herrn denken.‹ Na ja, das sind die Zitzes am Gebetsmantel. Das ist egal. Wichtig ist nur, daß sie gefrühstückt haben und nun endlich zum Markt gehen, fürs Geschäftliche vollständig angezogen, mit Pelzmütze also, und auch im Kaftan.

Natürlich trägt nicht jeder Kaftan und Pelzmütze. Viele Juden ziehen sich zum Wochenmarkt, und manchmal auch so, wie gewöhnliche Bauern an, und wenn man so einen sieht, dann weiß man nie, ob er den kleinen Gebetsmantel unter dem Wams trägt. Also: Sie rennen zum Wochenmarkt, hab ich gesagt, dort, wo nicht nur die Händler und Käufer herumstehen, sondern auch die Schnorrer und Bettler und Diebe und Luftmenschen.«

»Was sind Luftmenschen?«

»Das sind Leute, die keine Berufe haben und auch kein Geld und doch irgendwie leben, ohne allerdings zu schnorren oder zu betteln oder gar zu stehlen.«

»Also Luftmenschen?«

»Ja«, sagte Onkel Jossel. »Ich kannte mal einen. Der hieß Jankl, so wie der Wasserträger, war aber keiner.«

»Und was war er?«

»Er war ein Mensch«, sagte Onkel Jossel. »Nichts weiter. Nur ein Mensch. Er saß in den Kaffeehäusern rum und kiebitzte beim Kartenspiel. Und da es Sitte ist, daß der Gewinner dem Kiebitz etwas zukommen läßt, verdiente er nicht schlecht, denn er wußte immer, wer gewinnen würde, und saß immer an der richtigen Seite. Am Wochenmarkt machte Jankl, der Luftmensch, kleine Geschäfte. Zum Beispiel hat er mal für drei hartgekochte Eier, die er zufällig in der Tasche hatte, ein krepiertes Huhn von einem Juden gekauft. Das Huhn war im Korb erstickt und regte sich nicht mehr. Aber Jankl, der Luftmensch, kannte einen Trick, um das tote Huhn wieder flattern zu lassen. Und im Gedränge des Wochenmarkts verkaufte er das tote und flatternde Huhn einem ortsfremden Gurkenhändler fürs Mittagessen. Nun, das war vielleicht eine Sünde, aber das Huhn war ja nicht krank. Es war nur nicht koscher, da ein Huhn nur dann koscher ist, wenn es sein Hühnerleben bei einer rituellen Schlachtung aushaucht, Sie wissen schon: der blitzschnelle kurze Schnitt am Hals. Andererseits war es ein gutes, gesundes Huhn, das eben bloß im Korb erstickt war.«

Und Onkel Jossel sagte: »Aber das wollte ich gar nicht erzählen. Ich wollte nur kurz erzählen, wie ich vor sieben Jahren, also 1932, auf dem Bahnhof in Pohodna ankam. Wie gesagt: Auf dem Bahnsteig standen viele Leute. Als ich aus dem Waggon stieg, guckte ich mich um und entdeckte den Wasserträger. Er stand draußen auf der Gasse. Aber als er mich sah, stürzte er auf den Bahnsteig, drängte die Leute weg, bahnte sich seinen Weg mit seinem Riesenkörper und den großen Händen und kräftigen Ellenbogen, erreichte mich als erster und packte meine Koffer. Ich schüttelte viele Hände, sagte zu den Leuten: ›*Schulem Alechem*‹, sagte: ›Der Jossel ist wieder da‹, sagte: ›Und wie ist das Wetter bei euch?‹

›Das Wetter ist so wie die Regierung‹, sagte einer von ihnen. ›Mal so, mal so.‹

Der Wasserträger trug die Koffer, und ich ging hinterher. Draußen, vor dem offenen Bahnhof, standen zwei Pferdedroschken, die einzigen im Schtetl für den öffentlichen Verkehr. Die eine Droschke glich einem großen Leiterwagen, und der Klepper vor der Droschke sah aus, als würde er jeden Moment umkippen. Auch der Kutscher, ein Jude mit langem, weißem Bart und in zerschlissenem Kaftan und Pelzmütze, sah nicht besser aus. Die zweite Droschke jedoch war eine Herrenkutsche, eine Art Fiaker, und sie kostete auch mehr. Der Kutscher, ein jüngerer Jude, ebenfalls mit Kaftan und einer Pelzmütze, war eingenickt und erwachte erst, als ich ihm mit dem Spazierstock auf den Arm klopfte.

Die Droschkenkutscher im Schtetl haben einen schlechten Ruf«, sagte Onkel Jossel. »Man nennt sie *Balegules,* was im Grunde dasselbe ist, also ein Pferdekutscher, aber das Wort bedeutet auch Grobian, Säufer, Ungebildeter, kurz: ein Balegule. Niemand kann so fluchen und spucken wie ein Balegule. Nicht mal der Wasserträger Jankl kann das. Und deshalb drehte sich Jankl, der Wasserträger, um, stellte meine Koffer in den Straßenschlamm, sagte: ›Onkel Jossel. Ich fahre nicht mit diesem Balegule. Nimm du die Droschke, und ich trage die Koffer.‹

›Dann trag sie zum Besitzer des Sägewerks, du weißt schon, zu Mottel Silbermann.‹

›Also zu Mottel Silbermann.‹

›Ja, Jankl.‹ Ich sagte das, stieg in die Droschke, sagte dem Balegule aber, er solle warten, denn ich wollte ja nicht alleine fahren.«

»Wer fuhr mit Ihnen mit?«

»Mottel Silbermann. Ich wartete, bis er auf der Straße war, und forderte ihn auf, einzusteigen.«

»Warum fuhren Sie zu Mottel Silbermann?«

»Weil er mich eingeladen hatte. Wir schrieben uns ab und zu Briefe, und im letzten Brief bot er mir an, bei ihm zu wohnen, was ich gerne tat. In der Droschke, als wir losfuhren, sagte Mottel Silbermann zu mir: ›Mein Sägewerk wird stillgelegt, na, was sagst du dazu, Jossel, weil der Goi, dem das Grundstück gehört, behauptet, die Pacht sei abgelaufen, und weil er nicht mehr mit mir klarkommt. Ich weiß nicht, Jossel, was im Kopf eines solchen Gois vor sich geht. Ich zahle ihm eine gute Pacht, aber er will mein Geld nicht mehr.‹

›Und was willst du machen, Mottel?‹

›Ich weiß es nicht‹, sagte Mottel Silbermann. ›Vielleicht lege ich mein Geld in der Schweiz an. Du könntest mir dabei helfen.‹

›Helfen schon‹, sagte ich. ›Aber wie?‹

›Ich könnte dein Partner in deiner Matzenfabrik sein.‹

›Ich brauche keinen Partner‹, sagte ich. ›Der beste und verläßlichste Partner ist man selber.‹

Natürlich wollte Mottel Silbermann was von mir, aber es wäre ungerecht, zu sagen, daß er mich nur deshalb eingeladen hatte. Wir waren alte Freunde. Es tat mir leid, daß ich ihn enttäuschen mußte.«

»Warum wohnten Sie nicht bei Ihrer Familie?«

»Weil ich keine mehr habe«, sagte Onkel Jossel. »Wenigstens nicht in Pohodna. Die Generation vor mir ist gestorben, und die Verwandten meiner Generation sind ausgewandert oder in größere Städte gezogen. Wir haben keinen Kontakt mehr.«

»Sie haben also nur noch den Jankl?«

»Nur noch den«, sagte Onkel Jossel. »Aber Jankl wohnt in einer elenden Hütte. Und das kann man mir nicht zumuten, mir, Jossel Wassermann, einem reichen Mann, einem Schweizer Bürger, dem Besitzer einer Matzenfabrik, der es gewohnt ist, bequem zu wohnen.

Bei diesem letzten Besuch wurde ich von den Schtetljuden verwöhnt. Ich erhielt den besten Platz in der großen Synagoge und war der erste, der zur Thora aufgerufen wurde, um der Gemeinde einen Abschnitt aus der heiligen Schrift vorzulesen.«

»Das kostet ja auch was«, sagte der Rechtsanwalt Moische Katz. »Da ich selber Jude bin, weiß ich Bescheid.«

»Natürlich kostet es was, wenn man öffentlich geehrt wird«, sagte Onkel Jossel. »Wer zur Thora aufgerufen wird, muß nachher etwas spendieren, für die Armen und die Bedürftigen und für die Synagoge. So ist das. Und das hab ich dann auch gemacht. Leider war es nicht genug, denn ich trenne mich nicht gern von größeren Geldscheinen. Ich gab ihnen nach Ausklang des Sabbats einige Schweizer Rappen, die ich zufällig in der Tasche hatte.«

»Das war ein Fehler«, sagte der Rechtsanwalt. »Als reicher Mann sollte man nicht nur Kleingeld an die Gemeinde verteilen.«

»Es war ein Fehler«, sagte Onkel Jossel. »Ich verteilte zwar auch Almosen auf der Straße unter den Bettlern und gab auch den verschämten Armen was, und auch den Schnorrern steckte ich etwas zu, wenn sie mir im Kaffeehaus in den Mantel halfen oder beim Aussteigen aus der Kutsche. Es nützte mir aber nichts. Denn mein Ruf war dahin. Als der Wasserträger mich einige Tage später wieder zum Bahnhof brachte, sagte er's mir.«

»Was hat er gesagt?«

»›Onkel Jossel‹, hat er gesagt, ›der Rebbe hat unlängst gesagt: Jossel Wassermann hat nie viele Almosen verteilt, aber so wenig wie diesmal war's noch nie. Und er sagte: Je reicher die Leute werden, desto geiziger werden sie. Wovor hat Jossel Wassermann eigentlich Angst. Er kann ja das Geld nicht mitnehmen.‹

›Wohin mitnehmen‹, hab ich Jankl gefragt.

›Unter die Erde, hat der Rebbe gesagt. Oder in den Himmel.‹

Und als ich in den Zug stieg und mich umblickte, fragte ich mich: Warum ist niemand zum Zug gekommen?

›Als ich ankam, waren 'ne Menge Leute hier‹, sagte ich zu Jankl, dem Wasserträger.

›Ja, Onkel Jossel‹, sagte Jankl. ›Die Leute sind gekommen, weil sie was von dir erwartet haben. Und jetzt sind sie enttäuscht. Du hast auch bereits einen neuen Spitznamen. Früher, als bekannt wurde, daß du eine Matzenfabrik in der Schweiz hast, nannten sie dich *Jossel Matze.* Und jetzt heißt du *Jossel, der Karge.‹*«

»Was ist ein Karger?« fragte der Notar.

»Ein Geizkragen«, sagte Onkel Jossel.

»Na, die werden sich schön wundern«, sagte der Rechtsanwalt, »wenn die Leiche von Jossel Wassermann mit dem Sarg und dem Testament ins Schtetl kommt.«

»Ja«, sagte Onkel Jossel.

»Es wird keiner mehr sagen, daß Jossel Wassermann ein Geizkragen war.«

»Ja«, sagte Onkel Jossel.

3

Jetzt kamen die beiden Sekretärinnen, die eine vom Rechtsanwalt, die andere vom Notar. Sie brachten ihre Schreibmaschinen mit, und jede hatte ein Köfferchen mit Papieren, Stempeln und sonstigem, also Sachen, die der Rechtsanwalt und der Notar brauchten, um den letzten Willen des Jossel Wassermann rechtskräftig zu Papier zu bringen. Die Sekretärinnen waren jung, aber nicht hübsch. Jossel Wassermann stellte fest, daß sie kleine Brüste hatten, also andere als seine beiden Frauen, deren Brüste an schwere Käsesäcke erinnerten, kurz vor dem Ausquetschen der Molke, und die glockenartig hin- und herschwappten, wenn sie sich gebückt bewegten – glockenartig, ja, obwohl ihr Läuten damals nur von seinem Herzen gehört wurde. Er wollte aber jetzt nicht an seine Frauen erinnert werden, und deshalb ruhte sein Blick vergnügt auf den beiden jungen Frauen, wanderte von einer zur anderen, die Wölbungen unter dem Halsausschnitt der Kleider begutachtend, vergleichend. Wie Nudelbretter sehen die Sekretärinnen aus, dachte Jossel Wassermann, wie zwei Nudelbretter, nachdem die Nudeln geschnitten und längst im Kochtopf verschwunden waren. Kleine Teigkleckse, Überbleibsel sind noch auf den Brettern drauf, und die Mamme hat die Bretter zugedeckt, nun wie schon, mit einem Nudeltuch. Da wölbt sich was drunter, aber es ist nicht viel und nicht der Rede wert.

»Wir sollten vielleicht doch einen Arzt rufen«, sagte der Notar.

»Nein«, sagte Onkel Jossel. »Ärzte kann ich nicht leiden. An meinem Sterbebett soll keiner stehen, den ich nicht leiden kann.«

»Und wie ist es mit einem Krankenwagen?«

»Um Gottes willen«, sagte Onkel Jossel. »Lassen Sie mich mit dem Krankenwagen in Ruhe. Wenn ich den Krankenwagen von weitem höre, dann sterbe ich gleich vor Schreck.«

Der Notar und der Rechtsanwalt unterhielten sich leise. Dann setzten sie das Testament auf, das heißt, eigentlich waren es zwei, das eine für den Wasserträger und das andere für die Gemeinde von Pohodna. Jossel Wassermann paffte mit geschlossenen Augen und paßte auf, daß die Zigarre nicht ausging. Er hatte Geduld. Das Klappern der Schreibmaschinen machte ihn schläfrig, aber jedesmal, wenn er an seiner Zigarre zog, wurde er wieder munter. Als die beiden Herren ihre wichtige Arbeit erledigt hatten, zeigten sie Jossel Wassermann das Geschriebene. Und Jossel Wassermann stellte fest, daß alles seine Richtigkeit hatte. Die Summen stimmten, auch der Name der Bank, die Kontonummer. Alles war gut. Jossel Wassermann unterschrieb mit echter Tinte und einem Federhalter. Jossel Wassermann beobachtete, wie die beiden noch eine Weile mit den Testamenten herumfummelten, Stempel aufdrückten und ihrerseits nochmals unterschrieben. Er lächelte und sagte: »So. Jetzt möchte ich ein Glas Rosenwasser.«

»In der Schweiz gibt es aber kein Rosenwasser«,

sagte der Rechtsanwalt, »wenigstens keinen Rosensirup, um eine Art Limonade zu machen wie in Pohodna. Sie erzählten mal davon.«

»Ich habe aber noch einen Glastiegel in der Speisekammer«, sagte Onkel Jossel. »Noch aus dem Jahre zweiunddreißig. Der Wasserträger hat ihn in meinen Koffer gelegt, als ich abreiste. Der Tiegel ist eigentlich ein großes Einweckglas, und ich nehme an, daß der Sirup nicht verdorben ist, denn die in Pohodna wissen, wie man so was aufbewahrt.«

»Also gut«, sagte der Rechtsanwalt. Und er gab seiner Sekretärin einige Anweisungen. Und diese ging in die Küche, dort, wo die Speisekammer war.

Onkel Jossel bekam sein Rosenwasser.

»In der Speisekammer ist auch noch türkisches Halva, es stammt aus Pohodna. Es ist nach einem Rezept, das die Türken mitgebracht hatten, vor dem Jahre 1774, als dort noch die Türkenherrschaft war, Sie verstehen, was ich meine: Die Türkenherrschaft war der letzte Dreck, aber ihr Halva war gut.«

Und die Sekretärin brachte Onkel Jossel ein Stück Halva. Und Onkel Jossel kostete davon. Und wie das so ist, er kostete mehr und mehr und aß das Ganze auf. Und er trank sein Rosenwasser und paffte seine Zigarre.

»In Pohodna wohnt ein Thoraschreiber«, sagte Onkel Jossel. »Der heißt Eisik. Einfach Eisik. Eisik, der Thoraschreiber. Er hat die schönste Handschrift im Schtetl, schreibt eigenhändig auf Pergament, schreibt alle Thorarollen, die jede Betstube braucht, schreibt, wie es

Sitte ist, Sie wissen schon, so eben und so, mit einem Gänsekiel, meine ich, wie das eben so ist.«

»Und was wollen Sie von diesem Thoraschreiber?«

»Ich möchte, daß er meine Geschichte aufschreibt.«

»Auf Pergament?«

»Ja.«

»Und was soll er damit machen?«

»Nichts. Er soll sie nur aufbewahren.«

»Für wen?«

»Für das Schtetl. Für die Gemeinde. Für alle Juden in Pohodna.«

»Das steht aber nicht im Testament.«

»Das ist auch nicht nötig.«

»Es ist also keine Bedingung?«

»Es ist keine«, sagte Onkel Jossel. »Nicht alles muß Bedingung sein. Manches ist selbstverständlich. Ich nehme an, daß die Juden in Pohodna meinen Namen ehren werden. Denn ich tue etwas für das Schtetl. Und wenn man einen ehrt, dann betrifft es auch seine Geschichte. Sie, Moische Katz, werden dafür sorgen, daß die jüdische Gemeinde von Pohodna Eisik, den Thoraschreiber, mit der Niederschrift meiner Geschichte beauftragt, die dann, nach Fertigstellung, von der Gemeinde aufbewahrt wird.«

»Ja«, sagte der Rechtsanwalt.

»Sie werden dafür sorgen, daß alles also geschieht, daß Eisik die Geschichte schreibt, die Geschichte des Jossel Wassermann, daß die Gemeinde sie aufbewahrt, ich meine für die kommenden Generationen, für die Gemeinden der Zukunft, die man immer in Pohodna finden wird, denn wo sonst sollten sie sein? Sie brauchen es mir nicht zu versprechen, da ich weiß, daß Sie es tun werden, weil ich Sie darum bitte. Ich brauche also weder ein mündliches noch ein schriftliches Versprechen von Ihnen.«

»Ich werde es tun«, sagte Moische Katz.

»Das ist mein letzter Wunsch«, sagte Onkel Jossel.

»Ich werde Sie nicht enttäuschen«, sagte Moische Katz.

»Brauchen Sie mich als Zeugen?« fragte der Notar.

»Ja«, sagte Onkel Jossel. »Denn falls Moische Katz aus irgendeinem Grund nicht nach Pohodna reisen kann, dann würde ich Sie bitten, diesen Auftrag zu übernehmen.«

»Es ist in Ordnung«, sagte der Notar.

»Das ist in Ordnung«, sagte der Rechtsanwalt.

4

Wo soll ich anfangen«, sagte Onkel Jossel, »etwa, wie das war mit dem jüdischen Salzhering und dem österreichischen Kaiser?«

»Das ist uns egal«, sagte der Notar.

»Oder soll ich von Anfang an beginnen, zum Beispiel, wie mein Vorfahre, der Adam, aus Dummheit nach dem Apfel haschte, den ihm Eva unter die Nase hielt und der er nicht widerstehen konnte, weil sie schwappende Brüste hatte, so ähnlich wie die Brüste meiner ersten Frau Rebecca oder die Brüste meiner zweiten Frau, die noch größer waren, aber ähnlich schwappten?«

»Das überlassen wir Ihnen, Jossel Wassermann.«

»Schwappende Brüste haben eine hypnotische Wirkung. Man guckt eine Zeitlang hin. Und dann will man sie packen, damit sie endlich zur Ruhe kommen. Und man greift daneben, weil man hypnotisiert ist. Und man kriegt nur den Apfel zu packen. So ist das. Es ist kaum zu fassen, daß der liebe Gott alle Geschlechter des Menschen verflucht hat, nur, weil einer mal die Brust nicht vom Apfel unterscheiden konnte.«

»Ja«, sagte der Rechtsanwalt Moische Katz.

»Ich könnte auch von Moses erzählen oder vom König David und auch von Jesus Christus, die alle mit mir verwandt sind.«

»Erzählen Sie, was Sie wollen«, sagte der Rechtsanwalt.

»Oder zum Beispiel von den Scheiterhaufen in Spanien während der Inquisition? Oder den geilen Augen der Kirchenväter, die feststellten, daß Juden besser brennen als Holz? Ich könnte auch von den Kreuzrittern erzählen und warum sie meinen Vorfahren die Häuser anzündeten und die Thorarollen und den Männern die Bärte rausrissen und viele von ihnen totschlugen. Und warum sie die Frauen vergewaltigten und die kleinen Kinder durchs Fenster auf die Judengasse warfen. Ich könnte von der Pest erzählen und von der Anklage gegen die Juden, sie seien schuld am Schwarzen Tod, weil sie die Brunnen vergiftet hätten. Auch von Gottes Stimme könnte ich erzählen, die zu den flüchtenden Juden gesagt hatte: ›*Po-lin*‹! Hier sollst du ruhen! Hebräisch ist das. Aber die meisten Juden verstanden das falsch, weil viele nicht mehr richtig Hebräisch konnten. Und sie sagten sich: *Po-lin?* Das klingt wie Polen. Also auf nach Polen. Und so zogen sie, die vorher keiner Himmelsrichtung mehr getraut hatten, in Richtung Osten. Und sie kamen nach Polen. Und dort ging es ihnen gut. Dort regierte der König Kasimir.«

»König Kasimir«, sagte der Notar. »Ein verdächtig klingender Name.«

»Er war ein Freund der Juden«, sagte der Rechtsanwalt.

»Ja«, sagte Onkel Jossel. »Das war er. Ich glaube zwar nicht, daß ein Goi Gottes Stimme hören kann, und sicher hat er nicht gewußt, daß Gott zu den Juden *Po-lin* gesagt hatte, aber Kasimir war nicht dumm, wenigstens nicht so dumm wie die anderen Gojim, besonders die deutschen. Kasimir wußte, daß Juden das zerrüttete Land wieder auf Vordermann bringen würden und daß es gut war, die Juden ins Land zu rufen, ihnen freie Hand zu lassen, keine Beschränkungen aufzuerlegen, sie nicht einzusperren, nicht mal ins Ghetto, kurz: den Juden zu sagen: ›So, jetzt legt mal los, zeigt, was ihr könnt, damit es uns allen gut geht, den Juden und den Gojim‹. So war's auch. Die Juden brachten den Handel wieder in Schwung, füllten die polnischen Staatskassen, sorgten für dies und das, zeigten dem polnischen Adel, wie's gemacht werden mußte, redeten mit dem lieben Gott, der den Regen erfand und auch die Sonne, beschwichtigten ihn, damit keine Sonne schien, wenn die Bauern den Regen brauchten, aber auch umgekehrt. König Kasimir wußte es den Juden zu lohnen. Und die Kunde davon eilte in viele Länder, und von überall, wo sie verfolgt wurden, strömten die Juden nach Polen.«

»Ich habe gehört, daß sie dort wie die Mäuse im Speck hausten«, sagte der Notar. »Besonders im polnischen Galizien.«

»Juden hausen nicht im Speck«, sagte Onkel Jossel, »ich meine: die gläubigen Juden tun das nicht. Und der gläubige Jude ist alles andere als eine Maus, denn er fürchtet sich nicht vor dem Schrecklichen, weil er es erwartet. Und wenn der Gläubige flüchtet, zum Beispiel vor einem Pogrom, dann flüchtet er nur, um das Wort zu retten, das geschrieben steht in der heiligsten aller Schriften. Mäuse sorgen nicht vor wie der Jude. Für die Maus ist jeder Tag der letzte, aber für den Juden ist er nur Anfang, ein Tag mehr oder weniger auf dem Weg zum letzten Tag, der einst kommen wird, wenn der Messias erscheint, der aber wiederum nur der erste Tag ist, der erste Tag einer besseren und gerechteren Welt. Sie verstehen, was ich meine? Nun, es ist egal, denn ich verstehe es auch nicht.«

Onkel Jossel wußte nicht, woher ihm die Worte kamen. Vielleicht wird man erst klug, wenn alles vorbei ist, dachte er, und einem die Klugheit wenig nützt. Oder der Herr, gelobt sei Sein Name, hat dir Worte ins Ohr geflüstert, und du sprichst sie nur aus, ohne sie zu verstehen.

»Wo war ich stehengeblieben?« sagte Onkel Jossel.

»Beim König Kasimir«, sagte der Notar.

»Also der«, sagte Onkel Jossel.

»Ja«, sagte der Notar.

»Es ging den Juden gut in Polen«, sagte Onkel Jossel. »Aber wenn's den Juden gutgeht, dann sagen sie: Besser kann es nicht werden, also kann es nur schlechter werden. – Und so war's. Die Juden zeugten viele Kinder und vermehrten sich. Der Herr hatte es ihnen befohlen. Je mehr sie aber wurden, um so mehr kriegten die Polen Angst. In den kommenden Generationen ging es ihnen immer schlechter. Die Bauern waren neidisch, und sie haßten die Juden, weil die Juden ihre Ausbeuter vertraten, die Adligen und die Gutsherren, die der Bauer selten zu Gesicht bekam. Die lebten in Paris und in Rom und in Berlin und in Zürich und wer weiß wo noch. Den Juden sah der Bauer täglich. Und er haßte seinen Bart und seine Schläfenlocken und den Kaftan und die Juchtenstiefel und auch den furchterregenden Gott der Juden, der keine Kreuze duldete in den Betstuben und kein Bildnis des Heilands, vor dem man knien konnte. Sie haßten die Sprache der Juden, die sie nicht verstanden – obwohl sie einiges verstanden, denn das hatten sie mit der Zeit gelernt, aber es war nicht viel –, und sie haßten die Gesten der Juden und ihre Nervosität und auch die hastigen Schritte, wenn sie zum Wochenmarkt eilten. Sie haßten vor allem den Sabbat, an dem auch der ärmste unter den Juden ein Stück Fisch essen konnte oder gekochtes Huhn und eine warme Suppe, weil die Gemeinde half mit den Almosen und Spenden der reichen Juden, wie das eben so ist. Und sie verstanden nicht, wieso der arme Jude auch Schnaps trinken konnte am Sabbat und ein Gläschen Wein. Die Bauern wunderten sich, weil die Juden kein Schweinefleisch fraßen, und sie fragten sich, was die Juden wohl in den Betstuben trieben, aus denen Gemurmel und Geflüster auf die Straße herausdrang, Zauberlaute und -formeln, die den Bauern ängstigten. Auch die Adligen haßten die Juden, weil sie die Konkurrenz fürchteten. Und die Kirchenfürsten haßten die Juden, weil sie starrsinnig waren und dem Holzgott nicht huldigten an ihren Kreuzen. Die Popen und Pfaffen predigten den Haß von der Kanzel. Und der Haß fiel auf fruchtbaren Boden. ›Und eines Tages‹, sagten die Popen und Pfaffen, ›da wird ein großes Feuer ausbrechen, und man wird einen großen Ofen für sie bauen oder viele Öfen. Und dort werden sie brennen und schmoren bis zum Jüngsten Tag.‹

Ich weiß nicht genau, wann mein Vorfahre nach Polen kam«, sagte Onkel Jossel, »in jene Provinz, die später

Galizien genannt wurde. Ich weiß nur, daß im Jahre 1772 ein Mann namens Mordechai und seine Frau Jette in Kolomea wohnten, einer kleinen polnischen Stadt, in der sehr viele Juden lebten. Als Polen im Jahre 1772 geteilt wurde und die Österreicher in die kleine Stadt am Pruth einmarschierten, da rannten die Juden von Kolomea in die Betstuben und beteten für den Kaiser Joseph den Zweiten, denn sie glaubten, nun käme eine bessere Zeit.

Das war aber nicht so«, sagte Onkel Jossel. »Es wurde sogar noch schlechter. Als die Juden von Kolomea feststellten, daß die Österreicher keine Juden mochten, rannten sie zwar weiter in die Betstuben, aber sie beteten nicht mehr für Joseph den Zweiten und auch nicht für Österreich. Zwei Jahre später, im Jahre 1774, stießen österreichische Truppen über die Grenzen Galiziens und besetzten die Bukowina, ein waldreiches, aber verlottertes und heruntergewirtschaftetes Ländchen, das jahrhundertelang von Moldaufürsten regiert worden war, Vasallen fremder Mächte, vor allem Rußlands und der Türkei. Die Österreicher standen unter dem Oberkommando des Generals Freiherr von Splény, eines Judenfeindes, der das neue Gebiet für Juden gesperrt hatte. Natürlich kümmerten sich die Juden nicht darum und strömten scharenweise über die alte polnische Grenze in die benachbarte Bukowina. Die meisten wurden zurück ins polnische Galizien gejagt, andere, die Bestechungsgelder zahlen konnten, blieben.

In der Bukowina hatte es immer schon Juden gegeben«, sagte Onkel Jossel, »sie waren Handwerker, Schnapsbrenner, Schankwirte und Händler. Die Moldaufürsten und ihre Starosten, also die Land- und Stadträte, duldeten sie nur widerwillig. Im Jahre 1559 aber wurden sie vom Fürsten, dem Woiwoden Peter dem Lahmen, des Landes verwiesen, weil einige Juden angeblich die Marktsteuer, vor allem beim Kauf von Rindvieh, nicht bezahlt hatten. Es hieß auch, daß die Juden es immer schon verstanden hätten, die Maut zu umgehen, also die Straßen- und Brückengebühren. Peter der Lahme jagte sie aus dem Land, aber einige kamen zurück.«

»Und jetzt kamen die Juden aus Galizien?«

»Weil es keine Grenze mehr gab«, sagte Onkel Jossel, »obwohl die Grenze noch in den Köpfen bestand, den Köpfen der örtlichen Behörden.«

»Und was wollten die Juden in der Bukowina?«

»Brot«, sagte Onkel Jossel. »Die meisten Auswanderer waren Betteljuden. In Galizien herrschten Hungersnöte und Elend, Epidemien und Übervölkerung. Die neuen Gebiete an den Flüssen Bistritz, Sereth und Pruth waren nicht weit, aber sie galten als unerschlossen, ein kleines Amerika, eines, das die Juden ernähren und das sie aufpäppeln würden. Die meisten wußten gar nicht, wohin sie ziehen sollten, ich meine, in welche Orte, sie zogen einfach den österreichischen Truppen hinterher, an den Flüssen Dnjestr, Czeremosch und schließlich am Pruth entlang, in Richtung der Bukowiner Hauptstadt.«

»Der Hauptstadt?«

»Czernowitz«, sagte Onkel Jossel.

»Von dieser Stadt hab ich noch nie was gehört«, sagte der Notar Markus Xaver Schnürzli.

»Ich hab viel von ihr gehört«, sagte Moische Katz, der Rechtsanwalt. »Czernowitz zählte später, zur Zeit der Doppelmonarchie, zu den Perlen unter den Städten des Kaiserreiches.«

»Das war später«, sagte Onkel Jossel.

»Ein zweites Wien«, sagte der Rechtsanwalt.

»Und eine jüdische Stadt«, sagte Onkel Jossel.

»Also ein jüdischer Ableger der ehrwürdigen österreichischen Hauptstadt?«

»Man kann es so nennen«, sagte Onkel Jossel. »Aber damals, als der Freiherr von Splény im Namen des Kaisers die Stadt übernahm, war sie nichts weiter als ein elender Marktflecken. Der Oberwachtmeister Mieg, der als erster mit seinen Truppen in Czernowitz einrückte, hatte damals zu seinem Pferd gesagt: ›Hier wirst du es gut haben. Wir werden diese elenden Hütten abreißen und Kasernen bauen und große Pferdeställe, direkt am Pruth, dieser Riesentränke am Stadtrand.‹«

»Hat man die Stadt abgerissen?«

»Nein«, sagte Onkel Jossel.

»In der Nähe von Czernowitz lag ein kleines Städtchen namens Sadagura. Früher hieß es Wagenbach, nach dem russischen General deutscher Abstammung, der das Städtchen mal für Rußland erobert hatte. Als General Wagenbach auf Bitten der Zarin seinen deutschen Namen in einen russischen änderte, nämlich auf den Namen Sadorski, wurde auch das Städtchen, das seinen Namen trug, also Wagenbach, umgetauft und Sadorski genannt. Daraus wurde später Sadagura. Nun«, sagte Onkel Jossel, »ich erzähle Ihnen das nur, weil Kaiser Joseph der Zweite von Österreich eigentlich Sadagura zur Hauptstadt der neuen Ostprovinz machen wollte. Dann aber, als er die Geschichte mit dem Namen Wagenbach erfuhr, sagte er zu seinem Städteplaner: ›Eine Stadt, die nach einem General Sadorski genannt wird, einem General, der seinen guten deutschen Namen geändert hat, um ihn durch einen russischen zu ersetzen, so, als ob er sich seiner Abstammung schämte . . . so eine Stadt kann nie die Hauptstadt der neuen Provinz werden.‹

›Dann vielleicht eine der Nachbarstädte‹, sagte der Städteplaner.

›Ja!‹ sagte Joseph der Zweite. Und da er die kleinen Städte der neuen Provinz nicht auswendig kannte, obwohl er gut in Geographie war und das Studium der Landkarten Europas eines seiner Steckenpferde, beugte er sich über den aufgeschlagenen Atlas, guckte mal schnell nach, zeigte auf einen Namen ganz in der Nähe von Sadagura, sagte: ›Czernowitz, das wird die Hauptstadt.‹«

»Und was wurde aus Sadagura?« fragte der Notar.

»Früher wohnten dort deutsche Siedler«, sagte Onkel Jossel. »Die Deutschen zogen aber wieder fort. Und nach ihnen kamen die Juden hin.«

»Juden?« sagte der Notar.

»Ja«, sagte Onkel Jossel.

»So ähnlich wie in Czernowitz?«

»Anders«, sagte Onkel Jossel. »Andere Juden«.

»Wieso andere Juden?«

»Nun«, sagte Onkel Jossel. »Vielleicht waren sie gar nicht anders, nur ein bißchen frömmer. Sadagura wurde nämlich zum Sitz einer chassidischen Sekte. Dort wohnte später auch der Wunderrabbi.«

»Was für ein Wunderrabbi?«

»Der Wunderrabbi von Sadagura.«

»Das interessiert doch niemanden«, sagte der Notar, ein wenig ärgerlich und auch etwas nervös, »ich meine nur ... die Sache mit dem General Wagenbach und seiner Namensänderung und die Sache mit dem Städtchen Sadagura und dem Wunderrabbi und dem Freiherrn von Splény und dem Oberwachtmeister Mieg und der Laune des Kaisers von Österreich und seine geographischen Kenntnisse. Erzählen Sie uns bitte noch schnell, wie das mit Ihren Vorfahren war, diesem Mordechai und seiner Frau Jette.«

»Mein Vorfahre aus der galizischen Stadt Kolomea?«

»Ja, der.«

»Der beschloß, sich den Auswanderern anzuschließen. Er wollte nach Czernowitz, in die Hauptstadt also der neuen Provinz. Da er aber ein kluger Mensch war, ging er nicht mit dem langen Auswanderertreck, sondern allein.«

»Ohne Familie?«

»Natürlich nicht«, sagte Onkel Jossel. »Aber er ging nicht mit dem Treck.

Dieser Mordechai, auch Reb Mordechai genannt, also dieser Vorfahre, hatte keinen richtigen Beruf. Sein Beruf war der Beruf eines Schnorrers, also eines Mannes, der keinen hatte und es auch nicht für nötig hielt, sich einen auszusuchen. Er war ein besserer Bettler, einer, der es versteht, den Leuten das Geld aus der

Tasche zu ziehen, nun, Sie wissen schon, für irgendwelche Dienste, die einer will oder auch nicht will, zum Beispiel: den feinen Herren und Damen zu helfen, wenn sie aus einer Mietsdroschke stiegen, oder im Winter am Eingang des Kaffeehauses den Schnee von der Jacke oder vom Mantel zu bürsten, auch vom Hut, oder Kinder zurückzuholen, wenn sie den Müttern wegliefen und fast unter die Pferdehufe gekommen wären – immer lauert auf Kinder so eine Gefahr, sagen die Schnorrer. Die Schnorrer wollten auch immer ihre Töchter verheiraten und erzählten den Leuten, wie schwer es sei wegen der Mitgift, die sie nicht hatten, und es sei doch eine gottgefällige Tat, wenn ein Jude mit Herz da aushelfen würde, denn die Ehe ist für Gott, gelobt sei Sein Name, und der rechnet das an. Und die Juden stecken den Schnorrern verschämt etwas zu, auch wenn der Schnorrer gar keine Tochter hat, oder er hatte welche, die längst verheiratet sind. Ein Schnorrer pumpte auch alle an und gab das Geld sogar wieder zurück, indem er andere anpumpte und alte Schulden mit neuen beglich. So einer war mein Vorfahre Reb Mordechai. Allerdings hatte er's auch mal als Hausierer versucht, mit Bauchladen, und den Leuten alles mögliche verkauft: Bindfaden, Zwirn, steuerfreien Tabak und Branntwein, Kopftücher und seidene Tefillinbeutel zum Aufbewahren der Gebetsriemen und Gebetskapseln. Reb Mordechai wollte also ein Pionier werden, das heißt: in die neue Provinz Bukowina ziehen, den Pruth entlang.

Und schließlich war es soweit. Mein Vorfahre Reb Mordechai und seine Frau Jette packten ihr Hab und

Gut auf den flachen Pferdewagen, den sie mal von einem polnischen Bauern gekauft hatten, spannten den alten Gaul ein – Bogdan hieß er, ein Nachkomme des Rassehengstes Bogdan aus dem Gestüt des Moldaufürsten Bogdan, dessen Ahne von einem jüdischen Pferdehändler aus dem Moldaufürstentum über die alte Grenze geschmuggelt worden war –, also Bogdan spannten sie vor den Wagen, packten Bettzeug drauf und das Geschirr, koscher natürlich, Milchgeschirr und Fleischgeschirr, auch Geschirr für die Pessachfeiertage, und sie packten auch die Kinder obendrauf und ein paar Körbe und Koffer. Sie fuhren den Pruth entlang, immer auf der Landstraße, die mal geradeaus lief, sich mal wand, aber sicher in die neue Hauptstadt führte ... nach Czernowitz.

›Und was wollen wir in Czernowitz?‹ fragte Jette.

›Ich weiß es nicht‹, sagte Mordechai. ›Ein Jude muß immer mal was Neues versuchen. Wir haben nichts zu verlieren.‹

›Und warum fahren wir den Pruth entlang?‹

›Weil Czernowitz am Pruth liegt.‹

›Aber Kolomea liegt doch auch am Pruth?‹

›Das stimmt. Der Pruth fließt durch viele Länder. Und jetzt gehören sie alle dem Kaiser.‹

›Alle?‹

›Vielleicht nicht alle, aber die meisten.‹

›Was weißt du von dieser Stadt?‹

›Nicht viel‹, sagte Mordechai. ›Ein fahrender Händler hat mal in der Schul erzählt, daß die Stadt am linken Pruthufer liegt. Ein anderer Händler hat aber gesagt, daß das nicht stimmt. Dort wäre nämlich mal eine Überschwemmung gewesen, weil es so flach ist, und so hat man die Stadt am anderen Flußufer wieder aufgebaut, nämlich am rechten, wo es hügelig ist.‹

›Hügel sind keine Garantie gegen neue Überschwemmungen‹, sagte Jette.

›Das stimmt‹, sagte Mordechai. ›Aber immerhin sind sie besser als das Flachland.‹

›Das mag sein‹, sagte Jette.

Sie zogen also mit Pferd und Wagen und Gepäck und einem Haufen Kinder immer am Pruth entlang. In der Nähe der alten Staatsgrenze aber sagte Jette, die Frau: ›Mordechai. Mir geht so manches durch den Kopf.‹

›Was denn?‹ fragte Mordechai.

›Ich hab gehört‹, sagte Jette, ›daß die Österreicher in der Hauptstadt der neuen Provinz eine Polizei- und Militärverwaltung aufbauen.‹

›Das hab ich auch gehört‹, sagte Mordechai.

›Und wo viel Polizei und Militär ist, kann es den Juden nicht gutgehen. Besonders, wenn sie Neueinwanderer sind.‹

›Da hast du recht‹, sagte Mordechai.

›Deshalb ist es besser, wir ziehen zwar weiter am Pruth entlang, aber in eine kleinere Stadt oder in ein Dorf, wo kein Militär und keine Polizei ist.‹

›Polizei ist überall‹, sagte Mordechai.

›Ja‹, sagte Jette, ›aber nicht soviel.‹

›Vielleicht sollten wir in ein Dorf ziehen, wo es nur einen einzigen Polizisten gibt, den man bestechen kann.‹

›So ist es‹, sagte Jette.

Sie zogen also weiter, immer am Pruth entlang, und kamen an eine kleine Holzbrücke, ungefähr eine halbe Tagereise von Czernowitz entfernt. Auf dem Wegweiser vor der Holzbrücke stand der Name Pohodna.

›Was kann das sein?‹ fragte Mordechai.

Und Jette sagte: ›Das weiß ich nicht.‹

Sie fragten einen Bauern am Wegrand, der Polnisch und Ruthenisch konnte. Und der sagte, das sei ein ruthenisches Grenzdorf.

›Und wo ist die Grenze?‹

›Die gibt es nicht mehr‹, sagte der Bauer. Er zeigte auf die Krümmung des Flusses. ›Dort war mal die alte polnische Grenze ... ein Stück Fluß, und dann lief sie weiter quer durch die Felder.‹

›Pohodna‹, sagte Mordechai, ›ein Grenzdorf ohne Grenze. Gibt es dort wenigstens Juden?‹

›Nein‹, sagte der Bauer.

›Und gibt's dort eine Schenke?‹

›Nein‹, sagte der Bauer. ›Das Dorf ist klein. Dort ist keine Schenke.‹

›Wir könnten nach Pohodna ziehen‹, sagte Jette. ›Es ist zwar nur ein ruthenisches Dorf, gehört aber jetzt dem Kaiser.‹

›Welchem Kaiser?‹

›Nun, dem Kaiser von Österreich.‹

›Das stimmt‹, sagte Mordechai. ›Aber der Kaiser wird nicht besonders begeistert sein, wenn er erfährt, daß Reb Mordechai und seine Frau Jette und die vielen kleinen Kinder in sein neues Dorf ziehen.‹

›Das ist mir egal‹, sagte Jette.

›Nun, es liegt am Pruth‹, sagte Mordechai. ›Die Juden in Kolomea wohnen auch am Pruth. Also was sollte der Kaiser dagegen haben, wenn wir wieder am Pruth wohnen?‹

›Ja, was eigentlich?‹ sagte Jette.

›Und wir werden die ersten Juden in diesem Dorf sein. Es ist immer besser, der erste zu sein als der letzte.‹

›Ja‹, sagte Jette. ›Da hast du ganz recht. Die Frage ist nur: was für Geschäfte willst du dort machen?‹

›Das weiß ich noch nicht‹, sagte Mordechai.

›Wie willst du deine Familie ernähren?‹

›Das weiß ich noch nicht‹, sagte Mordechai.

Sie lagerten also vor der Brücke am Pruth, auf der anderen Seite des Dörfchens Pohodna. Reb Mordechai ging auf und ab und guckte zum Himmel und auch auf den Fluß. Als die Sonne schon schräg über dem Pruth stand, fingen die kleinen Kinder zu heulen an, denn sie mußten ihre Notdurft verrichten. Also brachte Jette die Kinder in den Straßengraben der jämmerlichen Landstraße. Da so was ansteckend ist, verrichtete auch Jette ihre Notdurft – nachdem die kleinen Kinder fertig waren – und dann auch Reb Mordechai.

Und wie das so ist: Beim Kacken kam Reb Mordechai eine Idee ... die kommen ja immer, wenn man sie am wenigsten erwartet. Und so hockte er im Graben, guckte über den Grabenrand auf die kleinen Kinder, die wieder auf dem Pferdewagen saßen, dachte an ihre hungrigen Mäuler und an eine finstere Zukunft, guckte auch auf seine Frau, die Jette, die neben dem alten Gaul stand, Bogdan, und ihm die Schnauze streichelte. Er guckte also voller Mitleid auf seine Familie, erledigte dabei sein Geschäft, säuberte sich mit Erde und Gras, schnaufte und ließ – obwohl das unbeabsichtigt war – einen lauten Furz. Und plötzlich sagte Reb Mordechai: ›Ich hab's.‹

›Was hast du?‹ fragte seine Frau.

›Die Idee‹, sagte Reb Mordechai.

›Was für eine Idee?‹

›Nun, eben eine Idee. Mir fiel nämlich ein, daß die jüdischen Auswanderer aus Galizien nicht alle in die bekannten Städte der neuen kaiserlichen Provinzen ziehen werden, also nach Czernowitz oder Sereth oder Radautz oder Suczava, sondern einige werden nach Pohodna kommen.‹

›Einige gewiß‹, sagte Jette.

›Weil ja eine Holzbrücke über den Pruth führt. Viele werden über die Brücke gehen und sich in Pohodna ausruhen. Und viele werden zu müde sein, um weiterzuziehen.‹

›Sie werden also bleiben?‹

›So ist es‹, sagte Reb Mordechai. ›Und es werden mehr werden und mehr. Es wird ein jüdisches Schtetl entstehen. Und wo Juden sind, wird gehandelt. Und wo gehandelt wird, entsteht ein Wochenmarkt. Und wo ein Wochenmarkt ist, kommen auch Bauern, um ihre Waren zu verkaufen. Und alle werden Durst haben.‹

›Durst?‹

›Ja. Und wer Durst hat, will irgendwo was trinken. Ist doch klar. Und wohin gehen sie, wenn sie durstig sind? Rat mal.‹

›In eine Schenke‹, sagte Jette.

›Richtig. In eine Schenke.‹

›Es gibt aber noch keine jüdische Schenke in Pohodna‹, sagte Jette.

›Dann werde ich der erste sein, der eine aufmacht‹, sagte Reb Mordechai.

Und so kam es, daß mein Vorfahre nicht nach Czernowitz, sondern nach Pohodna ging und dort die erste Schenke eröffnete. Er wurde sozusagen Schankwirt. Nun, woher er sein Grundkapital hatte? Was für eine Frage. Wenn ein Jude richtig sucht, dann findet er irgendwo ein Schmuckstück, das Generationen vor ihm vor den Flammen gerettet hatten, und vielleicht auch ein paar alte Münzen, alles aufbewahrt für den Notfall und irgendwo eingenäht, vielleicht im Saum des langen Kaftans, vielleicht im Pelz oder im Rock seiner Frau. So war das, und Gott sei mein Zeuge.

Reb Mordechai hatte recht. Es kamen in den späten siebziger Jahren immer mehr Juden nach Pohodna. Und je mehr es wurden, um so judenfeindlicher wurde die österreichische Politik. Gerüchte sagten, daß man alle Juden vertreiben würde. Es kam aber nie dazu.

Nun, was soll ich Ihnen sagen«, sagte Onkel Jossel. »Im Laufe der Zeit ging es den Juden in der Bukowina besser. Irgendwie und irgendwann sahen die Österreicher ein, daß es ohne die Juden nicht geht. Die Juden pachteten Grundstücke, eröffneten Geschäfte, bauten

Schulen und Straßen, trieben Handel da und dort, machten immer irgendwas, mal dies, mal das, waren als Handwerker gefragt, vor allem die kleinen Flickschuster und -schneider, die aus dem Nichts oder aus fast nichts, aus Lumpen und Abfällen und Lederstükken kleine Kunstwerke schufen, die man tragen konnte, ohne sich zu schämen, nun, sie waren ruhelos und erfindungsreich, sie gründeten Marktflecken, kleinere und größere, die sich Schtetl nannten, wie früher in Galizien. Aber wozu erzähle ich Ihnen das? Das war alles vor meiner Zeit.«

»Hundert Jahre vor Ihrer Zeit«, sagte der Notar. »Sogar etwas mehr, denn Sie sind Jahrgang 1880.«

»1876«, sagte Onkel Jossel.

»Das stimmt aber nicht«, sagte der Notar. »Denn aus Ihren Papieren geht hervor, daß Sie im Jahre 1880 in Pohodna geboren wurden, als Sohn des Schloime Wassermann und seiner Frau Debora.«

»Das mit dem Schloime und der Debora stimmt«, sagte Onkel Jossel. »Aber die Jahreszahl ist falsch.«

»Das versteh ich nicht«, sagte der Notar.

»Nun, sehen Sie mal«, sagte Onkel Jossel. »Die Juden wurden fast zu allen Zeiten verfolgt. Und es ist verständlich, daß auch die Juden in Pohodna wenig Vertrauen zu den Behörden hatten. Sie versteckten vor ihnen, was sie konnten, denn sie fürchteten immer, daß man es ihnen wieder wegnehmen könnte. Das betraf auch die Kinder.«

»Ihre Eltern hatten Sie also versteckt?«

»Nicht wirklich«, sagte Onkel Jossel. »Sie hatten nur nicht standesamtlich geheiratet.«

»Wo hatten sie geheiratet?«

»Nur vor Gott«, sagte Onkel Jossel. »Unter dem Baldachin und mit dem Segen des Rebben.«

»Ich verstehe«, sagte der Notar.

»Sie hielten es auch nicht für nötig, mich irgendwo zu registrieren. Erst im Jahre 1880, als die Behörden mißtrauisch wurden, gingen sie zum Magistrat, ins Büro des österreichischen Magistratsbeamten und Offizials Popovich, und ließen mich dort von diesem Goi ordnungsmäßig eintragen. Meine Mutter redete den Popovich mit ›Herr Oberoffizial‹ an, eine Schmeichelei, die ihn zugänglicher machen sollte.«

»Der Beamte muß aber gesehen haben, daß Sie, Herr Wassermann, schon etwas zu alt für einen neugeborenen Säugling waren. Wenn ich nicht irre, waren Sie schon vier?«

»Der Beamte war überlastet«, sagte Onkel Jossel, »und er hatte gewiß andere Sorgen, als mich nach meinem wirklichen Alter zu fragen.«

»Aber er hätte ja Ihre Eltern fragen können?«

»Das hat er auch«, sagte Onkel Jossel. »Aber meine Mutter hatte zufällig das Baby vom Nachbarn im Arm, das sie sich für das mißtrauische Auge des Beamten Popovich ausgeborgt hatte. Und sie hielt mich zwar an der Hand, zeigte aber auf den kleinen Schreihals vom Nachbarn, steckte Popovich ein Trinkgeld zu und sagte: ›Das ist er, Gott beschütze ihn vor allen Kinderkrankheiten.‹

»Schon gut«, sagte der Notar. »Also Sie sind Jahrgang 1876?«

»Ja«, sagte Onkel Jossel.

»Wassermanns Schenke blieb in der Familie«, sagte Onkel Jossel.« Der Erstgeborene jeder Folgegeneration ab 1774 erbte die Schenke. Im Jahre 1851 erbte sie mein Großvater.«

»Schloime Wassermann?«

»Nein. Das war mein Vater. Mein Großvater hieß Leibl Wassermann.

5

Genau einundzwanzig Jahre vor meiner Geburt«, sagte Onkel Jossel, »passierte die Sache mit dem jüdischen Salzhering und dem österreichischen Kaiser.«

»Welcher Kaiser?« fragte der Notar.

»Nicht Joseph der Zweite«, sagte Onkel Jossel, »sondern Franz Joseph der Erste.«

»Also der berühmte Kaiser Franz Joseph. War er schon damals an der Macht?«

»Ja«, sagte Onkel Jossel.

»Und was hatte Kaiser Franz Joseph mit einem jüdischen Salzhering zu tun?«

»Das wollte ich Ihnen ja erzählen«, sagte Onkel Jossel.

»Herr Wassermann hat das schon vorher erwähnt«, sagte der Rechtsanwalt.

»Die Sache mit dem jüdischen Salzhering?«

»Ja«, sagte der Rechtsanwalt.

»Und die Sache mit dem österreichischen Kaiser?«

»Sehr richtig«, sagte der Rechtsanwalt.

»Im Jahre 1855«, sagte Onkel Jossel, »da fand in Galizien ein Kaisermanöver statt, in der Gegend von Sniatyn, Kolomea und Horodenka, also zwischen den Flüssen Sereth und Pruth. Nach dem Manöver sollten die Truppen ins Siebenbürgische abziehen und der Kaiser planmäßig über Budapest nach Wien zurückkehren. Ich weiß nicht, warum der Kaiser auch noch einen schnellen Abstecher nach Czernowitz machen wollte, möglicherweise, um das neue Brückenprojekt zu sehen und die strategischen Stellungen am Pruth, vielleicht wollte er auch nur einen Glückskreuzer in den alten Türkenbrunnen werfen, der ein Wahrzeichen der Stadt war, ebenso wie die Burg von Cecina, die ein deutscher Ritterorden in der Nähe der Stadt gebaut hatte. Wahrscheinlicher aber ist, weil er längst beschlossen hatte, Czernowitz zur Prachtstadt auszubauen, zur letzten Bastion des zivilisierten Europa, zur Kaiserstadt, zu einer Stadt mit Theatern und Konzertsälen und einer Oper und Wiener Kaffeehäusern und deutschen Schulen und einer deutschen Universität, deren Bauplan schon vorlag. Was hatte der Kaiser nicht alles getan, um diesen Analphabeten die deutsche Sprache beizubringen. Und stimmte es etwa nicht, daß Österreich am Pruth die Russen und die Türken aufgehalten hatte, ehe diese Horden Europa überfallen konnten, Frauen schändeten, Männern die Schwänze abschnitten, Fensterscheiben zerschlugen und Straßenlaternen, ehe sie alles bepinkelten und zerrissen, was der Kaiser im Namen Gottes und Jesus Christus zu einem Reich zusammengebastelt hatte, das sich Europa nannte. Denn Europa lag in Österreich. Österreich war das Herz. Österreich war auch ein Bollwerk gegen Unsittlichkeit, gegen Aberglauben und Hexerei. Und Czernowitz war der Arsch Europas, die letzte Festung seiner Kaiserlichen Majestät. Von den Überresten der Burg von Cecina am linken Pruthufer konnte der Kaiser bis Asien blicken. Hinter Czernowitz fing der russische Winter an, dort lauerten eisige Schneestürme, asiatische Steppen, Cholera, Typhus, Läuse, die Pest, Kosaken und wer weiß was noch.

›Wir reiten ganz einfach bis zum Pruth‹, sagte der Kaiser, ›und dann den Pruth entlang bis Czernowitz. Ich glaube, der kürzeste und bequemste Weg ist der Weg über die Holzbrücke bei Pohodna.‹

›Über die Holzbrücke bei Pohodna?‹ fragte sein Leibarzt.

›Ja‹, sagte der Kaiser. ›Bei dieser Gelegenheit könnten wir auch durch das Städtchen reiten.‹

›Ich würde Eurer Majestät aber nicht raten, durch Pohodna zu reiten‹, sagte der Leibarzt. ›Dieses ehemals ruthenische Dorf ist – wie ich gehört habe – inzwischen vollkommen verjudet. Ein Schtetl ist das. Und die Luft stinkt nach Branntwein, Knoblauch, Salzheringen und den Fürzen der Kaftanjuden. Es könnte Eurer Majestät schaden.‹

›Wir werden durch Pohodna reiten‹, sagte der Kaiser.

Sie kamen also über die Holzbrücke am Pruth. Der Kaiser, der ursprünglich die Absicht hatte, hoch zu Roß über den Pruth zu reiten, fuhr in seiner Kutsche, sein Reitpferd war an der Kutsche angebunden und lief hinterher.

Sie werden sich vorstellen können«, sagte Onkel Jossel, »was das für eine Sensation war, als die kaiserliche Kolonne über die Brücke kam. Weder die Polizei noch die Gendarmen waren benachrichtigt worden. Die Hirtenjungen in der Nähe des Sägewerks, das damals noch einem Deutschen gehörte, also noch nicht dem Mottel Silbermann – die Hirtenjungen also, die sahen zwar die kaiserliche Kutsche und auch die Soldaten und Offiziere, und auch die Bauern auf der Schlammstraße, die vom Sägewerk zum Schtetl führte, bemerkten mit Staunen, daß Militär unterwegs war, aber sie glaubten, es wäre vielleicht wieder Krieg, nun, Sie wissen schon, irgendwo, Krieg eben, aber keiner, weder die Bauern noch die Hirtenjungen, brachten die Nachricht ins Schtetl. Da waren auch ein paar Betteljuden und Hausierer unterwegs, aber auch die dachten nicht daran, die Behörden zu benachrichtigen. Denn der Umgang mit den Behörden war nicht einfach. Egal, was ein Jude machte, ob er gute oder schlechte Nachrichten brachte, er kriegte immer Prügel, so oder so, es sei denn, er hatte Bestechungsgelder bei sich, um die Beamten zu beschwichtigen. Aber die Betteljuden und die Hausierer hatten keinen übrigen Kreuzer. Nun, es war eben so. Auch die Juden auf der Landstraße hatten Besseres zu tun, als zurückzurennen und die Polizei und Gendarmerie zu alarmieren. Die Kolonne kam also überraschend über den Pruth, die Vorhut des Kaisers preschte bis zur Hutweide, eine große Wiese, auf der elf Jahre später der Bahnhof entstehen sollte, den es im Jahre 1855 noch nicht gab. Also: die Vorhut des Kaisers zuerst, der Kaiser hinterher und all die vielen Soldaten und Offiziere, Sie wissen schon, wie das ist. Sie zogen durch die Maria-Theresia-Gasse – die spätere Bahnhofsgasse –, die es ebenso wie den Bahnhof noch nicht gab, bogen aber vorzeitig ab, dummerweise, gerieten irgendwie in die schmutzige Badgasse und später in die Gasse, die des Kaisers Namen trug. Nach allen möglichen Winkelzügen und kleineren Haltestationen gelangten sie schließlich auf einem Umweg von der Nordseite her zum Marktplatz des Schtetls.

Das hätten Sie mal sehen sollen, wie alles hin und her rannte. Die Kaftanjuden verschwanden in den Hausfluren, die Bauern kletterten schnell auf ihre Wagen und räumten die Straße, andere rannten den Kaftanjuden hinterher, als wollten sie in den Judenhäusern Zuflucht suchen. Vielleicht glaubten sie wirklich, ein Krieg wäre ausgebrochen. Im Nu war der Marktplatz leer. Die Polizei war kopflos und irgendwie verstört, auch die Gendarmen. Sie brüllten und fluchten und trieben die Leute von der Schlammstraße weg. Im obersten Fenster des Magistrats erschien der ruthenische Bürgermeister, im Stehkragen, aber ohne Jackett, bekreuzigte sich und brüllte irgend etwas auf die Straße, was keiner verstand und unter den Polizisten und Gendarmen nur noch mehr Wirrwar und Unruhe stiftete. Es war gerade am Tag des Wochenmarktes, und da die Sonne schon ziemlich schräg über dem Pruth stand, muß es später Nachmittag gewesen sein. Die Stände waren zum Teil schon abgeräumt, aber nicht alle. Im Durcheinander und dem Geschrei und dem Hin- und Hergerenne hatten die Diebe es leicht, sie räumten die letzten Waren von den Ständen und stopften ihre Taschen voll, nun, Sie wissen schon: mit Zwiebeln und Heringen und Kopftüchern und Zwirn und Bindfaden und Eiern und Kartoffeln, Tomaten und noch viel mehr. Auch Stiefel verschwanden und Joppen und Mützen und lebendige Hühner und Enten und Gänse, na ja, was soll ich Ihnen erzählen. Ein großer Tag war das, genau einundzwanzig Jahre vor meiner Geburt, als unser Kaiser nach Pohodna kam.

An jenem späten Nachmittag war die Schenke meines

Großvaters gerammelt voll, denn die Bauern, die ihre Stände schon abgeräumt hatten, wollten noch schnell einen trinken, ehe sie zurück ins Dorf fuhren. Mein Großvater, Reb Leibl, war aber nicht dumm. Er gab den Bauern immer Salzheringe zum Schnaps, und die ersten gab er ihnen umsonst. Die Bauern verschlangen die Salzheringe, und je mehr sie davon aßen, um so durstiger wurden sie. Es war ein gutes Geschäft. An jenem Nachmittag ging es ziemlich hoch her in der Schenke. Einige Bauern, die schon am Vormittag alles auf dem Markt verkauft hatten und deshalb schon seit Stunden in der Schenke waren, lagen besoffen unter den Tischen, andere torkelten fluchend und grölend zwischen den Gästen auf und ab oder schliefen bereits auf Hockern und Bänken. Einer von ihnen, ein Pole, hatte Heringe und Schnaps auf den Boden gekotzt, ein anderer, ein Ruthene, hatte auf den Boden gepinkelt. Mein Großvater, Reb Leibl, ging murmelnd hin und her, stieß leise Flüche aus, kassierte dabei oder schenkte ein, und meine Großmutter stellte immer wieder neue Salzheringe auf die Tische. Es waren natürlich auch einige Juden in der Schenke, solide und ehrliche Kaufleute, die was auf ihren Ruf gaben, aber auch kleinere Zwischenhändler, Schieber und Schnorrer. Die Juden saßen immer in der Nähe des Eingangs und der offenen Tür, weil sie unruhige Leute waren, die zwar Heringe aßen und Schnaps tranken und einander Geschichten erzählten und sich auch mit dem Wirt unterhielten, also Reb Leibl, meinem Großvater, die aber zugleich alles sehen wollten, was auf der Gasse vor der Schenke vor sich ging. Die Juden hatten einen eigenen Tisch, der immer für sie reserviert war, obwohl weder ein Schild oder sonst irgendein Hinweis diesen Tisch als besonderen, also reservierten, auszeichnete. Es war nur so, daß jeder wußte, daß hier an diesem einzigen runden Tisch – die anderen waren normale, viereckige – eben die Juden zu sitzen pflegen. Die Juden blieben immer unter sich, und sie redeten in ihrem eigenen Sing-Sang, scharrten mit den Füßen, gestikulierten, guckten auf die Straße, guckten auf die Bauern oder auf meinen Großvater, der damals, auch in der Schenke, seinen Kaftan trug – nicht den seidenen, langen, der war für bessere Zwecke –, sondern den kurzen, etwas zerschlissenen, den er offen trug, das heißt: nicht zugeknöpft, so daß man die Fransen und Schnüre seines Gebetsmantels sehen konnte – den kleinen, nicht den großen, also den, der unter der Jacke getragen wird, und er trug keinen Hut oder gar die berüchtigte Pelzmütze der frommen Juden mit den Schnüren und Fransen, die so ähnlich hin- und herbaumelten wie die Schnüre und Fransen des Gebetsmantels, nein, er trug nur sein schwarzes Käppi – also: Die Juden guckten auch auf meinen Großvater, natürlich auch auf die Großmutter, Malke hieß sie, einfach Malke, eben die Frau des Leibl, die mit der Warze auf der fleischigen Nase und den flinken Augen und Händen. Und die Juden guckten auch auf den Vorhang an der schmalen Wand rechts von der Theke, wo sich die Küche befand und ein schmaler Gang, der in den Hof hinausführte. Alles kam den Juden verdächtig vor, es war verdächtig, wenn die Bauern zuviel tranken, weil man nie wußte, wie sie reagieren würden, wenn der Kopf nicht mehr klar war, obwohl die Bauern auch im nüchternen Zustand nicht so klare Köpfe hatten wie

Juden, aber immerhin: Wenn der Bauer nüchtern war, konnte man ihn einschätzen, mit ihm reden, voraussehen, was er tun würde oder nicht. Verdächtig waren die Geräusche auf der Straße, verdächtig der Vorhang am Kücheneingang, der sich immer ein bißchen bewegte – von dort konnte meine Mutter oder meine Großmutter ganz plötzlich auftauchen, aber auch ein Polizist oder ein Gendarm, weil diese Vertreter des Gesetzes oft herumschnüffelten, wo sie nichts zu suchen hatten, und nicht etwa wie vernünftige Menschen von der Straße her durch den Eingang in die Schenke kamen, sondern heimtückisch über den Hinterweg des Hühnerhofs durch die Küche, den Vorhang beiseite schoben und plötzlich da waren, einfach mitten in der Schenke von Leibl Wassermann. So ist das. In der Schenke meines Großvaters schwirrten die vielen Sprachen durcheinander wie verschiedene Vogellaute auf ein und demselben Baum. Es war selbstverständlich, daß die Polen polnisch sprachen, die Ruthenen ruthenisch, was ja eigentlich ukrainisch ist, denn diese verdammten Ruthenen waren nichts weiter als Westukrainer und unterschieden sich kaum von ihren Brüdern und Schwestern auf der anderen Seite der Grenze, nur daß sie zu jener Zeit nicht von den Russen, sondern vom Kaiser Franz Joseph regiert wurden. Nun ja: Die rumänischen Bauern aus der Umgebung sprachen rumänisch, die Ungarn ungarisch, die armenischen Kaufleute armenisch, die Bulgaren bulgarisch, die Lippowaner einen lippowanisch-russischen Dialekt, die Huzulen ein huzulisches Ruthenisch, und die wenigen Türken, die seit der Türkenzeit geblieben waren, die sprachen türkisch. Nicht zu vergessen die Juden. Die sprachen jiddisch. Untereinander sprach man ein Kauderwelsch, das die Juden am besten beherrschten. Selbstverständlich konnten alle etwas Deutsch, auch zu jener Zeit, als es nur einen einzigen Deutschen in Pohodna gab, nämlich Heinrich Müller, den damaligen Besitzer des Sägewerks, fünf Kilometer vor der Stadt. Am besten Deutsch, um mit den Österreichern zu verhandeln, konnten natürlich die Juden, denn ihre Sprache war dem Mittelhochdeutschen verwandt, wenn auch etwas vermischt mit der Sprache der Thora und des Talmuds – also Hebräisch und Aramäisch – und den Sprachen ihrer Umwelt, vor allem Polnisch, Rumänisch und Ruthenisch.

Habe ich Sie verwirrt? Ich rede ein bißchen zuviel und vielleicht durcheinander. Aber Sie werden verstehen, was ich meine. Ich meine: An jenem Nachmittag war Stimmung in der Schenke meines Großvaters. Zum Zeitpunkt, als die Kutsche des Kaisers über den Pruth fuhr, da fing gerade eine Prügelei in der Schenke an. Wie gewöhnlich prügelten sich die Polen mit den Ruthenen. Da so was ansteckend ist, begannen auch die Rumänen, Kleinbauern und Knechte, auf die Gäste loszuhauen, sie prügelten gemeinsam auf die Polen und Ruthenen ein, wandten sich aber dann gegen die Ungarn aus dem Dorfe Hadicfalva, die nur nach Pohodna zum Wochenmarkt gekommen waren, um polnische Mastgänse zu kaufen, Gänse, die besonders schmackhaft waren und die die Ungarn an den Tischbeinen festgebunden hatten. Die Ungarn, in der Minderheit, setzten sich brüllend zur Wehr – auf ungarisch brüllend –, und ihre Gänse flatterten erregt und kreischend um die Tischbeine und die Beine der Gäste. Das ging so eine Zeitlang. Die Juden saßen ängstlich an ihrem Tisch, obwohl sie nicht wirklich Angst hatten. Es war eine Art Ängstlichkeit, die etwas Komisches an sich hatte. Sie hielten nur ihre Geldbörsen fest, zogen die Pelzmützen über die Stirn, rückten die Gläser beiseite, beobachteten scharf und witzelten. Wie zu erwarten, nimmt alles mal ein Ende. Als die Bauern erschöpft waren oder keine Lust mehr hatten, auf andere Christenmenschen einzudreschen, gingen sie auf die Juden los. Und da waren sie alle solidarisch. Es gab auf einmal keine Unterschiede mehr zwischen Polen und Ruthenen, Ungarn und Rumänen. Sie zogen die Juden zuerst an den Bärten, kippten ihre Schnapsgläser um, schmissen Heringe, Brot und Zwiebeln von der Tischplatte runter, nahmen ihnen die Pelzmützen ab, schubsten, zerrten sie von den Hockern und Bänken herunter und schlugen dann mit den Fäusten zu.

Man wußte natürlich im Schtetl, daß irgendwann am späten Nachmittag, und zwar am Tag des Wochenmarkts, so um die Zeit, wo die Abendseite des Marktplatzes im Schatten lag – an Sonnentagen natürlich –, daß also da oder um diese Zeit die Prügelei in Wassermanns Schenke losgehen würde. Das wußte nicht nur der ruthenische Bürgermeister Wassily Tomaszuk, sondern das wußten alle im Schtetl, auch der damalige Wasserträger Joine, die beiden Droschkenkutscher Mechel, der Einäugige, und Froike Großmaul, der ein Angeber und Aufschneider war. Also auch die beiden Balegules wußten das. Und natürlich Gregory Fransziuk, der ruthenische Polizist, der mit dem fehlenden Vorderzahn, der ganz besonders.

Es trug sich also zu, daß der Polizist Gregory Fransziuk rein zufällig im Hof von Wassermanns Schenke auftauchte, ins Plumpsklo ging, pinkelte, dann durch den Korridor in die Wassermannsche Küche kam und ganz plötzlich und unerwartet durch den Vorhang in die Schenke trat. Da der Polizist Angst vor den Bauern hatte, wartete er schweigend und verlegen grinsend an der Theke, bis der Wasserträger Joine und die beiden Balegules durch den Vordereingang kamen, also von der Straßenseite. Sie kamen immer zur selben Zeit wie er, obwohl da keine Absprache vorlag. Der Wasserträger Joine war so stark, daß es hieß, er könne einen Baum mit bloßen Händen ausreißen. Und auch die beiden jüdischen Droschkenkutscher, also die Balegules, waren Riesenkerle, vor deren Muskeln die Bauern Angst hatten.

Sie werden verstehen«, sagte Onkel Jossel, »daß der Wasserträger, die Balegules und der Polizist nur in die Schenke gekommen waren, um abzukassieren. Das trug sich folgendermaßen zu: Der Wasserträger und die Balegules packten die besoffenen Bauern und warfen sie auf die Straße. Dafür kriegte jeder von ihnen ein Trinkgeld von meinem Großvater. Und dann gab mein Großvater auch dem Polizisten etwas, einen kleinen Bakschisch, ein Bestechungsgeld also und nicht zu verwechseln mit einem Trinkgeld, und er gab ihm auch ein Gläschen Schnaps und einen Hering und sagte: ›Na, du machst doch hoffentlich keinen Ärger?‹

›Natürlich nicht, Herr Wassermann‹, sagte der Polizist. Und er fragte so nebenbei: ›Zahlen Sie überhaupt die Branntwein- und Heringssteuer?‹

›Natürlich nicht‹, sagte mein Großvater. ›Hat der Kaiser nicht etwas mehr Geld als ich? Wozu braucht er dann meine Steuern? Und kriegst du nicht jede Woche dein Wochengeld?‹

›Ja, das ist wahr, Herr Wassermann‹, sagte der Polizist.

Und meine Großmutter, die gerade mit einer Schüssel Heringe aus der Küche kam, aber alles mitgekriegt hatte, sagte: ›Verschwinde, ehe ich dir Beine mache.‹ Und dann kam auch meine Urgroßmutter aus der Küche. Und letztere – sie hieß Jente – war schon alt und verhutzelt und auch ein wenig wirr im Kopf, die sagte zu Gregory Fransziuk, dem Polizisten: ›Wir geben euch allen was, auch dem Bürgermeister.‹

Mein Großvater schob die Frauen wieder hinter den Vorhang, aber meine Urgroßmutter ließ sich nicht so schnell abspeisen und kam wieder heraus und murmelte seltsames Zeug. Sie verwünschte den Polizisten und seine Uniform und alle Uniformen der Welt und alle Behörden und den Kaiser und den Bürgermeister und die Gendarmen und den obersten Herrscher jenseits der Grenze, den Zaren Alexander den Zweiten, und auch den Vorgänger Alexander den Ersten und auch Katharina die Zweite und die Pest, die von dort kam und die Cholera, und sie verwünschte die Popen und Pfaffen und die Sommerfliegen und die Sonne über dem Pruth. Mein Großvater schob sie wieder hinter den Vorhang, sagte nur: ›Die alte Jente, meine Mutter, ist nicht mehr ganz klar.‹ Und er fragte den

Polizisten, ob irgendwas los sei in der Stadt. Und der, also Gregory Fransziuk, der sagte bloß: ›Ja, der Kaiser ist in der Stadt.‹

Als die Frauen in der Küche erfuhren, daß der Kaiser im Schtetl war, fingen sie ein Gezeter an, als wäre irgendwo ein Begräbnis. Aus dem oberen Stockwerk kam der Rest der Familie, meine Tanten und Onkels, auch meine Mutter, die damals alle noch nicht verheiratet waren, manche noch Kinder, andere schon größer, sie kamen in die Küche und dann in die Schenke, die geleert war, denn die Bauern ließen sich nicht mehr blicken, und auch der Wasserträger war fort und die beiden Balegules. Sogar der Polizist hatte sich inzwischen verdrückt. Meine Familie stand also in der Schenke rum, schnatterte durcheinander, konnte es nicht fassen: Der Kaiser Franz Joseph war in der Stadt.

›Was machen wir, wenn der Kaiser in die Schenke kommt?‹ fragte meine Großmutter, die als erste ihre Fassung wiedergewann.

›Nu, was sollen wir machen‹, sagte mein Großvater. ›Wir werden ihm anbieten, was wir haben. Wo nichts anderes da ist, hat auch der Kaiser das Recht verloren.‹

›Etwa Salzheringe und Schnaps?‹

›Na, was ist so schlimm an Salzheringen und Schnaps‹, sagte mein Großvater.

Meine Großmutter suchte nach dem Strohbesen, aber sie konnte ihn nicht gleich finden, und weil sie zappelig war und nervös wie die Händler auf dem Wochenmarkt, packte sie den Eimer mit den Sägespänen, der immer hinter der Theke stand, und streute Späne auf den gestampften Erdfußboden. Diese Späne deckten alles zu, die Kotze und Pisse der Bauern, ausgespuckte Heringschwänze und Gräten, Spucke, vor allem die nassen Schalen der Sonnenblumen- und Kürbiskerne, die sowohl die Bauern als auch die Juden ausgespuckt hatten. Nun, die Juden spucken die Schalen anders aus als die Bauern. Sie spucken sie unter den Tisch, an dem sie sitzen – es sind sittsame Leute –, während die Bauern unbekümmert und in weitem Bogen spucken. Ihre nassen Schalen klebten an den Wänden, an der Theke, an den Tischen, in allen Ecken und Enden der Schenke. Meine Großmutter suchte auch nach den Wassereimern, weil sie dringend Wasser brauchte, um wenigstens die Tische für den Kaiser zu waschen und zu säubern. Ein Eimer stand zwar hinter der Theke und einer in der Küche, aber sie waren bis auf den letzten Tropfen leer. Auch in den Töpfen auf dem Küchenherd war kein Wasser mehr. Sie guckte in den Samowar, den mein Großvater mal von einem Lippowaner gekauft hatte, ob vielleicht noch schwarzer Tee drin wäre, genug, um wenigstens den Wischlappen zu befeuchten, aber auch der Samowar war leer, da in der Schenke selten Tee serviert wurde und an Wochenmarkttagen schon ganz und gar nicht, um das Schnapsgeschäft nicht zu verderben. Und da gerade mal wieder das Brunnenrad zerbrochen, die rostige Kette abgerissen war und weder sie noch mein Großvater Lust hatten, den Eimer mit dem Ersatzstrick in den tiefen Brunnen hinabzulassen – und der war sehr tief, der Brunnen, und es war schwer, den gefüllten Eimer mit bloßen Händen wieder heraufzuziehen –, und weil der Wasserträger Joine, der normalerweise zu bestimmten Stunden das Wasser brachte, nicht da war, deshalb oder aus diesem Grunde sagte sie zu meinem Großvater: ›Wir müßten wenigstens die Tische saubermachen, wenn der Kaiser kommt.‹

›Das müßten wir wirklich‹, sagte mein Großvater.

Nun, Sie wissen ja, wie das ist. Mein Großvater war nicht dumm. Er wußte immer gleich, was zu tun war. Der Kaiser könnte ja jeden Moment in die Schenke treten. Es war also keine Zeit, um den Wasserträger zu holen oder gar selbst zum Brunnen des Nachbarn zu gehen, einem Brunnen also, der ein funktionierendes Rad und eine ordentliche Kette hatte, deshalb also oder aus diesem Grund ergriff mein Großvater eine der halbgeleerten Schnapsflaschen auf der Theke, nahm einen kräftigen Schluck und spie den Schnaps auf den runden Tisch, wo die Juden gesessen hatten. Ich möchte hier noch hinzufügen, daß die Juden ebenfalls verschwunden waren, gleich nachdem die Balegules, der Wasserträger und der Polizist aufgetaucht waren. Mein Großvater spie also einen Mund voll Schnaps auf den runden Tisch, beobachtete, wie sich eine feuchte Schnapslache bildete, nickte, ging zum zweiten Tisch – mit der Schnapsflasche –, machte dasselbe, ging zu allen anderen Tischen. Bald standen auf allen Tischen kleine Wasserlachen, die eigentlich Schnapslachen waren. Es sah nur wie Wasser aus. Meine Großmutter, die auch nicht dumm war, verstand den Wink, guckte auf ihre dreckige Schürze – und die war voller Herings- und Schnapsflecken und auch sichtbar verklebt: Reste von Zwiebeln und Knoblauch und der Spucke der

Bauern und ihren Sonnenblumen- und Kürbisschalen, nun, weil die Bauern, wie schon gesagt, eben in weitem Bogen spuckten – und meine Großmutter band die Schürze los und wischte eilig und geschickt über die nassen Tische, fegte alles, was noch auf den Tischen war, auf den Fußboden, mit Ausnahme der Gläser – die hatte mein Großvater gleich abgeräumt, gleich als er sah, wie meine Großmutter ihre Schürze losband. Nun ja. So war's. Meine Großmutter streute noch ein zweites Mal Sägespäne, wischte auch über Stühle und Bänke mit der Schürze, aber auch mit der bloßen Hand, sagte zu sich: ›Die Bauern haben verlauste Pelze, und Läuse sitzen auch in den Haaren. Aber auch die Juden haben Läuse, obwohl nicht alle. Und die Läuse sind besser auf dem Fußboden aufgehoben, wenn der Kaiser kommt, als auf den Bänken, Stühlen und Hockern.‹

Ja. Und dann passierte, was alle vorausgesehen hatten: Der Kaiser wollte eine landesübliche Schenke sehen. Und da es keine bessere gab als eben die Wassermannsche, kamen, wie erwartet, zuerst zwei Gendarmen mit Federbüschen am Hut und dann ein paar Offiziere in weißen Uniformen, goldbetreßt, und einige in roten Hosen und blauen und auch mausgrauen Jacken, schlammbekleckste Stiefel hatten sie, gar nicht so blankpoliert wie die im Schwarzhandel auf dem Wochenmarkt. Kurz darauf fuhr eine Kutsche vor. Kommandorufe erschollen – man hörte das sogar hinter dem Vorhang, wo die Familie wartete –, das Quietschen der Kutschenräder, das Wiehern und Schnaufen der kaiserlichen Pferde. Die Tür der Wassermannschen Schenke stand sowieso offen, Sonnenstrahlen fielen auf die Treppe, eigentlich auf die zwei Stufen, die zum Schankraum führten – hinunter und nicht etwa hinauf. Und da waren sie schon: noch ein paar Uniformierte, und einer von ihnen, das war der Kaiser.

Na, was sagen Sie dazu? Der österreichische Kaiser Franz Joseph der Erste in einer jüdischen Salzheringsschenke. Der Kaiser Franz Joseph setzte sich natürlich gleich an den besten Tisch, den runden also, am Eingang, wo die Juden zu sitzen pflegen, scharrte Abfälle, Läuse, vor allem die Schalen der Sonnenblumen- und Kürbiskerne, also alles, was unter anderem noch so unter dem Tisch lag, mit den Füßen beiseite, roch ein bißchen – es war eher ein verwundertes Schnuppern – an der Tischplatte, weil sie nach Hering roch, Schnaps und sonstigem, also nach allem, wonach die Schürze roch, ich meine die Schürze meiner Großmutter, mit der sie die Tische gewischt hatte, roch also ein bißchen und sagte nichts. An seinem Tisch nahmen einige Offiziere Platz, auch sein Schatzmeister und sein Leibarzt. Die anderen Herren besetzten die Nebentische, auch die Gendarmen. Mein Großvater hetzte beflissen hin und her, und auch meine Großmutter. Und hinter dem Vorhang stand die Familie und guckte durch den Spalt, aber auch durch die Löcher im Stoff, denn es war ein sehr alter Vorhang, der noch aus Kolomea stammte, aus der Zeit, als die Familie noch in Galizien wohnte, als Reb Mordechai und seine Frau Jette noch gar nicht geboren waren – Reb Mordechai hatte den Vorhang später geerbt – und Maria Theresia, die Kaiserin von Österreich, nicht mal in ihren kühnsten Träumen daran gedacht hatte, Europa unter österreichischer Flagge bis an die Grenzen der russischen Steppen auszudehnen, nun, vielleicht nicht ganz so weit, aber immerhin. Also dort, hinter dem Vorhang standen sie, auch die kleinen Kinder, und guckten. Und sie sahen, wie mein Großvater vor dem Kaiser stehenblieb, und sie hörten den Kaiser fragen: ›Na, was hat Er uns anzubieten?‹

›Salzheringe‹, sagte mein Großvater.

›Salzheringe?‹ fragte der Kaiser, und er betonte es so wie ein Jude.

Wissen Sie, wenn ein Goi mit einer Betonung redet, die an die Betonung der Juden erinnert, dann ist er zweifelsohne ein Antisemit. ›Nu‹, sagte der Kaiser. ›Also Salzheringe hat Er?‹

Und mein Großvater sagte: ›Ja, Majestät. Salzheringe.‹

›Sind es jüdische Salzheringe?‹ fragte der Kaiser.

›Nun, ich weiß nicht‹, sagte mein Großvater. ›Nur Fleisch, das nicht vom Fisch stammt, das Fischlose also, wird bei uns koscher geschlachtet. Heringe läßt man ersticken, oder man haut sie tot, so wie die Gojim das machen, nicht anders.‹

›Und was hat er noch?‹ fragte der Kaiser.

›Zwiebeln‹, sagte mein Großvater. ›Es sind die besten. Aber auch Knoblauch und Brot.‹

›Knoblauch?‹ fragte der Kaiser.

Und mein Großvater sagte: ›Knoblauch.‹

›Gibt's hier auch Schnaps?‹ fragte der Leibarzt des Kaisers.

Und mein Großvater sagte: ›Natürlich gibt's bei mir Schnaps. Das ist schließlich eine Schenke.‹

›Was für Schnaps?‹ fragte der Leibarzt.

Und mein Großvater sagte: ›Rumänischen Cuika, serbischen Sliwowitz, russischen und polnischen Wodka.‹

›Gibt's auch jüdischen Schnaps?‹

›Den gibt's auch‹, sagte mein Großvater, ›aber keiner weiß, was das ist.‹

›Und was ist das?‹ fragte der Leibarzt.

›Meine Frau, die ihn selber herstellt, behauptet, es sei eine Mischung, Sie verstehen schon, was ich meine: ein bißchen polnisch, ein bißchen rumänisch, ein bißchen serbisch und ein paar Gewürze aus Ungarn und anderen Ländern, so obendrauf, um den goiischen Schnaps wie jüdischen schmecken zu lassen – mit ein bißchen Witz, Sie verstehen schon, was ich meine, und Pfeffer, so daß man zugleich lachen und weinen kann. Natürlich auch niesen und husten.‹

›Wir verstehen‹, sagte der Leibarzt. Und er wandte sich an den Kaiser und flüsterte ihm etwas ins Ohr. Und der Kaiser nickte und sagte: ›Er soll mir was zum Lachen und zum Weinen geben und zum Niesen und zum Husten und ein paar Salzheringe und Zwiebeln und Knoblauch und Brot.‹

Der Marktplatz war völlig leer, als der Kaiser in die Schenke kam. Ein Haufen Volk war der Kutsche nachgegangen. Und nun, als der Kaiser die Heringe aß und die Zwiebeln und den Knoblauch und das frische Brot, das meine Großmutter selber gebacken hatte, und als er den jüdischen Schnaps trank, den zum Lachen und zum Weinen und zum Niesen und zum Husten, da stand das Volk auf der Straße und guckte zu, na ja, Sie wissen schon: Die Tür stand offen. Die Polizei hatte zwar den Eingang verstellt, und auch die Gendarmen. Aber die Leute guckten trotzdem. Der Staat gab sich tolerant. Nicht alles war verboten. Ein jeder durfte den Kaiser angucken, den Kaiser Franz Joseph, den Vater des eigentlichen Europa.

Nun, der Kaiser ließ es sich schmecken. Und auch die anderen Herren, die alle von meinem Großvater und von meiner Großmutter bedient wurden. Aber plötzlich passierte was.

Der Kaiser fing plötzlich zu husten an. Nun, husten ist gesund. Das Schlimme war nur, daß der Husten in ein gefährliches Röcheln überging und dann ganz aufhörte. Der Kaiser lief rot an, rang um Luft, blies die kaiserlichen Backen auf, die mit dem Backenbart, und riß die Augen weit auf. Es war ganz klar: Der Kaiser hatte sich verschluckt. Einige Herren waren aufgesprungen, standen aber ratlos um den Kaiser herum. Auch der Leibarzt war aufgestanden. Und der schüttelte den Kaiser und suchte nach einem Glas Wasser, fand aber nur den Schnaps. Er goß dem Kaiser Schnaps in die Kehle. Und er klopfte ihm auf den Rücken.

Nichts nützte. Meine Großmutter war am aufgeregtesten.

›Das hätte noch gefehlt‹, flüsterte sie meinem Großvater zu, ›ich meine ... wenn so ein wichtiger Goi in einer jüdischen Schenke krepiert.‹

›Das würde zu einem Massaker führen‹, sagte mein Großvater, ›so wie damals, als der Schwarze Tod durch die Lande ging und man die Juden beschuldigte, sie hätten die Brunnen vergiftet.‹

›Sie werden uns die Häuser über den Köpfen anzünden.‹

›Sie werden sagen, daß wir den Hering vergiftet hätten.‹

›Oder die Zwiebeln‹, sagte meine Großmutter. ›Vielleicht auch das gute Brot, das ich selber gebacken habe. Oder den Knoblauch und den jüdischen Schnaps.‹

Inzwischen war die ganze Familie aus der Küche herausgestürzt. Jeder gab Ratschläge, die dem Kaiser nichts nützten. Und da kam die alte Jente.

Sie war zwar die Mutter meines Großvaters, aber sie hatte so viele Kinder gehabt, daß sie irgendwann mal aufgehört hatte zu zählen, und da mein Großvater der jüngste ihrer Söhne war und sie selbst schon über vierzig, als er zur Welt kam, hätte sie ebensogut seine Großmutter sein können. Es trug sich also zu, daß sie watschelnd aus der Küche kam, verhutzelt, aber quicklebendig, mit wirrem Haar und wirren, rollenden und immer wütenden Augen, an jenem späten Nachmittag, als der Kaiser zu ersticken drohte, in jenem Augenblick also, als ich selbst, Jossel Wassermann, noch gar nicht auf der Welt war, das heißt: ich war wahrscheinlich auf dem Wege zum Himmel, denn es heißt, daß alle jüdischen Seelen im Himmel geboren werden, ehe sie in den irdischen Körper schlüpfen.

Nun ja«, sagte Onkel Jossel. »Die alte Jente kam also aus der Küche und fragte meinen Großvater: ›Was hat dieser Goi in seinem trefenen Maul?‹

›Heringe vor allem‹, sagte mein Großvater.

Wenn ich nicht irre, wissen Sie, was das Wort *trefe* bedeutet? Es bedeutet: nicht koscher, also unrein. Klare

Sache. Jeder Goi frißt Schweinefleisch, weil der am Kreuz das Schwein nicht verflucht hat, so scheint es mir wenigstens. Deshalb ist jeder Goi unrein. Alles an ihm ist unrein, besonders sein Mund, durch den das Schweinefleisch nicht nur rutscht, sondern in dem es zerkaut und zerkleinert wird, also verdaulich und genießbar gemacht. Die alte Jente sagte also: ›Was hat dieser Goi in seinem trefenen Maul?‹ Und sie hörte kaum hin, was mein Großvater antwortete, sondern watschelte zum Tisch des Kaisers, packte den Mund von Franz Joseph dem Ersten, sagte: ›Mach mal das trefene Maul auf!‹, sagte: ›Na, wird's bald!‹, riß den Mund des Kaisers auf, steckte ihre alten, runzeligen Finger, die mit den langen, schmutzigen Fingernägeln, in des Kaisers Rachen und zog den Hering aus der falschen Kehle.

Der Kaiser kriegte wieder Luft, röchelte nicht mehr, hustete nur ein bißchen, bekam wieder gesunde, goiische Farben, ließ einen fahren, packte eines der Schnapsgläser, eines der vielen auf dem Tisch, und goß den Inhalt in seine Kehle.

›Es sind die kleinen Heringe‹, sagte die alte Jente. ›Da mußt du aufpassen, mein Sohn. Das hab ich auch immer meinen Kindern gesagt und meinen Enkeln und Urenkeln und deren Kindern und Enkeln. Ich sag's auch den Gojim, vor allem den Bauern, obwohl's mir egal ist, ob sie krepieren. Der Schlag soll alle Gojim treffen, die den Juden was Schlechtes wünschen. Die Cholera soll sie holen und die Pest.‹

›Ja, ja‹, sagte der Kaiser.

›Iß noch ein Stück Knoblauch, mein Sohn‹, sagte die alte Jente. ‹Der reinigt auch die trefenen Seelen.‹

›Danke‹, sagte der Kaiser.

Der Stabsarzt sagte: ›Die Jüdin hat Eurer Majestät das Leben gerettet.‹

Und der Schatzmeister sagte: ›Soll ich der alten Jüdin was geben?‹

Und der Kaiser sagte: ›Geben Sie ihr, was sie verdient hat.‹

Der Schatzmeister warf der alten Jente einen Geldbeutel hin, der prall gefüllt war. Die alte Jente aber schmiß den Beutel vor des Schatzmeisters Füße. Der Kaiser fragte: ›Warum will diese alte Jüdin mein Geld nicht nehmen?‹

Und der Schatzmeister sagte: ›Ich weiß es nicht.‹

›Fragen Sie sie, ob sie sonst noch einen Wunsch hat‹, sagte der Kaiser.

›Haben Sie irgendwelche Wünsche?‹ fragte der Schatzmeister.

Und die alte Jente sagte: ›Ich wünsche mir nur den Tod, denn mich plagen viele Krankheiten.‹

›Nun, das ist kein Problem‹, sagte der Schatzmeister. ›Der Staat hat Mittel und Wege, um die Todeswünsche seiner Bürger zu erfüllen.‹

Die Herren lachten. Und auch der Kaiser lachte über den Scherz seines Schatzmeisters.

›Vielleicht hat irgendeiner von der Judensippe einen Wunsch ...‹, sagte der Kaiser.

›Hat irgend jemand einen Wunsch?‹ fragte der Schatzmeister.

Und da keiner antwortete, sagte der Schatzmeister: ›Ihr Juden habt also keine Wünsche. Es geht euch wohl zu gut unter dem Kaiser?‹

›Ich habe einen Wunsch‹, sagte mein Großvater.

›Es geht uns nicht schlecht unter dem Kaiser‹, sagte mein Großvater, ›aber es geht uns auch nicht gut. Wir haben noch nicht alle Rechte.‹

›Was für Rechte?‹ fragte der Kaiser.

›Die Rechte, die jeder Goi hat‹, sagte mein Großvater.

›Was ist ein Goi?‹ fragte der Kaiser.

Und der Schatzmeister, der eine Menge Geld von den Juden kassiert hatte und einiges von ihnen wußte, sagte: ›Ein Goi ist ein Nichtjude.‹

›Der Jude möchte also Rechte wie ein Nichtjude?‹ fragte der Kaiser.

›So ist es‹, sagte der Schatzmeister.

›Wenn man einem von ihnen Rechte gibt‹, sagte der Kaiser, ›dann wollen es auch die anderen.‹

›Ja‹, sagte der Schatzmeister.

›Haben wir den Juden im Jahre achtundvierzig nicht Rechte gegeben?‹

›Ja‹, sagte der Schatzmeister, ›einige Rechte, aber nicht alle Rechte.‹

›Er will also alle Rechte?‹ fragte der Kaiser.

›Ich will sie nicht für mich allein‹, sagte mein Großvater, ›ich will sie für alle Juden.‹

Der Kaiser lächelte. Mein Großvater schenkte ihm noch einen Schnaps ein. Und dann einen zweiten.

Beim dritten Schnaps winkte der Kaiser ab, und er sagte: ›Gut, gut... die Rechte sollen sie haben.‹

Das war im Jahre 1855. Zwölf Jahre später, in der Silvesternacht oder eigentlich in den frühen Morgenstunden des neuen Jahres, erinnerte sich der Kaiser an sein Versprechen. Und das war so: ›Mir ist übel‹, sagte der Kaiser. ›Ich habe in der Silvesternacht zuviel Gänseleberpastete gegessen, und auch Wein hab ich getrunken und Champagner, alles durcheinander, und Leberknödel hab ich gegessen und Palatschinken, und ich hab auch schlecht geträumt.‹

›Geträumt?‹ fragte der Leibarzt. ›Von Gänseleberpastete und Leberknödeln und Palatschinken und vom Champagner und vom Wein?‹

›Nein‹, sagte der Kaiser. ›Ich habe von Salzheringen geträumt und von jüdischem Schnaps, einen zum Lachen und zum Weinen und zum Niesen und zum Husten.‹

›Das erinnert mich an was‹, sagte der Leibarzt.

›Mich auch‹, sagte der Kaiser.

›Damals in Pohodna?‹

›Damals in Pohodna.‹

›Eure Majestät haben ja sonst eine ordentliche Verdauung‹, sagte der Leibarzt. ›Aber wenn man von Salzheringen träumt und noch dazu von jüdischem Schnaps, dann könnte das der Grund der Verdauungsbeschwerden sein.‹

›Es ist, als ob mir die Salzheringe und auch der jüdische Schnaps plötzlich wieder im Magen liegen.‹

›Da ist etwas nicht in Ordnung‹, sagte der Leibarzt, ›etwas, das nicht organisch ist.‹

›Mein Gewissen ist nicht in Ordnung‹, sagte der Kaiser. ›Glauben Sie, daß das die Verdauung beeinflussen könnte?‹

›Ja‹, sagte der Leibarzt. ›So was soll vorkommen.‹

›Könnte mich mein Gewissen plagen, weil ich ein Versprechen gebrochen habe?‹

›Das ist sehr leicht möglich‹, sagte der Leibarzt.

‹Ich habe damals diesem jüdischen Schankwirt die vollen Bürgerrechte versprochen‹, sagte der Kaiser, ›aber er wollte sie nicht für sich, sondern für alle seines Glaubens.‹

›Ich kann mich erinnern‹, sagte der Leibarzt.

›Ich hätte es fast vergessen.‹

›Ja‹, sagte der Leibarzt.

›Was halten Sie davon, wenn ich den Juden alle Rechte gebe?‹

›Nicht viel‹, sagte der Leibarzt. ›Aber der Kaiser kann ja Rechte vergeben – um sein Gewissen zu beruhigen – und sie dann wieder streichen.‹

›Rechte, die ich vergebe, kann ich nicht wieder streichen‹, sagte der Kaiser, ›das überlasse ich meinen Nachfolgern.‹

›Ja‹, sagte der Leibarzt.

›Man könnte es auf einen Versuch ankommen lassen.‹

›Sehr riskant‹, sagte der Leibarzt. ›Aber wenn das Risiko die Salzheringe und den merkwürdigen Zauberschnaps aus den Träumen verscheucht, dann sollte man es eingehen.‹

Das war in den frühen Morgenstunden des neuen

Jahres 1867. Im selben Jahr, durch den Ausgleich mit den aufsässigen Ungarn, die Reformen und die Gründung der Doppelmonarchie, erhielten auch die Juden des Kaiserreiches die vollen bürgerlichen Rechte.

6

Ich kam an einem Märztag des Jahres 1876 in Pohodna zur Welt«, sagte Onkel Jossel.« Meine Mutter lag ausnahmsweise oben in der guten Stube, weil dort der Balkon war, dessen Tür offen stand. Auf dem Balkon gab es keine Blumen. Aber die Sonne guckte trotzdem über die Brüstung. Dort saß die alte Jente im Schaukelstuhl. Mein Vater hatte sie mit Hilfe des Großvaters auf den Balkon getragen, denn sie war schon über hundert, noch wirrer im Kopf als zuvor, eine Mumie, in der nur noch die Augen lebten. Sie war sehr müde und döste im Sonnenlicht vor sich hin, nickte ab und zu ein und erwachte, wenn irgend etwas Ungewöhnliches in der Umgebung geschah.

Als ich mit einem Schrei auf die Welt kam, zuckte die alte Jente zusammen, grinste verständnislos, hob ein wenig den Kopf... der Sonne entgegen und blinzelte. Auf dem Dach gurrten die Tauben und ließen ab und zu etwas fallen, weißlich und schmierig, manchmal auf die Dachrinne oder die Straße, aber meistens auf unseren Balkon. ›Es ist ein Junge‹, schrie mein Vater. Und er rannte auf den Balkon und sagte zur alten Jente: ›Ein Junge!‹

Und die alte Jente sagte: ›Kacke.‹

›Wieso Kacke?‹ sagte mein Vater.

›Kacke‹, sagte die alte Jente und zeigte auf den Taubendreck.

›Warum kacken die Tauben auf den Balkon?‹

›Das weiß ich nicht‹, sagte mein Vater.

Später, als die Sonne auf dem Balkon nicht mehr wärmte und schon so tief am Horizont stand, jener Linie über dem Abgrund zwischen Himmel und Erde, der die Sonne beim Einfall der Nacht einfach verschluckt, da nahm mein Vater die alte Jente in die gute Stube. Er setzte sie neben das Wochenbett meiner Mutter, zeigte auf mich, der schrie und strampelte und die Backen aufblies, und sagte: ›Guck mal, das ist unser kleiner Jossel.‹ Und dann sagte er etwas zu meiner Mutter, leise sagte er es, und die nickte und streichelte mich und reichte mich meinem Vater, und der legte mich behutsam in die Arme der alten Jente. Die hatte jetzt bemerkt, daß ich da war, sie küßte mich auf den blanken Schädel und lachte und wiegte mich zärtlich hin und her.

Ich will hier nicht beschreiben, wie die ganze Familie ins Zimmer stürzte oder wie die Hebamme mich gesäubert hatte, vorher natürlich, ehe mein Vater mit einem Schrei auf den Balkon gerannt war, um die alte Jente zu holen. All diese Vorgänge, zum Beispiel wie das war, als ich den hellen Nachmittag, den Gott erschaffen hatte, zum ersten Mal sah, obwohl meine Augen verklebt und geschlossen waren, wie das ist, wenn man das Licht mit geschlossenen Augen sieht und glaubt, was man nur ahnt wäre der liebe Gott. Ich versuche hier auch nicht, Ihnen weiszumachen, daß ich etwa mit der Hebamme geplaudert hätte, weil ich doch Pohodna sehen wollte, gleich nachdem ich meine Mutter losließ oder sie mich, ich hätte ja der Hebamme sagen können: mach schnell, damit ich nicht ersticke oder: damit ich den ersten Lebensschrei ausstoßen kann, weil die ganze Familie hinter der Tür lauert und meinen Schrei hören will, oder: ist das etwa Pohodna? Das kann ja nicht sein. Wo ist der Marktplatz, von dem ich geträumt habe? Und wo ist unser Rebbe? Nicht der mit den fünf Töchtern, der noch gar nicht geboren ist, sondern sein Vater, der gerade im Schtetl amtiert? Und wie ist das mit dem Wunderrabbi aus Sadagura, von dem ich im Bauch meiner Mutter gehört habe und den unser Rebbe manchmal besucht? Weiß er überhaupt, daß Jossel Wassermann auf der Welt ist, gesund, unberufen, normales Gewicht? Und stimmt das, daß der Wunderrabbi aus Sadagura alles unter der Sonne heilen kann oder fast alles: die Krätze und den Haarausfall oder wenn der Pinkler versagt. Könnte es sein, daß ich seine Hilfe eines Tages in Anspruch nehmen werde, wenn ich größer bin, na, Sie wissen schon, auch ich könnte die Krätze kriegen, und mein Haar, das noch gar nicht gewachsen ist, könnte wieder ausfallen, und wie wäre das, wenn mein Pinkler plötzlich nicht mehr mitmacht, sozusagen streikt, Gott behüte? Und wo ist der Pruth und die kleine Holzbrücke und die Badgasse und das Schwitzbad? Und wo ist Jossel, der Bademeister, der den selben Vornamen hat wie ich? Ist er schon da oder ist es sein Vorgänger? Und wenn es sein Vorgänger ist, dann macht das nichts, denn alle Bademeister sehen sich ähnlich und benützen ähnliche Ruten zum Prügeln, Ruten, die eigentlich nur Baumzweige sind mit grünen und welken Blättern. Und wo ist die Wassermannsche Schenke, etwa unter der guten Stube? Und ist zufällig der Kaiser Franz Joseph der Erste wieder mal unten am runden Judentisch mit dem Schatzmeister und dem Leibarzt? Und frißt er Heringe mit seinem trefenen Mund und Zwiebeln und Brot und Knoblauch? Und trinkt der Kaiser jüdischen Schnaps? Und wie war das doch mit der Gleichberechtigung der Juden im Jahre 1867? Warum hat man ihnen diese oder selbige nicht schon vorher gegeben, zum Beispiel im Jahre 1848, nach der ungarischen Revolution? Was sagen Sie? Man hätte ihnen damals doch etwas gegeben, halbherzig sozusagen, das mag sein. Aber der Jude will keine halben Sachen. Entweder-oder. Was sagen Sie? Die Gojim hätten Angst vor uns, weil wir mehr Grütze im Kopf haben und es uns einfallen könnte, die Welt zu beherrschen? Die Welt gehört aber dem lieben Gott. Und wir wollen gar nicht herrschen, nur fröhlich herumkrabbeln wollen wir in Seiner Welt und ein bißchen das machen und ein bißchen jenes, kleinere und größere Geschäfte oder den Talmud in Ruhe studieren und unsere Kinder verheiraten, damit die Eltern *Naches* haben. Was das ist, *Naches*? Ich weiß es nicht. Freude ist das, glaube ich, und Zufriedenheit und elterlicher Stolz oder so was Ähnliches. Nun, ich bin Jossel Wassermann. Und ich habe keine Absicht, die Welt zu beherrschen. Ich will im Augenblick nur die Brust meiner Mutter, und später werde ich mehr wollen, natürlich, aber nur, weil die Brüste meiner Mutter nicht mehr für mich da sein werden. Und nun leckt mich alle am Arsch. Und her mit den Brüsten.

Sie kamen also alle ins Zimmer gestürzt. Meine Großmutter, die auf dem Plumpsklo war und meine Geburt verpaßt hatte, war aber dabei, als sie alle kamen, und sie sagte: ›Er sieht wie ein Wassermann aus.‹ Und der Großvater kratzte sich unter dem schwarzen Käppi und sagte: ›Die Augen kann man nicht sehen, aber ich wette, daß sie wasserblau sind, so wie meine.‹

Natürlich hatte ich Brüder und Schwestern, die alle viel älter waren als ich, denn ich war der Jüngste, sozusagen: der letzte Sprößling. Auch sie waren im Zimmer: meine Brüder Selig und Itzig und Duvidl und meine Schwestern Lea und Resele. Auch meine toten Brüder und Schwestern waren da – ihr Geist schwebte über dem Wochenbett –, die, die tot geboren wurden, und die anderen, die an den üblichen Kinderkrankheiten vor ihrem dritten Lebensjahr gestorben waren – wie das eben so war mit der Kindersterblichkeit in Pohodna. Sie waren ganz normal gestorben. Nur einer von ihnen, den sie *Tatele* nannten, also Väterchen, weil er so altklug und ernst gewesen war, den hatte ein wütender Hund gebissen.

Nun, die anderen waren wirklich da, und jeder guckte mich an und machte Bemerkungen, sie streichelten mich und kicherten, und eine von ihnen, meine Schwester Resele, die ein bißchen wirr im Kopf war, anders wirr als die alte Jente, denn Resele war erst elf, hatte aber nur den Verstand einer Vierjährigen ... die einzige übrigens, denn die Wassermanns waren kluge und witzige Leute ... also Resele, die grinste blöd und packte mein Schwänzchen an und zog daran.

›Das darfst du nicht machen‹, sagte meine Mutter. ›Das ist eine Sünde.‹ Und Resele fing zu heulen an und rannte aus dem Zimmer.«

Onkel Jossel kratzte sich unter der Bettdecke, und die beiden Sekretärinnen, aber auch der Rechtsanwalt und der Notar, blickten einander an. Ihre Gedanken hingen in der Luft und schwirrten durcheinander: Der kratzt sich am Schwänzchen, weil er an Resele denkt, die ein bißchen wirr im Kopf war oder nur geistig behindert, einfach stehengeblieben im Alter von vier, oder er denkt gar nicht an sie und kratzt sich, weil er wissen möchte, ob das Schwänzchen noch da ist. Dabei ist das Unsinn. Er weiß doch genau, daß das Schwänzchen noch da ist. Und wir wissen es auch. Nichts ist verschwunden. Erst dann, wenn wir den Sarg nach Pohodna bringen, wird vieles verwest sein oder alles, unkenntlich: auch das Schwänzchen, das Resele mal gepackt hatte, nur, um daran zu ziehen und zu zupfen.

»Na, sagen Sie mal«, sagte der Notar Markus Xaver Schnürzli zu Onkel Jossel. »Sie glauben doch nicht etwa im Ernst daran, daß wir hier den ganzen Tag rumsitzen, um eine Geschichte anzuhören, die gar keine Geschichte ist. Wollen Sie uns zum Narren halten? Und was sollen wir eigentlich dem Thoraschreiber von Pohodna erzählen, der Ihre Geschichte, die keine ist, aufbewahren soll?« Und der Notar sagte: »Eigentlich sollten Sie Rücksicht auf die Sekretärinnen nehmen, Herr Wassermann, denn sie müssen ja all diesen Unsinn aufschreiben. Erzählen Sie doch bitte das Wesentliche.«

»Das Wesentliche ist, daß ich rede«, sagte Onkel Jossel, »denn solange ich rede, bin ich noch nicht tot.«

»Vielleicht liegen Sie gar nicht im Sterben«, sagte der Notar.

»Vielleicht sollten Sie lieber einen kräftigen Furz lassen«, sagte der Rechtsanwalt.

»Nun, wie gesagt«, sagte Onkel Jossel. »Resele packte mal zu, das ist nicht so schlimm, denn sie war wirklich ein bißchen blöde und wußte gar nicht, was sie da angepackt hatte. Vielleicht dachte sie, ein Wurm säße zwischen meinen Schenkeln, die eigentlich noch gar keine richtigen Schenkel waren, so zart und dünn waren sie, fast so zerbrechlich wie die Arme der alten Jente, die mich wieder zurückgereicht hatte, nämlich meiner Mutter, die ihre runden, verlangenden Arme nach mir ausgestreckt hatte. In der guten Stube war ein merkwürdiges Licht. Es war weder hell noch dunkel. Rötlich war das Licht, denn rötlich war der Himmel und die untergehende Sonne.«

»Eine kinderreiche Familie«, sagte der Notar.

»Nur, wenn man alle mitzählt«, sagte der Rechtsanwalt, »auch die Geschwister, die vor der Geburt des Herrn Wassermann verstorben sind.«

»Manche Familien hatten noch mehr Kinder«, sagte Onkel Jossel.

»Ich nehme an«, sagte der Notar, »daß die Juden in jener Gegend damit rechneten, daß nicht alle Kinder überlebten?«

»Nicht nur die Juden«, sagte Onkel Jossel, »bei den Gojim war es genauso. Man produzierte am laufenden Band, und wenn ein paar von den kleinen Schreihälsen übrigblieben, war man zufrieden.«

»Also sechs sind übriggeblieben?« sagte der Notar, »sechs kleine und größere Wassermanns, Ihre Schwestern Lea und Resele und Ihre Brüder Selig, Itzig und Duvidl? Und natürlich Sie, Herr Wassermann, genannt Jossel Wassermann, der jüngste und letzte?«

»So ist es«, sagte Onkel Jossel. »Ich bin der jüngste und der letzte und der einzige, der noch lebt.

Sie werden wahrscheinlich wissen wollen, wo sie alle sind«, sagte Onkel Jossel. »Nun, ich werde es Ihnen sagen: Im Himmel sind sie oder in der Hölle. Ich weiß es nicht.«

»Und die Kinder Ihrer Brüder und Schwestern?«

»Weiß ich auch nicht genau«, sagte Onkel Jossel.

»Sie kennen also nur noch den Wasserträger Jankl?«

»Ja«, sagte Onkel Jossel. »Er ist der einzige, den ich noch kenne.

Mein Bruder Duvidl«, sagte Onkel Jossel, »der neunzehn Jahre älter war als ich – der Älteste von allen Geschwistern –, der war ein Mensch, den jeder im Schtetl liebte, einer, der immer lustig war, für jeden ein gutes Wort hatte, aber das Leben nicht ernst nahm. Sicher wäre er mir mein liebster Bruder geworden, wenn ich ihn gekannt hätte. Duvidl hatte weder einen Beruf, noch wollte er irgendwo arbeiten. Trotzdem war er nicht faul. Ab und zu, wenn er gerade Lust dazu hatte, zog er mit einem Säckel in die umliegenden Dörfer und verkaufte den Bauern allerlei Krimskrams. Er hatte nie einen übrigen Kreuzer, galt als schlechte Partie auf dem Heiratsmarkt, kurz: man hielt ihn für einen liebenswerten Versager. Irgendwann aber vermittelte der damalige Heiratsvermittler im Schtetl meinem Bruder eine Frau, deren Eltern bereit waren, ihn zum Schwiegersohn zu nehmen. Duvidl hat es aber nie geschafft, tatsächlich unter der *Chupe* zu stehen.«

»Was ist eine *Chupe*?« fragte der Notar.

»Ein Baldachin«, sagte Onkel Jossel.

»Und warum hat er es nie geschafft?«

»Weil er eines Tages, nach seiner Wanderung in die Dörfer – mit seinem Säckel und dem Krimskrams –, nun, weil er eines Tages nicht mehr zurückkam.«

»Er ist wohl bei den Bauern geblieben?«

»Nein«, sagte Onkel Jossel. »Auf der Landstraße ist er geblieben, nicht weit vom Sägewerk. Man hat ihn gefunden, nackt und tot und ohne Säckel und ohne Krimskrams.«

»In jener Gegend waren die Landstraßen nie sicher«, sagte der Rechtsanwalt.

»Wegelagerer haben meinen Bruder erschlagen«, sagte Onkel Jossel. »Die Polizei hat später in den Dörfern herumgeschnüffelt, konnte aber nichts mehr herauskriegen. Ein Jude mit einem Säckel mehr oder weniger auf der Landstraße spielte sowieso keine Rolle. Die Polizei kam dann mal in die Schenke, als meine Eltern nicht da waren. Und einer der Polizisten sagte zu meinem Großvater: ›Reb Leibl. Es war nur das Übliche. Mit einer Holzhacke haben sie deinen Enkel erschlagen.‹

Meine Schwester Lea rannte mit sechzehn von zu Hause weg. Sie hatte sich in einen ruthenischen Bauern verliebt, heiratete ihn und ließ sich taufen. Lea wurde aus der Familie und der Gemeinde ausgestoßen. Mein Vater trauerte um sie, als wäre sie bereits gestorben. Er saß sieben Tage auf der Erde, wie das eben Sitte ist, wenn jemand stirbt. Und er sprach das Totengebet, *Kaddisch* nennen wir es. Wir haben nie wieder etwas von ihr gehört.«

»Und Ihre anderen beiden Brüder?«

»Die wanderten nach Amerika aus, kurz nach meiner Geburt. Drüben machten sie angeblich große Geschäfte. Itzig war sechzehn Jahre älter als ich, Selig achtzehn. Sie sind inzwischen gestorben.«

»Und deren Kinder?«

»Das sind Amerikaner. Sie wissen nichts von Pohodna, können weder Jiddisch noch sonst eine Sprache, die man versteht, haben sich nie um mich gekümmert, schreiben auch nicht. Nun, Sie wissen ja, wie das ist. Die kriegen nichts von mir.«

Onkel Jossel sagte: »Da bleibt nur noch Resele, die elf Jahre älter war als ich. Aber auch sie ist gestorben. Sie ließ einen Sohn zurück, einen einzigen. Und der ist mein Erbe.«

»Jankl, der Wasserträger?«

»So ist es«, sagte Onkel Jossel. »Jankl, der Wasserträger.

Die Gasse, die vom Marktplatz in südlicher Richtung zu unserem Haus führt, läuft leicht bergan, so daß man vom Balkon oder vom Fenster der guten Stube aus ein Stückchen vom Marktplatz sehen konnte. Man brauchte bloß seitwärts über die tiefer liegenden Häuser der Nachbarn zu blicken. Unser nächster Nachbar war der Flickschneider Menuchim Blechstein, und gar nicht weit entfernt, nur fünf Häuser, stand das Haus des Rebben. Auch der Pruth war in Sichtweite und die kleine Holzbrücke, die alte Schmiede am Fluß, auch das Haus des Schusters Katz, schon damals im Besitz der Schusterfamilie – alle hießen sie Katz, und alle waren Schuster – und, das muß ich erwähnen, in Pruthnähe:

die Hütte des Wasserträgers. Viele Kinder hatten die Wasserträger, und viele sind fortgezogen, aber einer blieb immer zurück, also der, der die Tradition fortsetzte und Wasserträger wurde.

Unsere Gegend ist eine schöne Gegend«, sagte Onkel Jossel. »Die Bauern pflanzen meistens Kukuruz, also Mais. Davon kriegt man Blähungen, aber er ist auch gut für die Potenz. Die rumänischen Bauern machen Mamaliga davon, das ist eine Art Maisbrei, aber auch die Juden haben von den Rumänen gelernt, auch die Ruthenen und andere. Und sie kochen und rühren die Mamaliga in großen Kesseln mit einem Holzspan, besonders die Schnorrer, die Bettler, also die Armen. Die Polen mögen Mamaliga nicht und bevorzugen Bohnen und Kartoffeln, obwohl wir Juden so was genauso gerne essen, ich meine Bohnen und Kartoffeln. Wir sind vielseitig, und auch unser Magen ist tolerant, solange das Essen koscher ist. Kukuruz eignet sich auch als Hühnerfutter. Die Körner lassen sich leicht streuen. Und die Hühner mögen das. Weite Kukuruzfelder ziehen sich bis zum Horizont. Das Land ist hügelig und streckenweise flach. Wir haben auch Wald, besonders dort, wo das Sägewerk steht. Na ja. Und wie das so ist. Von Resele wollt ich erzählen. Also Resele. Die liebte die weiten Kukuruzfelder. Und auch den Wald. Und da sie ein bißchen dumm war und ziemlich verwirrt und in der Schenke und im Haushalt nur für die einfachsten Arbeiten zu gebrauchen war, schickte mein Großvater sie öfter zum Stroh- und Reisigholzsammeln.

Und eines Tages kam sie aus dem Wald zurück, unsere

kleine, dumme Resele. Sie kam heulend zurück, mit zerrissenem Rock und zerrissener Bluse und blutigen Schenkeln.

Wir konnten nie rauskriegen, wer sie im Wald vergewaltigt hatte. Juden waren es nicht, denn mein Großvater sagte: ›Juden können miese Geschäfte machen und kleine und größere Betrügereien. Aber sie schlagen niemanden tot, und sie vergewaltigen keine Frauen. Nur die Gojim kennen keine Tabus. Das Leben ist heilig. Und der Schoß einer Frau ist heilig. Nein‹, sagte mein Großvater. ›Das kann nur ein Goi gewesen sein.‹

Da Resele schwanger wurde und weil der Heiratsvermittler gesagt hatte, daß sie keiner zur Frau nehmen würde, verheirateten wir sie schließlich mit Chaim, dem Wasserträger.«

»Der Stiefvater von Jankl?«

»Nein. Chaim war Jankls leibhaftiger Vater.

Jüdische Frauen dürfen nicht abtreiben«, sagte Onkel Jossel, »nicht mal, wenn feststeht, daß die Frau vergewaltigt wurde. ›Auch das ungeborene Leben ist heilig‹, hatte der Rebbe zu meinen Eltern gesagt, ›sogar, wenn der Erzeuger ein schweinefleischfressender Totschläger ist, ein Antisemit und ein Vergewaltiger.‹ So kam es, daß Resele das Kind zur Welt brachte.

Ich weiß nicht, wie das war. Aber das Kind, ein kleines Mädchen, kam tot auf diese Welt, und es erwachte auch nicht, nachdem Resele es zärtlich gewiegt hatte. Niemand weiß warum. Der Rebbe sagte: ›Der liebe Gott hat es rechtzeitig geholt.‹

Resele kriegte jahrelang keine Kinder mehr. Erst als sie schon nicht mehr jung war, wurde sie wieder schwanger. Sie gebar einen Jungen.«

»Jankl?«

»Ja. Das war Jankl.

Aber ich habe vorgegriffen«, sagte Onkel Jossel, »einfach in meiner Erzählung einen Sprung gemacht, weil mir die Sache mit Resele gerade durch den Kopf ging, denn Reseles Vergewaltigung und die Heirat mit Chaim, dem Wasserträger, passierte später, als ich schon acht war und im Schtetl als großer Junge galt.«

»Mit acht ist man aber noch klein«, sagte der Notar.

»Nicht bei uns im Schtetl«, sagte Onkel Jossel. »Auf dem Wochenmarkt stehen auch Achtjährige herum, kleine Händler, die viele Erwachsene in die Tasche stecken.«

»Das mag sein«, sagte der Notar.

»Im Schtetl ist niemand wirklich jung«, sagte Onkel Jossel. »Und wirkliche Kinder gibt es gar nicht.«

»Wie ist es mit den Dreijährigen?«

»Auch die sind keine echten Kinder, wenigstens dürfen sie es nicht sein.«

»Wie ist das?« fragte der Notar.

»Das wollte ich Ihnen ja erzählen«, sagte Onkel Jossel.

»Als ich drei war, brachte mein Vater mich in den *Cheder*. Die Gojim sagen: Das ist die Judenschule für Kleinkinder. Die Behörden, die sich wenig um die Juden kümmerten, solange sie nicht aufsässig wurden, mischten sich eigentlich nicht ein, wenn es um Sachen ging, die den Geldbeutel des Kaisers nicht anzapften. Sie überließen es den Juden, ihre Angelegenheiten zu regeln, kümmerten sich nicht um die Rechtsprechung des Rebben oder wie sie ihre Kinder erzogen. Irgendwann führten die Österreicher die öffentliche Schulpflicht ein, erkannten aber die Judenschulen an.«

»Ich nehme an, daß Sie mit sechs zur Schule gingen«, sagte der Notar.

»Nur die dummen Kinder der Gojim gehen erst mit sechs zur Schule«, sagte Onkel Jossel, »wenigstens hatte das damals mein Großvater gesagt. › Was aber ein Goi erst mit sechs im Kopf hat, das hat ein Jude schon mit drei.‹ – Und so war's. Ich ging mit drei zur Schule, lernte lesen und schreiben, konnte mit dem Lehrer diskutieren, zitierte im Sing-Sang, murmelte Bibelsprüche und sonstiges Zeug, war aber doch recht kindisch. Und ich war auch verträumt und verspielt.

Ja, so war's«, sagte Onkel Jossel. »Unser Lehrer hieß Reb Meir. Er trug einen zerschlissenen Kaftan, einen breiten, schwarzen Hut, hatte Schläfenlocken und einen Bart, auch einen Zwicker, hatte es auch auf der Brust, hustete oft und spuckte ein bißchen Blut, aber meist auf den Boden oder auf den Tisch. Mich hat er nie angespuckt.

Es war eine dunkle und dumpfe Lernstube«, sagte Onkel Jossel. »Wir waren ungefähr dreißig Kinder. Die Kinder der Reichen waren schwarz gekleidet und trugen schwarze Käppis und schwarze Halbschuhe mit Silberspangen, und sie trugen weiße Strümpfe, lange Strümpfe unter den Rockschößen des gebügelten Kinderkaftans, während die armen Kinder Zusammengewürfeltes trugen, was die Gemeinde oder Nachbarn ihnen geschenkt hatten, manchmal einen zu großen und abgetragenen Kaftan, meist aber Hose und Jacke, die nicht zueinander paßten und auch oft viel zu groß waren, also Sachen, die schlotterten, so daß die Kinder wie Vogelscheuchen aussahen, so, als hätten sie sich in die abgelegten Kleider der Erwachsenen verkrochen. Manche Kinder waren wie Bauernjungen gekleidet und trugen Schildmützen und polnische Lederkappen, mit Lammfell gefüttert. Im Sommer kamen die armen Kinder barfuß, aber im Winter trug jeder Schuhe. Wer keine Schuhe hatte, der trug die alten Stiefel seines Vaters oder die des Großvaters, und wenn sie schlappten, weil sie ja zu groß waren, stopfte man irgendwas rein: Zeitungspapier oder Fußlappen. Reb Meir, der Melamed, hatte die schlechte Gewohnheit, Kinder am Ohr zu zupfen. Da wir auswendig lernten und alles nachplappern mußten, was er uns vorlas, daher oder deshalb konnte er nicht verstehen, warum ich zum Beispiel etwas nachplapperte, was er gar nicht vorgeplappert hatte. Er sagte dann zu mir: ›Jossel. Du hast wieder mal geträumt. Wovon träumst du eigentlich?‹

›Von den Vögeln‹, sagte ich.

›Was für Vögel?‹

›Nun, eben die Vögel‹, sagte ich.

›Du meinst wohl die Vögel, die draußen in der frischen Luft herumschwirren und die du hier nicht sehen kannst?‹

›Ja‹, sagte ich.

›So‹, sagte der Melamed. ›Du willst also im Cheder die Vögel sehen. Nun, ich werde dir zeigen, wie man

Vögel sieht.‹ Und er packte mich, das heißt mein Ohr, und zog mich vom Schemel herunter und zog mich um den Kindertisch herum, dreimal. Und dann schwang er den kleinen Rohrstock, der eigentlich nur eine Gerte war, und haute mir auf die Fingerspitzen.

Die Gemeinde zahlte dem Melamed nur wenige Kreuzer. Einige reiche Juden gaben ihm ab und zu noch ein Trinkgeld. Der Melamed gehörte zur vierten Klasse im Schtetl. Da waren also – wenn man von unten zu zählen anfängt – die Bettler, dann die Schnorrer, dann die Luftmenschen und Kleinsthändler und Gelegenheitsverdiener, und dann kam die Klasse der armen Hauslehrer oder der Lehrer im Cheder, zu der Reb Meir, der Melamed, gehörte, also Leute, die wenig verdienten und oft – besonders bei den Hauslehrern war das der Fall – mit einem Hühnerfett- oder Gänsefettbrot bezahlt wurden. Die Klasse der Lehrer hatte die meisten Kinder. Die Frau des Melameds, die schon vierzig war, hatte sechzehn gehabt, aber das war nicht sicher, da einige gestorben waren und die Leute Besseres zu tun hatten, als alle Kinder des Melameds zu zählen, die, die noch lebten, und auch die, die gestorben waren. Einige Söhne und Töchter des Melameds waren verheiratet, einige Söhne gingen zur Talmud-Thora-Schule oder in den Cheder, einige Mädchen aber waren zu Hause und guckten manchmal zu uns rein, und die Frau des Melameds kam öfter, um zu schimpfen oder was zu sagen oder um die kleinen Kinder, die unter dem Tisch herumkrabbelten, in die Küche zu holen. Als ich vier war, sagte mein Vater: ›Unser Jossele kann schon lesen und schreiben, obwohl er das Aleph

Beth nicht kann.‹ Aleph Beth ist das hebräische Alphabet, na Sie wissen schon, was ich meine.

Also sagte mein Großvater: › Das macht nichts. Das Aleph Beth wird er später lernen.‹

›Und wieso kann er lesen und schreiben, ohne die Buchstaben zu kennen?‹ fragte meine Großmutter.

›Nu, wieso schon‹, sagte mein Großvater. ›Er lernt eben die Wörter auswendig. Er prägt sie sich ein.‹

›So wie Bilder?‹

›Genau so‹, sagte mein Großvater.

Ich war schon etwas älter, als mein Großvater mir die schrecklichste Geschichte meiner Kindheit erzählte. Das war die Geschichte von der großen, schwarzen Wolke über dem Pruth. Ich habe sie nie vergessen.«

»Was ist das für eine Geschichte?« fragte der Notar.

»Eine wahre Geschichte«, sagte Onkel Jossel.

»›Im Jahre 1866‹, sagte mein Großvater, ›da kam die große, schwarze Wolke aus der Richtung des Dnjepr. Sie flog über den Dnjestr und zog dann nach Kischinew und schließlich über Czernowitz. Nun, sie flog sogar noch weiter. Bis nach Pohodna flog sie. Und dann bis Snyatin und im weiten Bogen bis Suczawa, Radautz und zum Städtchen Sereth, dort, wo der Serethfluß fließt, der ja ein Nachbarfluß vom Pruth ist. In der ganzen Gegend flog sie rum und beunruhigte die Leute, ich meine diese merkwürdige große, schwarze Wolke. ›Das sind die Heuschrecken aus Rußland‹, hatte der Rebbe damals gesagt. ›Sie verdunkeln die

Sonne und den Tag, den Gott für die Menschen erschaffen hat, damit er ihn von der Nacht unterscheiden kann.‹ – Und der Rebbe sagte: ›Die Judenfeinde aus Rußland haben uns die Heuschrecken geschickt. Aber wir werden sie ihnen wieder zurückschicken.‹ Und der Rebbe fuhr in die Stadt Sadagura, wo der Wunderrabbi seinen Sitz hatte. Und der war ganz in Weiß gekleidet und saß am Kopfende des berühmten langen Tisches mit all seinen Jüngern und Anhängern. Sie tranken gerade Schnaps und aßen süßen Honigkuchen, als unser Rebbe aus Pohodna ankam. ›Die Heuschrecken sind über dem Pruth‹, sagte unser Rebbe.

›Ich weiß es‹, sagte der Wunderrabbi, ›aber über dem Pruth ist besser als auf den Feldern. Ich werde dafür sorgen, daß sie in der Luft bleiben.‹

›Und wenn sie herabsteigen auf die Erde?‹

›Dann werde ich dafür sorgen, daß sie wieder aufsteigen.‹

›Könntest du, großer Rebbe, nicht dafür sorgen, daß sie wieder zurückfliegen, woher sie gekommen sind?‹

›Du meinst nach Rußland, Reb Leiser?‹

›Ja, nach Rußland‹, sagte unser Rebbe.

›Zu den Ukrainern und noch weiter?‹

›So ist es.‹

›Vielleicht zu den Großgrundbesitzern in den Provinzen, die für die Juden gesperrt sind?‹

›Ja‹, sagte unser Rebbe.

›Man müßte die Heuschrecken diesen Judenfeinden in den Rachen fliegen lassen.‹

›Kannst du das bewirken?‹

›Nun‹, sagte der Wunderrabbi. ›Ich werde mit dem Allmächtigen sprechen.‹

Und der Wunderrabbi sprach mit dem Allmächtigen. Der aber hatte zu jener Zeit bereits keine Macht mehr über die Heuschrecken.

Da erschrak der große Wunderrabbi, und er sagte sich: Wenn der Allmächtige keine Macht mehr über die kleinen Heuschrecken hat, die ja nur Pflanzen fressen, wie wird es erst sein, wenn demnächst größere Heuschrecken kommen? Und der Wunderrabbi sagte zu sich: Die größeren Heuschrecken könnten Menschen fressen. Und sie könnten alles vernichten, diesseits und jenseits des Pruth, was dem Herrn heilig ist. Und der große Rabbi sah, wie der Tod durch das Land zog. Und er fragte sich: Vielleicht werden es gar keine Heuschrecken sein, vielleicht steigt ein Wal aus dem Pruth, der alles verschlingt, was sich regt und zappelt. Aber das ist Unsinn. Denn im Pruth hat es noch nie einen Walfisch gegeben. Vielleicht wird es ein ganz anderer Tod sein, mächtiger als der Tod, den die Heuschrecken bringen oder große Fische, von denen man schon gehört hat. Und dieser Tod wird über die Ohnmacht des Allmächtigen lachen, dessen Allmacht nicht mal die kleinen Heuschrecken nach Rußland zurückschicken kann. Und da der Tod viele Gesichter hat und viele Werkzeuge und auch Bilder erzeugen kann, sah der Wunderrabbi eine schlammige Judengasse, eine der Zukunft, und auf der Gasse lagen Judenhüte herum. Und zerrissene Gebetbücher. Und zerbrochene Brillen. Und Gebetsmäntel. Und überall war Blut. Und er sah ganze Haufen zerbrochener Brillen und Berge von Gebetbüchern und Gebetsmänteln. Und an der Ecke, wo ein Betstübl stand, waren die

Scheiben zertrümmert. Kein Laut drang von dort auf die Straße.

›Das kann aber nicht sein‹, sagte der große Rabbi zu sich. Und weil er für einen kurzen Augenblick nicht sicher war, begann er zu wehklagen und stieß einen schrillen Schrei aus und wurde ohnmächtig. Aber dann, als er erwachte, war er wieder bester Laune, trank einen Schnaps, aß ein Stück von dem süßen Honigkuchen, denn ein frommer Jude darf nie seinen Glauben verlieren und seine Hoffnung.

Mein Großvater erzählte mir dann, daß die Zaubersprüche des Wunderrabbis von Sadagura nicht geholfen hatten. Aber möglicherweise deshalb, weil der große Rabbi gesündigt hatte, irgendwann vielleicht, und er hatte es nicht mehr gewußt. – Und so kamen die Heuschrecken im Jahre 1866 herab auf die Erde, und sie verwüsteten das Land diesseits und jenseits des Pruth. Eine Hungersnot brach aus. Die Armen ernährten sich von Baumrinde und kriegten aufgeblähte Bäuche und Cholera und wer weiß was noch. Und sie starben einen qualvollen Tod. Damals brach auch Typhus aus. Überall im Lande, in Pohodna, in Czernowitz und woanders, konnte man die Leichenzüge sehen, die zum Friedhof zogen. Es starben natürlich auch Reiche, die sich den Tod etwas kosten ließen. Und da war ein Geschrei und ein Gezeter, denn die Klageweiber, die keine Baumrinde aßen – denn sie verdienten gut zu jener Zeit und hatten ihr Brot –, die beklagten die Toten gegen Bezahlung und beweinten sie und lobten den Herrn.

Mein Großvater erzählte mir, daß im Jahre sechsundsechzig ein Krieg ausgebrochen war, der Krieg zwischen Österreich und Preußen, den unser Kaiser Franz Joseph der Erste verloren hatte. Denn in Berlin herrschte ein anderer Geist als in Wien, wo man lieber im Kaffeehaus saß, Karten spielte oder Mehlspeisen aß. ›Die Österreicher‹, so sagte mein Großvater, ›sind kein eigentliches Volk, denn sie sprechen in vielen Zungen und einer versteht den anderen nicht, und das gilt auch für die Sprache der Soldaten und Offiziere.‹

Ich fragte meinen Großvater, warum die Preußen nicht gleich ganz Österreich besetzt hätten, nun, zum Beispiel Wien, Budapest, Lemberg und Czernowitz?

›Weil die Preußen nicht dumm sind‹, sagte mein Großvater. ›Was sollen denn die Preußen mit so vielen Juden?‹

›Dann haben die Juden dem Kaiser Franz Joseph das Reich gerettet?‹

›Das kann man wohl sagen‹, sagte mein Großvater. ›Ihre bloße Existenz hat ihm das Reich gerettet.‹

›Hat er uns deshalb im folgenden Jahr, im Jahre siebenundsechzig, die Gleichberechtigung gegeben?‹

›So ist es‹, sagte mein Großvater.

›Aber du hast mir doch erzählt, daß er es wegen der Urgroßmutter gemacht hatte, die ihm damals die Heringe aus der falschen Kehle zog.‹

›Das auch‹, sagte mein Großvater.

›Der Kaiser hatte also zwei Gründe?‹

›Jawohl‹, sagte mein Großvater. ›Wir Juden sind ein vorsichtiges Volk. Doppelt hält besser, und zwei Gründe sind besser als einer.‹

›Es gab auch frohe Nachrichten im Jahre sechsundsechzig‹, sagte mein Großvater. ›Im September fuhr nämlich aus Lemberg die erste Eisenbahn in Czernowitz über den Pruth.‹

Ich fragte meinen Großvater: ›Warst du dabei?‹

›Nein‹, sagte mein Großvater, ›ich war nicht dabei. Aber zwei Jahre später war ich dabei, als die Eisenbahn auch zu uns nach Pohodna kam.‹

›Die allererste?‹

›Die allererste‹, sagte mein Großvater. ›Leider fuhr sie nicht über den Pruth wie in Czernowitz, weil wir hier nur die Holzbrücke haben, und die Behörden haben bei uns auch keinen großen Bahnhof gebaut wie den Czernowitzer, und nur zwei Gleise haben wir, aber wir freuten uns trotzdem, denn die Eisenbahn fuhr am Pruth entlang, und in den größeren Städten kann man umsteigen und in alle Welt hinausfahren.‹

Ich fragte: ›Auch nach Wien, wo der Kaiser wohnt?‹

Und mein Großvater sagte: ›Ja. Auch dorthin.

Das war ein denkwürdiger Tag‹, sagte mein Großvater, ›als die erste Eisenbahn in Pohodna ankam. Sie kam direkt über die eiserne Pruthbrücke.‹

›Wir haben aber keine eiserne Brücke.‹

›Nicht über unsere Brücke‹, sagte mein Großvater, ›sondern über eine andere Brücke.‹

›War es ein schneller Zug?‹

›Nein‹, sagte mein Großvater. ›Mit Pferd und Wagen fährt man schneller.‹

Mein Großvater sagte: ›Das ganze Schtetl war am Bahnhof, als der erste Zug in Pohodna einfuhr. Auch der Bürgermeister war da. Der hielt eine schöne Rede. Er sagte nämlich, daß der Kaiser den Fortschritt und die neue Zeit nach Pohodna gebracht hat, weil der Kaiser alles hält, was er verspricht. Und das alles hätten wir nur dem Kaiser zu verdanken, dem alle Untertanen lieb seien – sie wären so wie seine Kinder –, und was dem Kaiser lieb ist, soll mit der Eisenbahn fahren, denn die Eisenbahn ist bequemer als die Fahrt mit Pferd und Wagen über Schlamm- und Schotterstraßen. Wir ließen den Kaiser Franz Joseph hochleben und sangen seine Hymne. Und dann fuhr der Zug ein, mit Blumen geschmückt und Spruchbändern und der österreichischen Fahne. Wir schwenkten unsere Hüte, auch die frommen Juden, obwohl das gefährlich war, denn ein Jude sollte nie ohne Kopfbedeckung unter dem Himmel des Herrn stehen. Aber ein Jude ist vorsichtig. Und er trägt immer ein Käppi unter dem Hut, so daß der Kopf auch bedeckt bleibt, wenn er mal den Hut schwenkt.‹

Mein Großvater galt im Schtetl als kluger Mann und wurde von den Leuten respektiert, obwohl er nicht gebildet war und aus keiner vornehmen Familie kam. Er hatte bloß offene Augen und offene Ohren, hörte viel, sah auch viel, merkte sich alles, war also ein guter Beobachter und im Grunde, wenn er nicht gerade in der Schenke beschäftigt war, ein nachdenklicher Mensch. Er konnte in mehreren Sprachen fluchen, konnte Witze auf jiddisch erzählen und in einem Kauderwelsch aus komischen ruthenischen, rumänischen, polnischen und deutschen Ausdrücken, war meistens guter Laune, roch immer nach Knoblauch, Zwiebeln und Schnaps, trank ziemlich viel, aber auch nicht zu viel, kannte das vernünftige Maß, hatte vor niemandem Angst, stolzierte gern zwischen den Gästen hin und her und bespuckte nach wie vor die Tische mit Schnaps, wenn das Wasser knapp war.

Besonders groß und stark war er eigentlich nicht, mein Großvater, obwohl er mir damals als Chederjunge wie ein Riese vorkam. Er war eher ein kleiner, zappeliger Mensch, aber nicht blaß und kränklich wie die Frommen, die den ganzen Tag über den Büchern hockten, sondern hatte rote, fröhliche Bäckchen, lustige blaue Augen – wasserblau – und keine Vorderzähne. Wenn er lachte, fiel die Zigarre aus dem Mund, die er aber schnell wieder auffing. Fromm war er auch nicht, obwohl er auf der Straße einen Kaftan trug und den kleinen Gebetsmantel nie auszog, nicht mal nachts unter der Decke oder in den Armen meiner Großmutter. Das war aber nur die Gewohnheit. Mein Großvater nahm es mit den 613 Geboten, die ein Jude befolgen sollte, nicht so genau. Er pflegte immer zu sagen: Die Hauptsache, man behält sein jüdisches Herz, betrügt nur die Betrüger, Unterdrücker und Erpresser, zuweilen auch den Staat, der seine Macht mißbraucht – man setzt sich eben zur Wehr mit den Mitteln, die einem Juden zur Verfügung stehen –, aber man muß ehrlich zu den Ehrlichen sein, zu allen, die einem nichts Böses tun, man darf echtes Vertrauen nicht mißbrauchen, und man hilft denjenigen, die es verdient haben, man respektiert das menschliche Leben, wendet keine Gewalt an, prügelt keine Frauen, hält sie in Ehren, ißt kein Schweinefleisch oder sonstige Sachen, die nicht koscher sind, spricht seine Gebete vor dem Essen und an den Feiertagen und glaubt nicht an den falschen Messias der Gojim. Nun, so war er eben. Meine Großmutter widersprach ihm meistens, gab aber dann nach, sie konnte ihm aus den wasserblauen Augen lesen, lachte, wenn er lachte, und heulte, wenn er mal schlechter Laune war. Die Großmutter war etwas älter als er, aber ebenso klein und zappelig, auch die Augen waren blau, aber nicht wasserblau. Auch ihr Haar war anders, denn mein Großvater hatte eine Glatze. Die Großmutter hatte zwar auch eine, aber nicht von Gott gegeben, denn sie hatte den Schädel nur rasiert – obwohl Rasieren verboten war – und trug eine rote Perücke, wie sich das so gehörte bei den Frommen. Was hab ich gesagt: bei den Frommen? Nun, sie war ebensowenig fromm wie mein Großvater, und es war nur die Sitte und die Gewohnheit. Eine verheiratete Frau ihrer Generation trug eben eine Perücke, weil sie ihr eigenes Haar wohlweislich abgeschnitten hatte, damit es keinem fremden Mann einfalle, sein Auge auf sie zu werfen. So war's. Nun, Sie wissen, sie war nicht gerade ein Männertyp, und ich nehme an, daß ihr sowieso keiner nachgestellt hätte, weder ein Jude noch einer von den goiischen Bauern in der Schenke. Aber es war eben so, wie ich's Ihnen erzähle.

Sie werden wahrscheinlich wissen wollen, warum ich meine eigene Mutter und meinen eigenen Vater – Gott hab sie selig – bisher kaum erwähnt habe. Nun, der Grund ist, daß mir, was die beiden anbetrifft, wenig einfällt. Meine Mutter war die jüngste Tochter meiner Großeltern. Da mein Großvater alle seine Töchter gut verheiratet hatte, nun, mit Männern, die Geld verdienten und ihre Familien ernähren konnten, so wie es sich gehört, und weil das so war und nicht anders, also sagte er eines Tages zu meiner Großmutter: ›Unsere jüngste Tochter Debora soll einen Zadik heiraten.‹

›Ein Zadik ist aber ein Habenichts‹, sagte meine Großmutter, ›einer, der zwar ein Schriftgelehrter ist und ein Talmudchuchim, der aber nichts verdient.‹

›Das stimmt‹, sagte mein Großvater. ›Geld verdient er nicht, keinen einzigen Kreuzer. Aber einen Zadik in der Familie zu haben, bedeutet Ansehen bei den Leuten und Wohlgefallen vor Gott.‹

›Das ist wahr‹, sagte meine Großmutter. ›Das bringt Ehre und Ansehen. Und wer wird Debora und ihre Kinder ernähren?‹

›Nun, wer schon‹, sagte mein Großvater. ›Wir werden sie ernähren.‹

Meine Mutter heiratete einen weitläufigen Verwandten, der auch Wassermann hieß... Schloime Wassermann. Dieser Schloime Wassermann, also mein Vater, war ein junger Schriftgelehrter, der am Tisch des Rebben sitzen durfte und dessen Ziel im Leben darin bestand – so mein Großvater –, daß er keines hatte. Natürlich stimmte das nicht. Denn es ging meinem Vater darum, Gottes Wort zu ergründen und zu erläutern und alles zu lernen, was die Weisen überliefert hatten. Sein Studium umfaßte die gesamte jüdische Lehre, das, was war, und das, was noch sein würde oder könnte, und deshalb war dieses Studium ohne Ende und hatte und brauchte keinen Abschluß. Das Ziel seines Lebens bestand also darin, seinem Leben einen Sinn zu geben und seinem Herzen innere Ruhe, und wenn man dem Rebben glauben darf, der da gesagt hat: Sinn und Ziel ist dasselbe, der Sinn ist das Ziel, dann allerdings war mein Vater ein zielbewußter Mensch. Es war selbstverständlich, daß ein Mann wie er von der Gemeinde unterstützt wurde und später, wenn er heiratete, von den Schwiegereltern und seiner Frau, die ihn und seine Kinder ernährten, von denen er viele zeugte, denn das war Gottes Gebot.

Nun«, sagte Onkel Jossel, »mein Vater war ein schmächtiger, blasser Mensch, der so aussah, als könnte ein Windhauch aus der Richtung der nahen Karpaten oder der Brücke vom Pruth oder auch aus Kischinew oder Berditschew, also auch aus dem Land des Zaren, Sie verstehen schon, was ich meine, der also aussah, als könnte ihn jeder Windhauch oder -stoß einfach umfegen. So sah er aus. Meine Mutter Debora verliebte sich in ihn, als sie ihn sah, denn jüdische Frauen hatten damals was übrig für blasse, schwächliche Jünglinge. Vielleicht erregte das ihren Mutterinstinkt oder weil sie sich sagten: Der sieht nicht wie ein Bauer aus, und der prügelt gewiß keine Frauen, und der besäuft sich auch nicht. So einer ist ein Heiliger. Und man sieht's ja: Die Buchstaben der heiligen Schrift leuchten ihm von der Stirn. Kurz: Schloime oder Schloimele Wassermann heiratete Debora Wassermann. Sie hatten eine Menge Kinder, obwohl es gar nicht so viele waren, denn andere hatten noch mehr, was ich Ihnen bereits gesagt habe. Sie hatten also Kinder, von Gott gegeben. Und ich, Joseph Wassermann, genannt Jossele oder Jossel, war der Jüngste.

Meine Mutter war ein flachbrüstiges, dünnes Mädchen, ich meine damals, als sie mit Schloime Wassermann unter dem Baldachin stand. Ich verstehe bis heute nicht, wie ein so schwächlicher Mensch, ein Zadik, der nicht aus Fleisch und Blut zu bestehen schien, so viele Kinder zeugen konnte, und noch dazu mit einer Frau, die weder ein breites Becken hatte noch Brüste zum Anpacken. Aber der liebe Gott hatte meinem Vater einen ansehnlichen Pinkler zwischen die Schenkel gesetzt – ich sah sein Glied beim gemeinsamen Schwitzbad im Badehaus unserer Badgasse, und das beeindruckte mich schon als Dreijährigen, denn es hing meinem Vater doch tatsächlich bis zum Knie. ›Das kommt vom vielen Studieren‹, sagten die Leute im Schwitzbad. Und manche sagten: ›So ein langes Ding ist nicht nur zum Pinkeln da. Der Herr, unser allmächtiger Gott, wird ihm und seiner Frau Debora kräftige und gesunde Kinder schenken, obwohl dieser Schloime oder Schloimele nur ein Schatten vor dem Herrn ist.‹ Sie zeugten also Kinder. Und meine Mutter setzte mit der Zeit etwas Fett an und dann mehr, wurde schwammig und kurzatmig, entwickelte kleine Brüste, die zwar nicht schwabbelten wie bei der Waschfrau, die meiner Mutter bei der großen Wäsche half – schwapp, schwapp über dem Waschtrog –, die aber immerhin ihre Daseinsberechtigung hatten. Ich erinnere mich, daß meine Mutter tagsüber in der Küche war, meist vor dem Herd stand oder vor der Anrichte am Küchenfenster neben dem klobigen Küchentisch, immer beschäftigt, hantierend, herumwurschtelnd und doch irgendwie still und abwesend und ein wenig verträumt, schwammig, gluckenartig. Sie quasselte nie so viel wie meine Großmutter, auch nicht, wenn sich die Gelegenheit bot, sondern verrichtete ruhig ihre Arbeit. Wenn ich mal in die Küche kam, streichelte sie meinen Kopf, preßte mich an ihre schmutzige Schürze, die immer feucht war und genauso roch wie die Schürze der Großmutter, und sie sagte dann irgendwas zu mir: ›Na, Jossele, wie war's im Cheder? Hat der Melamed dich wieder mal am Ohr gezupft oder gar auf die Fingerchen gehauen? Hab ich ihm nicht erst neulich gesagt, er soll das lassen. Finger sind nicht zum Hauen da und Ohren nicht zum Zupfen.‹ Oder sie sagte: ›Spiel nicht mit deinen *Paijes,* Jossele‹ – das sind nämlich die Schläfenlocken –, also sie sagte: ›Spiel nicht mit deinen Paijes, Jossele. Paijes sind nicht zum Spielen da. Du drehst daran herum, den ganzen Tag. Und der Melamed hat gesagt, daß du träumst. Und Vögel im Cheder siehst du, die gar nicht da sind. Im Cheder spielt man nicht mit den Paijes. Und man träumt nicht. Man studiert im Cheder, und man paßt auf, was der Melamed sagt.‹ Manchmal sagte sie auch: ›Warum spielst du nie mit deiner Schwester Resele?‹

Ich sagte dann: ›Sie ist zu alt für mich. Und auch zu dumm. Sie grinst den ganzen Tag vor sich hin.‹

›Resele kann nichts dafür, daß sie dumm ist‹, sagte meine Mutter. ›Sie ist auch nicht wirklich dumm, ihre Uhr im Kopf tickt nur etwas langsamer, weil ein Hund gebellt hat, als sie zur Welt kam.‹

›Welcher Hund hat gebellt?‹ fragte ich meine Mutter.

›Nun, welcher Hund schon‹, sagte meine Mutter. ›Der Kettenhund Chotko, der inzwischen gestorben ist.‹

Mein Vater arbeitete nie. Er saß den ganzen Tag in der

Schul, wie unser Betstübl genannt wurde, denn das Betstübl war gleichzeitig Studierzimmer. Er ließ sich auch selten in der Schenke blicken, sondern ging in aller Früh in die Schul und kam spät abends zurück, blaß und müde, und ging gleich nach oben in die gute Stube. Als meine Eltern heirateten, hatte mein Großvater noch zwei Zimmer an die eine Außenwand der guten Stube angebaut, aber mein Vater saß meistens dort, saß am Fenster, las weiter in seinen Büchern und guckte zuweilen zum Fenster hinaus.

Als ich fünf war, wurde mein Vater krank. Eigentlich war er schon immer krank, aber diesmal wurde es ernst. Er blieb im Bett, hatte Durst, aß kaum noch was, trank aber kübelweise Wasser. Mein Großvater rief den Wasserträger Chaim, der noch gesund und kräftig war, aber kinderlos, und von dem es hieß, er könne gar keine Kinder zeugen, obwohl das nicht stimmte, denn er zeugte ja später den Jankl. Also den rief er. Und Chaim schleppte das Wasser herbei für meinen Vater, dessen Durst nicht zu stillen war. Meine Mutter machte Tee für den Vater, denselben Tee, den auch Großmutter machte, wenn jemand krank war. Wir riefen die Einlauffrau. Aber das alles nützte nichts. Da mein Vater große Furunkel auf dem Hals hatte und einige auch auf den Schenkeln, riefen wir den Friseur Ascher Finkelgrün, der was von Medizin verstand und besonders auf Furunkulose spezialisiert war. Der kam auch und schnitt meinem Vater ohne Narkose die Geschwüre auf, eines nach dem anderen. Der Friseur sagte: ›Das wird helfen, denn mit dem ausfließenden Eiter fließt auch die Krankheit aus dem Körper.‹

›Der Körper ist von Gott gegeben‹, sagte mein Großvater, ›genauso wie die Seele.‹

Meine Mutter sagte: ›Der Körper ist nur die Hülle der Seele.‹

›Das ist richtig‹, sagte der Friseur, ›aber gerade deshalb muß der Eiter raus, denn die Seele will keine eitrige Hülle.‹

Natürlich hatte der Friseur Ascher Finkelgrün recht, trotzdem ging es meinem Vater von Tag zu Tag schlechter.

›Du bringst ihm gutes Wasser‹, sagte mein Großvater zu Chaim, dem Wasserträger. ›Trotzdem will unser Schloimele immer mehr. Also stimmt was nicht mit dem Wasser.‹

›Wieso stimmt was nicht mit dem Wasser‹, sagte Chaim, der Wasserträger, ›glaubst du etwa, Leibl Wassermann, daß ich das Wasser aus dem Pruth hole? Von deinem Brunnen hol ich es, obwohl das Rad schon wieder kaputt ist. Mit dem Strick hol ich es. Es ist dein Brunnenwasser. Und das ist gutes Wasser.‹

›Dann hole das Wasser vom Brunnen des Rebben‹, sagte mein Großvater.

›Vom Brunnen des Rebben?‹ sagte der Wasserträger.

›Ja‹, sagte mein Großvater.

Und der Wasserträger holte das Wasser aus dem Hof des Rebben, wo nur ein kleiner Brunnen stand, dessen Wasser aber so klar war und so kräftigend wie das Wasser aus dem Brunnen des Wunderrabbis von Sadagura. Trotzdem ging es meinem Vater nicht besser, nur sein Durst wurde stärker.

›Vielleicht, weil das Wasser so gut ist‹, sagte der Wasserträger, ›deshalb will er immer mehr davon. Es schmeckt ihm einfach zu gut.‹

›Du meinst, wenn etwas schmeckt, dann will man mehr davon?‹

›Das meine ich‹, sagte der Wasserträger.

›Und man kriegt nie genug?‹

›Ja‹, sagte der Wasserträger.

Irgendwann entschlossen sich meine Großeltern, einen richtigen Arzt zu holen. Es gab einen in Pohodna. Der hieß Dr. Weinberg, hatte 1838 in Wien studiert, später in Czernowitz gelebt und sich irgendwann mal in Pohodna niedergelassen. Die frommen Juden machten einen großen Bogen um ihn.

›Der versteht soviel von der Medizin wie ich vom chinesischen Schnaps‹, sagte mein Großvater. ›Es ist auch nicht sicher, ob er wirklich ein Diplom hat und ob sein Wissen den neuesten Erkenntnissen entspricht. Aber es gibt hier keinen anderen.‹

›Wir könnten einen besseren aus Czernowitz holen‹, sagte meine Großmutter, ›aber das würde zu lange dauern, und unser Schloimele könnte bis dahin, Gott behüte, hinübergeschlummert sein, nun, du weißt schon wohin, man darf es gar nicht aussprechen, außerdem weiß ich nicht, ob ein großer Arzt aus Czernowitz nach Pohodna kommen würde.‹

›Wir könnten Schloimele in einer gefederten Kutsche oder mit der Eisenbahn nach Czernowitz transportieren‹, sagte mein Großvater, ›aber ich fürchte, diese Reise würde er nie überstehen.‹

Also kam Dr. Weinberg. Der untersuchte meinen Vater, konnte aber nichts feststellen. Er schüttelte nur den Kopf, sagte aber dann: ›Man könnte ja eine Urinprobe machen.‹

›Was ist das?‹ fragte meine Großmutter.

›Man riecht dran‹, sagte der Doktor. ›Man kann ihn auch kosten.‹

›Und wie wollen Sie das machen?‹

›Er müßte in ein sauberes Wasserglas urinieren.‹

›Wir haben saubere Wassergläser‹, sagte meine Großmutter, ›auch Teegläser haben wir, aber die sind zum Trinken da und nicht zum Urinieren.‹

›Er kann doch nicht in ein Glas pinkeln, wo andere Leute ihr Wasser draus trinken‹, sagte mein Großvater.

›Oder ihren Tee‹, sagte meine Mutter.

›Man kann ein Glas ja auch wieder auswaschen‹, sagte der Doktor.

›Es wäre aber dann nicht mehr koscher‹, sagte meine Großmutter.

›Mir ist's egal‹, sagte mein Großvater.

›Ich wußte gar nicht, daß du im Grunde ein trefener Mensch bist‹, sagte meine Großmutter, ›hab ich gar nicht gewußt.‹

›Bin ich nicht‹, sagte mein Großvater. ›Aber Schloimele sollte erst mal in das Glas pinkeln, weil der Herr Doktor meint, das wäre wichtig, und wir könnten ja den Rebben fragen, ob das Glas noch koscher ist oder nicht.‹

›Das ist die Lösung des Problems‹, sagte meine Großmutter.

Sie holte also ein Teeglas, das auch ein Wasserglas war. Und mein Vater pinkelte hinein. Der Doktor roch daran, steckte auch den Zeigefinger hinein, berührte dann mit dem Finger die Lippen, kostete, schloß die Augen, dachte nach und sagte dann: ›Schloime Wassermann ist zuckerkrank.‹

›Das kann aber nicht sein‹, sagte meine Großmutter – ›weil er ja immer studiert hat und weil er ein Mann ist, der mehr von den heiligen Geboten befolgt als die meisten Juden.‹

›Nun, das mag sein‹, sagte der Doktor.

Zu jener Zeit«, sagte Onkel Jossel, »war das Insulin noch nicht erfunden. Und auch die Ärzte wußten nicht, was die geeignete Diät für einen Zuckerkranken war. Unser Doktor mit seinem Wissen aus dem Jahre 1838 war also ziemlich verlegen. Er verordnete meinem Vater eine leichte Diät aus Haferflocken, Weizengrütze, Kamillen- und Hagebuttentee, verabschiedete sich und sagte, er würde in ein paar Tagen wieder vorbeikommen.

Meinem Vater ging es immer schlechter. Wir riefen wieder den Friseur Ascher Finkelgrün und Gittel, die Einlauffrau. Und die saßen am Bett meines Vaters und berieten sich.

›Wenn einer Wasser verliert‹, sagte Gittel, die Einlauffrau, ›dann muß man ihm Wasser geben, damit sein Körper das verlorene Wasser wieder ersetzt.‹

›Richtig‹, sagte der Friseur. Und er fügte hinzu: ›Wasser mit Salz, eine alte Regel.‹

›Ja‹, sagte mein Großvater, ›die kenne ich auch.‹

›Wenn er also Zucker verliert, wie's der Doktor gesagt hat, dann müßte man den Zucker wieder ersetzen.‹

›Du hast recht, Gittel‹, sagte der Friseur zur Einlauffrau. ›Was der Körper ausscheidet, muß man ihm irgendwie wieder zurückgeben.‹

›Aber wie?‹ fragte mein Großvater.

›Man sollte ihm Zucker geben‹, sagte der Friseur, ›am besten im Tee. Eine Menge Zucker.‹

›Oder Honig‹, sagte die Einlauffrau. ›Honig ist noch besser.‹

›Honig ist nicht schlecht‹, sagte der Friseur.

›Ja, Honig kann nicht schaden‹, sagte meine Großmutter. ›Meine gottselige Mutter hat viele Krankheiten mit Honig geheilt.‹

›Ja‹, sagte auch mein Großvater. ›Eine Honigkur wäre das beste.‹

Und so gaben sie meinem Vater, dessen Durst unstillbar geworden war, eine Menge Tee und Zucker und Honig. Das ging so ein paar Tage lang. Er trank und trank wie ein Verdurstender in der Wüste Gobi. Und er pinkelte ins Bett. Und er murmelte Gebete, Gebete, die keiner verstand, denn so leise waren sie. Und eines Morgens war er tot.

Wir riefen die *Chevre Kadische*, das ist die Bestattungsgesellschaft, fromme Leute, die die Leiche wuschen und sie in ein weißes Leinentuch wickelten. Da ein Verstorbener nicht länger als vierundzwanzig Stunden auf der Erde weilen darf, deren Oberfläche von Gott nur für die Lebenden geschaffen wurde, während die Toten darunter ruhen sollten, und zwar ohne Verzögerung und zugedeckt mit derselben Erde, aus der Gott den Menschen geformt hat, deshalb oder aus diesem Grund wurde mein Vater noch im Morgengrauen, das heißt kurz danach, als die Sonne schon in Brückenhöhe stand – ich meine, unsere kleine Holzbrücke am Pruth – auf dem jüdischen Friedhof beerdigt. Ich kann mich gut an den langen Leichenzug erinnern, denn fast alle Juden gingen mit. Sie klagten und weinten, und das war fast so laut wie das Klagen der Klageweiber, die nur Mummenschanz spielten, sich die Haare rauften und sangen und brüllten und zu Gott schrien, der alles sah. Die Gojim, meistens Bauern und Knechte, standen am Straßenrand und grinsten, rissen Witze oder lachten laut, denn sie waren froh, daß es nun einen Juden weniger gab.«

»Haben alle Gojim gelacht?« fragte der Notar.

»Nicht alle«, sagte Onkel Jossel, »aber die wenigen, die sich nicht freuten, waren Ausnahmen. Einige Freunde der Familie, auch die Dienstmädchen der Nachbarn, die uns kannten.«

»Hatte Schloime Wassermann wirklich christliche Freunde?«

»Nein«, sagte Onkel Jossel. »Mein Vater hat nie mit einem Christen gesprochen. Aber mein Großvater hatte Freunde unter den Gojim. Wie gesagt: Es waren wenige, aber die wenigen vertrauten ihm. Es war merkwürdig. Sie gaben ihm sogar Geld, das sie verstekken wollten, entweder vor den Behörden oder ihren Frauen. Diese Gojim wußten, daß sie es bis auf den letzten Kreuzer zurückkriegen würden.

7

Im Jahre 1881, kurz nach dem Tod meines Vaters, hörten wir ein bisher unbekanntes Wort. Es hieß: *Pogrom.* Natürlich hatte man seit Jahrhunderten Juden totgeschlagen oder sie bei lebendigem Leibe verbrannt. Da die Juden einfallsreich waren, fanden sie immer ein treffendes Wort für ihr Unglück. Aber *Pogrom,* das war neu. ›Es scheint aus dem Russischen zu kommen‹, sagte mein Großvater. Tatsächlich kamen eine Menge Flüchtlinge aus Rußland, einzelne und auch ganze Familien, mit ihren Bündeln und Koffern, Haustieren, Säuglingen, Alten und Kranken. Sie erzählten von Ukrainern und Kosaken, von aufgeschlitzten Bäuchen, durchschnittenen Kehlen, gespaltenen Köpfen, brennenden Häusern und Synagogen. Diese Leute sprachen ein unverständliches Jiddisch, sahen noch ärmer aus als die Bettler und Schnorrer aus Pohodna, hatten irgendwann mal was vom Kaiser Franz Joseph gehört und dem Franz-Joseph-Bart, aber es war nicht viel. Sie konnten aber Geschichten vom Zaren erzählen, wußten genau, wie sie hießen, kannten sogar Nikolaus den Ersten und Iwan den Schrecklichen und auch die Zarin Katharina die Zweite, die eine Deutsche war. Sie kannten kein einziges Wort Deutsch, eine Sprache, die bei uns jeder Bettler und Schnorrer verstand, wußten nicht, was eine Mehlspeise war oder Palatschinken oder wie der Stiefel eines österreichischen Oberwachtmeisters oder Bezirkshauptmanns aussah, verstanden nicht, warum die Straßen und Gassen und Plätze deutsche Namen hatten und wieso der Kaiser die Juden liebte und diese hier machen konnten, was sie wollten, sogar Bürgermeister werden oder Oberpostverwalter. Diese Leute kapierten überhaupt nichts. Als wir ihnen erklärten, daß die Ruthenen, die ja Ukrainer sind, die Juden in unserer Gegend nicht totschlugen – wenigstens nicht massenweise, Einzelfälle gab es hier und da – und daß auch die Rumänen und Huzulen und Lippowaner und Polen und all die anderen sich ruhig verhielten, oft gute Nachbarn waren und Geschäfte mit den Juden machten und daß es zwar im Augenblick keinen jüdischen Bürgermeister gab, weil wir ja mit dem Ruthenen zufrieden waren, das war ein anständiger Goi, aber was nicht ist, kann noch kommen – nun, als wir ihnen das erklärten, glaubten sie's nicht. Die Gemeinde von Pohodna gab ihnen zu essen und zu trinken und brachte sie auch irgendwie unter, aber viele von ihnen zogen weiter.

In unserer Schenke war eine Menge los. Mein Großvater und meine Großmutter schafften es nicht mehr allein, und so suchten sie wohl oder übel einen Angestellten. Zuerst schleppte mein Großvater den Ruthenen Dimitriu Volszuk an, ehemals Stallknecht beim Bojaren Nicolescu, der ein Rumäne war und ein großes Grundstück zwischen den Flüssen Pruth und Sereth besaß. Dimitriu Volszuk war kein schlechter Arbeiter, machte alles, was mein Großvater ihm sagte, trank aber zuviel Schnaps und leerte auch ab und zu mal die braune Zigarrenschachtel hinter der Theke, wo das Geld drin war. Mein Großvater schmiß den Ruthenen raus und holte sich einen Polen, aber der war auch nicht besser. Wir versuchten es mit allen nationalen Minderheiten in unserer Gegend, mit demselben Resultat, daß jeder von ihnen nach kurzer Zeit wieder gehen mußte. Schließlich holte sich mein Großvater einen Juden. Er hieß Joine Binder, war der Sohn eines Hausierers, lebte von Gelegenheitsarbeiten und Schnorrereien. Joine Binder hatte zeitweise als Badediener gearbeitet, im Schwitzbad also, nicht als Masseur, sondern als ›Mann für alles‹, hatte Liegepritschen gereinigt, für ein Trinkgeld Handtücher und Pantoffeln gereicht, Rattengift im Abflußkanal gesprüht und wo sonst immer Ratten zu Hause sind, auf die Kleider der Badegäste aufgepaßt und so weiter, na, Sie wissen schon, was ich meine. Da er die andauernde Hitze nicht vertragen hatte, war er nicht lange geblieben. Ich erinnere mich: Am Marktplatz vor der Post stand der kleine Backofen des Kürbiskerneverkäufers Fadenschein. Joine Binder hatte Fadenschein, der schon alt war und krank, manchmal vertreten und selber Kürbiskerne auf dem heißen Blech über den Holzkohlen geröstet. Und nun war er bei uns, in der Hoffnung, etwas Ordentliches zu machen, sozusagen einen Beruf mit Zukunft auszuüben, nicht nur zeitweilig, sondern möglicherweise, nun, Sie wissen schon: ein Menschenleben lang.

Nun, Joine Binder wollte es auf jeden Fall bei uns versuchen, schien ehrgeizig, dachte daran, ein geregeltes Leben zu führen, seine Familie, wenn auch nicht gut, so doch einigermaßen zu ernähren und sagte sogar zu meinem Großvater: ›Reb Leibl, viel werde ich nicht verdienen, das weiß ich, Sie müssen ja auch leben, nicht wahr, aber für die Milch meiner Kinder wird's reichen und vielleicht auch für ein Huhn am Sabbat.‹

Nun, was soll ich Ihnen erzählen: Joine Binder war anders. Er war ein Jude und kein Goi. Er trank keinen Schnaps, oder nur, wenn mein Großvater einen spendierte, machte seine Arbeit und war auch nicht so dumm, die Zigarrenschachtel zu leeren, was mein Großvater sowieso gemerkt hätte. Nein, so dumm war er nicht. Joine Binder ließ bloß ganze Kisten von dem guten Schnaps im Keller verschwinden, und wir wissen bis heute nicht, wie er das gemacht hat. Auch Heringe verschwanden in großen Mengen. Salzheringe. Er war auch nicht so dumm und verkaufte das Zeug in den Gassen des Schtetls, sondern an seinem freien Tag auf der Landstraße vor der Brücke. So war's. Und ich will nicht Jossel Wassermann heißen, wenn es anders gewesen ist. Und so blieb meinem Großvater nichts anderes übrig, als auch Joine Binder wieder auf die Straße zu setzen. Er sagte zu meiner Großmutter: ›Ich hab's dir nicht erzählt, aber im Schwitzbad, wo Joine Binder mal gearbeitet hat, sind oft Schuhe verschwunden.‹

›Auch Unterhosen?‹

›Die auch‹, sagte mein Großvater.

›Und was noch?‹

›Ich weiß es nicht. Alles mögliche.‹

›Hast du das gewußt?‹

›Ja, ich habe es gewußt. Aber ich dachte, ein Mensch könnte sich ändern.‹

Eines Tages fuhr mein Großvater in die umliegenden Dörfer. Er hatte Bogdan vor den Wagen gespannt, der so hieß wie alle Pferde der Wassermanns, schon ziemlich zerzaust war und klapprig, aber den Weg durch die Dörfer genauso gut kannte wie er. Auf dem Heimweg brachte mein Großvater einen alten Zigeuner mit. ›Dieser da hat seine Sippe verloren‹, sagte mein Großvater. ›Er wird für uns arbeiten.‹

›Der sieht aber nicht aus, als ob er ordentlich arbeiten könnte‹, sagte meine Großmutter.

›Wir werden es mit ihm versuchen‹, sagte mein Großvater.

›Die Zigeuner klauen aber Wäsche und kleine Kinder‹, sagte meine Großmutter.

›Das ist Unsinn‹, sagte mein Großvater.

›Und sie können dich verfluchen, wenn sie dich hassen.‹

›Na und‹, sagte mein Großvater. ›Kann ich etwa nicht fluchen? Und sind meine Flüche etwa schlechter als seine? Oder glaubst du, daß ich Angst vor dem Fluch eines Zigeuners habe? Bin ich denn kein Jude? Und haben wir nicht einen allmächtigen Gott?‹

›Das ist wahr‹, sagte meine Großmutter. Sie fragte: ›Kann er wenigstens Geige spielen, um die Gäste zu unterhalten?‹

›Nein‹, sagte mein Großvater. ›Nicht alle Zigeuner können Geige spielen.‹

›Kann er wahrsagen?‹

›Das auch nicht‹, sagte mein Großvater.

›Und was kann er?‹ fragte meine Großmutter.

›Das werden wir schon sehen‹, sagte mein Großvater.

Wir waren mit dem alten Zigeuner zufrieden. Er

machte seine Arbeit, redete nicht viel, war ehrlich, trank nur den Schnaps, den mein Großvater ihm gab – und sie tranken oft beide gemeinsam und prosteten sich zu. Der Zigeuner wußte sogar, was Prost auf hebräisch heißt, nämlich *Le Chaim*. Sie tranken sich zu, sagten beide *Le Chaim*, was also heißt: *Zum Leben!*

Der Zigeuner machte meinem Großvater alles nach. Er schenkte den Schnaps mit Maß in die Wassergläser, paßte auf, daß es nicht zuviel war, aber auch nicht zuwenig, er räumte die Gläser ohne Tablett ab, mit den Händen, auf dem Arm oder in der Schürze, er wischte auch die Tische so wie mein Großvater oder meine Großmutter, manchmal mit einem nassen Lappen, wenn der Lappen nicht gerade mal verschwunden war, sonst eben mit der Schürze, er spie auch Wasser oder Schnaps auf die Tische, bis sich kleine Lachen bildeten, verschmierte dann die Lache über den ganzen Tisch und wischte den Tisch dann trocken, eben genau so, wie das immer bei uns gemacht wurde.

Als Resele noch nicht verheiratet war, also noch bei uns wohnte, suchte sie oft die alte Jente, obwohl die längst gestorben war, im Jahre 1877, ein Jahr nach meiner Geburt. Ich konnte mich zwar nicht an sie erinnern, kannte aber alle Geschichten über sie. Wenn Resele nach ihr fragte, dann lachte ich sie aus, denn ich wußte schon als Kind, daß Tote nicht im Haus herumspuken. Manchmal kam Resele in die Schenke und suchte die alte Jente, und die Bauern lachten laut, während die Juden am runden Tisch nur kicherten. Einer der Juden sagte mal zu ihr: ›Na, wo soll sie schon sein, die

Urgroßmutter? Sie zieht gerade dem Kaiser den Hering aus der Kehle.‹

›Wo ist denn der Kaiser?‹ fragte Resele.

Und der Jude am runden Tisch sagte: ›Na, wo schon? In der Schenke. Du mußt ihn nur suchen.‹

Einmal fragte sie auch den Wasserträger Chaim nach der alten Jente, als der zum Brunnen ging. Der Wasserträger lachte sie aber nicht aus. Er sprach leise mit ihr, trotz seiner starken Stimme, die meistens dröhnte und polterte. Leise sprach er zu ihr, als wüßte er, daß sie mal sein Weib sein könnte und die Mutter von Jankl. – Wie gesagt: Damals war sie noch Jungfrau und wohnte bei uns.

Chaim, der Wasserträger, hatte keinen eigenen Ziehbrunnen. Unser Helfer, der alte Zigeuner, wünschte ihm zwar einen eigenen Brunnen, und er sagte es ihm jedesmal, wenn er in die Küche oder Schenke kam mit den vollen Wassereimern und sie umleerte in die Leereimer oder in die Schüsseln und Töpfe, aber jedesmal, wenn der alte Zigeuner auf den fehlenden Brunnen des Wasserträgers zu sprechen kam, schüttelte Chaim nur traurig den Kopf. ›Das ist unmöglich‹, sagte er, ›das ist leider unmöglich.‹

›Na, hoffentlich kriegst du bald einen‹, sagte der Zigeuner.

›Das ist aber unmöglich‹, sagte Chaim.

›Aber du mußt nur tief genug bohren, Chaim, das Grundwasser ist doch gut.‹

›Das Grundwasser ist verseucht‹, sagte Chaim. ›Wenigstens in meinem Hof.‹

›Und warum, Chaim?‹

›Na, warum schon‹, sagte Chaim. ›Es ist eben verseucht.‹

›Ich wünsch dir trotzdem einen echten Ziehbrunnen‹, sagte der Zigeuner. ›Hat man schon mal so was gehört? Ein Wasserträger ohne eigenen Brunnen.‹

›Ich brauche keinen eigenen Brunnen‹, sagte der Wasserträger.

Besonders die Kinder des Schtetls foppten den Wasserträger, wenn er mit scheppernden Eimern, in seinen zerlumpten Hosen und durchlöcherten Schuhen durch die Gassen des Schtetls ging. Genau so hat Jankl später ausgesehen, ganz genau so. Aber damals war Jankl noch nicht auf der Welt.

Es ist wahr: Der Wasserträger war ziemlich dumm, obwohl er nicht so dumm war wie meine Schwester Resele, die ihn später geheiratet hat. Kinder sind grausam, und sie foppen gerne diejenigen, die für dumm gehalten werden, ich meine: von den Erwachsenen im Schtetl. Sie fragten ihn immer dasselbe: ›Sag, Chaim. Wo ist dein Brunnen?‹

Und Chaim, der Wasserträger, fluchte und spuckte aus und sagte: ›Haut ab, ehe ich euch Beine mache.‹ Und er hob drohend die Wassereimer und das Joch mit den Wassereimerhaken. Im Grunde aber war Chaim ein gutmütiger Mensch, der niemandem was zuleide tat, so wie später auch Jankl, sein Sohn, der damals noch nicht geboren war.

Einmal aber ließ Chaim sich auf ein Gespräch mit den Gassenjungen ein. Als einer von ihnen fragte: ›Sag,

Chaim. Wo ist dein Brunnen?‹, da sagte Chaim: ›Nun, wo soll er denn sein?‹

›Na, wo?‹ fragte der Junge.

›Nirgendwo‹, sagte Chaim.

›Und warum?‹

›Na, warum schon‹, sagte Chaim.

›Hat dir etwa der Rebbe verboten, in deinem Hof einen Brunnen zu graben?‹

›Er hat es nicht verboten‹, sagte Chaim. ›Der Rebbe hat nur gesagt: Der Boden ist trefe.‹

›Und warum ist der Boden trefe, der Boden in deinem Hof?‹

›Weil dort mal ein Schweinestall war.‹

›Woher weißt du das?‹

›Ich weiß es nicht genau.‹

›Und wer soll denn dort einen Schweinestall gehabt haben?‹

›Ein Bauer.‹

›Was für ein Bauer?‹

›Ein schweinefleischfressender Bauer. Ein Ruthene.‹

›Und wie kommt der Ruthene in deinen Hof, um sich ausgerechnet dort einen Schweinestall anzulegen?‹

›Ihm gehörte die Hütte und auch der Hof, bevor sie meinem Großvater gehört haben.‹

›Ach, so ist das?‹

›So ist das‹, sagte der Wasserträger.

›Aber das kann doch nicht der einzige Grund sein ... das mit dem Schweinestall?‹

›Ist's auch nicht‹, sagte der Wasserträger, ›der andere Grund ist noch viel schlimmer.‹

›Und was ist denn schlimmer als ein Schweinestall?‹

›Ein Schweinefriedhof‹, sagte der Wasserträger.

›Schweinefriedhöfe gibt es aber nicht, weil die Gojim die Schweine doch fressen.‹

›Das stimmt‹, sagte der Wasserträger. ›Es war aber mal eine Seuche unter den Schweinen. Und der Ruthene, dem damals mein Hof gehört hat, der hat seine Schweine getötet, aber nicht gefressen.‹

›Hat er sie etwa begraben?‹

›Er hat seine Schweine angezündet‹, sagte der Wasserträger. ›Und er hat sie an Ort und Stelle verbrannt. Und die Asche hat er im Hof vergraben, so tief, daß die ganze Erde mit dem trefenen Tier verseucht ist. Und sicher ist auch das Grundwasser verseucht. Alles ist verseucht. Und wenn ich dort einen Brunnen grabe, dann würde ich trefenes Wasser trinken. Und alles an mir wäre trefe, mein Körper und meine Seele.‹

Als meine Großmutter mir sagte, daß wir endlich unseren Hahn schlachten müßten, und mich bat, ihn zu fangen, da kam der Wasserträger gerade in den Hof. Er sah, wie ich auf den Misthaufen zulief, und er sah, wie der Hahn wegflatterte.

›So kannst du den Hahn nicht fangen‹, sagte der Wasserträger. ›Nur beim Futtern kannst du ihn fangen.‹

›Und wie soll ich das machen?‹

›Ein paar Körner streuen‹, sagte der Wasserträger. ›Wenn er näherkommt, um zu picken, dann packst du schnell zu.‹

Wir versuchten es, aber es klappte nicht.

›Das ist ein kluger Hahn‹, sagte der Wasserträger. ›Er weiß ganz genau, was du willst.‹

›Was soll ich jetzt machen?‹

›Ich weiß es nicht‹, sagte der Wasserträger.

Inzwischen kamen meine Großmutter, meine Mutter, Resele und einige Marktweiber, die meine Großmutter besucht hatten, zu uns in den Hof, um uns zu helfen. Wir haschten alle nach dem Hahn, der immer wieder wegflatterte. Mit Tüchern und Säcken und dem schwarzen Sabbathut meines Großvaters haschten wir nach ihm.

Und dann kam der alte Zigeuner. Er sah den Hahn auf dem Rad des Ziehbrunnens. Und er redete eine Zeitlang mit dem Hahn, zärtlich gurrend, leise. Barfuß war der Zigeuner, und barfuß schlich er näher an den Ziehbrunnen heran. Der Hahn wackelte mit dem Kopf, als wüßte er nicht, ob er wegfliegen oder der beschwörenden Stimme des Zigeuners zuhören sollte. Aber der Hahn hörte zu und flatterte ein bißchen mit den Flügeln, flog aber nicht weg. Wie gelähmt saß der Hahn auf dem Brunnenrad.

Der Zigeuner hatte den Hahn schnell gepackt und meiner Großmutter gegeben. Die band ihm die Füße fest, steckte ihn in einen Korb, warf ein Tuch darüber, gab mir den Korb, lachte, sagte nur: ›So, Jossel. Warst du schon mal im Schlachthaus?‹

›Nein‹, sagte ich.

›Dann wird's aber höchste Zeit‹, sagte meine Großmutter. ›Nimm den Korb mit dem Hahn, geh ins Schlachthaus, red mit dem Schächter Reb Wichnitzer, sag ihm, du bist mein Enkel, ein Wassermann und Sohn von Debora und Schloime, selig soll er sein. Sag ihm: du bist der Verlobte von seiner Tochter Rebecca.‹

Ich war also verlobt«, sagte Onkel Jossel. »Auf dem Weg ins Schlachthaus fragte ich mich: Jossel, wieso bist du der Bräutigam von Rebecca, einem Mädchen, das du gar nicht kennst?

Auf dem Wege durchs Schtetl fragte ich einige Leute, ob sie mal was von Rebecca gehört hätten, der Tochter des Schächters Reb Wichnitzer. Eine der Marktfrauen auf dem Marktplatz sagte mir: ›Ja, die Rebecca, die ist drei Wochen alt. Die Frau des Schächters hat sie unlängst geboren.‹

›Sie ist meine Braut‹, sagte ich.

›So?‹ sagte die Marktfrau. ›Dann kann ich dir ja gratulieren. Der Schächter ist kein armer Mann. Sie kriegt eine gute Mitgift.‹

›Ich bin aber zu alt für sie‹, sagte ich. ›Ich bin schon fünf.‹

›Das spielt keine Rolle‹, sagte die Marktfrau. ›Auf die alten Knochen kommt's nicht an, sondern auf die Position eines Mannes, seinen Geldbeutel und sein Einkommen.‹

Einkommen heißt auf jiddisch *Parnusse*«, sagte Onkel Jossel. »Die Marktfrau sprach natürlich jiddisch mit mir, und ich erinnere mich: Sie gebrauchte das Wort *Parnusse*.«

»Ein wichtiges Wort«, sagte der Rechtsanwalt, »wenn auch nicht so wichtig wie das Wort *Thora*.«

»Hatten Sie mit fünf schon ein Einkommen?« fragte der Notar.

»Natürlich nicht«, sagte Onkel Jossel.

»Ich ging also mit dem Hahn ins Schlachthaus«, sagte Onkel Jossel. »Das lag in der Prinz-Eugen-Gasse, die aber von den Juden im Schtetl ›Schlachtgasse‹ genannt wurde. Da im Schlachthaus vom Schächter Wichnitzer aber nur Geflügel geschlachtet wurde, gab es natürlich noch eine zweite Schlachtgasse, und zwar in der Nähe des Bahnhofs ... Sie verstehen: fürs Rindvieh. Ein koscheres Schlachthaus war das, so wie das vom Schächter Wichnitzer. Ob es ein trefenes gegeben hat? Möchten Sie gerne wissen, wie? Nun, das hat es nicht gegeben. Denn die Bauern schlachteten ihr Vieh selber, meistens ihre Schweine, und die paar städtischen Gojim, vor allem die österreichischen Beamten, kauften bei den Juden ein. Wer Schweinefleisch wollte oder ähnliches trefenes Zeug, mußte zu den Bauern ins Dorf gehen. So war's.

Ich ging also mit dem Hahn ins Schlachthaus, paßte auf, daß er nicht wegflog, hatte Ärger mit ihm, denn obwohl die Füße gefesselt waren und Großmutter ihn in den Korb gesteckt und mit dem Tuch zugedeckt hatte, versuchte er irgendwie rauszukommen. Er pickte gegen das Tuch, warf es mehrere Male ab, schaffte es, den Kopf herauszustecken, in die Höhe zu schießen und mich in die Hand zu beißen. Der Hahn wußte genau, daß er den Misthaufen nie wieder sehen würde, auch nicht den Hof unserer Schenke oder gar die Hennen, die er bestiegen, und die, die er ausgespart hatte. Alle seine Küken würde er auch nie wieder sehen. Und Bogdan, das Pferd, würde er nicht mehr sehen. Und den Wachhund Chotko, der so hieß wie sein Vorgänger, eben Chotko. Nun, Sie wissen vielleicht, daß Chotko der berühmte Burghauptmann war, der auf der Burg von Cecina einst das Moldaufürstentum gegen die ganze Welt verteidigt hat. Auch den würde der Hahn nicht mehr sehen, ich meine Chotko, den Hund, und nicht den Burghauptmann. Nicht mal die Morgendämmerung würde der Hahn erleben und die ersten Sonnenstrahlen aus der Richtung des Pruth. Es war eben aus mit ihm. Oder fast aus.

Ich ging also dorthin, ließ mich von dem Hahn nicht beunruhigen, hieb ihm öfter auf den Kopf, steckte ihn zurück in den Korb und deckte ihn zu. Die Schlachtgasse war noch schmutziger als die Badgasse. Eine winzige Holzbrücke führte über einen Kanal, der voller Blut war. Das kam aus Wichnitzers Schlachthaus.

Wie immer war das Schlachthaus voller Weiber. Nicht alle waren Jüdinnen, denn die reichen Juden schickten ihre Dienstmädchen hierher – die meisten waren Rutheninnen und Rumäninnen –, die in ihrer Sprache miteinander redeten, obwohl sie mit den Jüdinnen in der Schlange standen. Ich sage: sie redeten, und ich sage: sie standen in der Schlange. In Wirklichkeit war es eher ein Geschnatter und Gekicher und Geschimpfe, und die Schlange war keine Schlange, denn vom geordneten Schlangestehen hatten die Leute in unserer Gegend nämlich noch nie was gehört. Vielmehr standen alle gestikulierend und schwatzend in der großen Halle herum, drängten und fluchten und lachten und stießen einander, schwenkten ihre Körbe oder Säcke, eben das, wo das Schlachtvieh drinlag, riefen dem Schächter was zu, versuchten zu mogeln, sich vorzudrängen, riefen: ›He, Reb Wichnitzer, was ist mit meiner Henne, die für den Eierhändler, wie lange soll ich noch warten?‹ – oder: ›Was ist? Man läßt mich nicht vor. Wie die *Chaijes* laufen hier alle rum!‹ Na, Sie wissen schon: Chaijes sind wilde Tiere. Chaijes sind wie die Gojim, wenn sie den Kopf verlieren und man sie nicht mehr im Zaum halten kann. Chaijes eben. Also drängte auch ich mich vor, versuchte zum Wichnitzer durchzukommen, schrie wie die Weiber, brüllte, rief: ›Reb Wichnitzer. Ich bin der Jossel. Jossel Wassermann. Ich hab einen Hahn. Kann ich mal durch? Meine Großmutter hat mich geschickt. Die Frau Wassermann. Die Frau von Leibl Wassermann.‹ – Die Weiber schoben mich zurück, versuchten, mich festzuhalten, mich wegzudrängen, dachten wahrscheinlich: Ein kleiner Junge, der kann warten. Inzwischen hatte sich mein Hahn befreit, flatterte plötzlich aus dem Korb heraus – trotz seiner gefesselten Füße –, flatterte wild schreiend über den Köpfen der Weiber. Ich haschte nach ihm, und ein paar Weiber halfen mir. Schließlich gelang es einem ruthenischen Dienstmädchen, den Hahn an den Beinen zu erwischen. ›Ist das deiner?‹ fragte sie. ›Ja, das ist meiner‹, sagte ich.

Endlich stand ich vor dem großen Schächter, ein furchterregender Mann, wie es mir damals schien, in seiner blutigen Schürze sah er wie ein Todesengel aus, ein jüdischer Todesengel mit einem schwarzen Käppi, blutigen Händen, der den Hühnern in einer Todesfabrik die Hälse durchschnitt, blitzschnell, ehe sie Zeit hatten, vor Entsetzen den Schnabel aufzureißen. Reb Wichnitzer verzog keine Miene, als er mich sah. Er packte meinen Hahn, untersuchte seine Federn, tastete ihn ab, prüfte seinen Gesundheitszustand mit Fingerspitzen und Augen – Sekunden dauerte das nur –, hob den Hahn dann hoch, murmelte etwas, das wie eine Beschwörung klang oder ein Gebet oder ein Segensspruch, schnitt meinem Hahn die Schlagader durch, auch ein Stückchen Hals, aber nur so viel, daß der Kopf nicht abfiel oder gar auf den Boden kullerte – nun, es war nur ein einziger Schnitt, alles Übungssache, präzise ausgeführt, kein Händezittern, ein koscherer Schnitt im Namen Gottes und mit reinem Gewissen. Heilig war der Schnitt und heilig auch die Hand, die nur ausführte, was Gott dem Menschen erlaubt hatte, und auf eine Art und Weise, wie die Gebote es vorschrieben, Gebote, die sich nicht darum kümmerten, ob mein Hahn seinen Misthaufen noch einmal sehen würde oder nicht oder die Hennen seines Harems und ihre Küken oder gar die Dämmerung frühmorgens und abends über dem Hof unserer Schenke und die ersten Sonnenstrahlen aus der Richtung des Pruth und die letzten aus der Richtung der nahen Karpaten. Tot war der Hahn, wurde aufgehängt mit den Beinen an einem langen, blutigen Draht über dem Kopf vom Wichnitzer, flatterte aber noch, und wie der flatterte. Ein toter Hahn, der flattert. Haben Sie schon mal so was gesehen? Nun, so war's. Ich sagte zu Reb Wichnitzer: ›Ich bin der Jossel. Jossel Wassermann. Ich bin mit Rebecca verlobt, Ihrer Tochter.‹ Aber Reb Wichnitzer sagte gar nichts, denn er hatte bereits das nächste Opfer gepackt und ihm den Garaus gemacht. Und er packte ein drittes und viertes, eines nach dem anderen, am laufenden Band. ›Ich bin der Jossel‹, sagte ich nochmals. Dann wurde ich weggedrängt.

Natürlich mußte ich warten, bis der Hahn ausgeblutet war. Juden dürfen kein Blut essen. Zu Hause würde man den Hahn rupfen und weiter ausbluten lassen, dann waschen und in eine Schüssel mit Salzwasser legen, bis der letzte Blutstropfen verschwunden war. Ich wartete also. Erst als der krumme, kraushaarige Helfer vom Reb Wichnitzer den Hahn vom Draht holte, in die Höhe hielt und fragte: ›Wem gehört dieser Hahn?‹ rief ich laut: ›Das ist meiner. Er gehört den Wassermanns.‹ Der Krumme hinkte durch die Menge, kam mit dem Hahn auf mich zu, gab ihn mir und hielt mir die braune Zigarrenschachtel hin, die angefüllt war mit Münzen, größeren und kleineren. Ich warf ein Geldstück hinein, sagte: ›Die Zigarrenschachtel ist dieselbe, die mein Großvater hinter der Theke hat, wo er nämlich sein Geld versteckt.‹

›Sie ist nicht dieselbe‹, sagte der Krumme, tätschelte meinen Kopf und sagte: ›Na, du bist doch der Verlobte von Rebecca.‹

›Ja‹, sagte ich.

›Hast du schon ihren Hintern gesehen?‹

›Nein‹, sagte ich. Dann ging ich mit dem Hahn nach Hause.

Die Gojim lachten, wenn sie im Sommer vor den offenen Fenstern der großen Synagoge standen und den Juden beim Beten zuguckten. Sie verstanden nicht, warum die Juden es so eilig hatten, warum sie den Körper hin- und herwiegten, warum sie murmelten und die Worte verschluckten, ehe sie richtig ausgesprochen wurden. Sie konnten auch nicht verstehen, warum die Juden während der Gebetspausen über ihre

Geschäfte sprachen, über Familienangelegenheiten oder über das Wetter. Kinder rannten in den Pausen hin und her, lachten, lärmten, und die Frauen sprachen über ihre Männer oder ihre Kleider oder Gelegenheitskäufe auf dem Wochenmarkt.

›Die Juden kennen keine Andacht‹, sagten die Gojim. ›Ihre Kirche ist keine Kirche.‹

Mein Großvater aber pflegte zu sagen: ›Der Tempel in Jerusalem wurde zerstört. Einen zweiten Tempel gibt es nicht.‹ Und er sagte: ›Eine Synagoge ist kein Tempel. Die Synagoge ist ein Versammlungsort, wo sich Juden treffen, um unter Juden zu sein, wo man sich trifft, wo man betet, wo man studiert oder nur Gedanken austauscht. Ein Jude kann im Grunde überall beten. Und die betende Gemeinde vor Gott ist an jedem Ort, wo zehn Männer anwesend sind.‹

Ich fragte ihn einmal: ›Müssen auch zehn Frauen anwesend sein, um eine betende Gemeinde vor Gott zu bilden?‹

›Nein‹, sagte mein Großvater. ›Der liebe Gott läßt sich lieber von den Männern beschwichtigen, weil er den Frauen nicht traut.‹

›Und warum traut er den Frauen nicht?‹

›Weil er zum Weibe gesagt hat: Sei keusch, damals, als er das Weib aus der Rippe des Mannes geschaffen hat. – Sei keusch, hat er gesagt, aber es hat nichts genützt.‹

›Hat der liebe Gott Angst vor den Frauen?‹

›Das ist möglich‹, sagte mein Großvater.

›Hast du Angst vor Großmutter?‹

›Ein bißchen‹, sagte mein Großvater.

Mein Großvater konnte Hebräisch lesen, aber wie die meisten verstand er nicht, was er las. Es geht den Juden mit dem Hebräischen wie den Gojim mit dem Latein. Da alle Gebete in der Sprache des Alten Testaments oder dem späteren Aramäisch gesprochen werden müssen, verstanden die meisten Juden gar nicht, worum sie den lieben Gott baten oder was sie an Lob oder zur Verherrlichung Seines Namens ihm zur Beschwichtigung sagten. Mein Großvater rasselte die Gebete schon frühmorgens in aller Eile herunter, wußte sowieso nicht, worum es ging, wußte nur, daß es ein notwendiges Ritual war, das ein Jude verrichten mußte, stand immer frühmorgens am Fenster, zog die Gebetsriemen an, murmelte das, was er nicht verstand, in Richtung des lieben Gottes, Worte verschluckend, in Eile, denn er wollte es hinter sich bringen, guckte dabei zum Fenster hinaus, grüßte die Leute, schielte nach dem Heringskarren, der irgendwann auftauchen mußte – frische Ladung für die Schenke –, guckte über die niederen Dächer der Nachbarhäuser, dort, wo die Gasse bergab lief, seitwärts also, auch über das Dach des Flickschneiders und etwas weiter über das Dach des Rebben, und sein Blick schweifte mal zum Himmel und wieder zurück auf die Erde und wieder über Dächer und Häuserlücken hindurch bis zum Wochenmarkt, den er nie ganz sehen konnte, nur den Ausschnitt eben vom Fenster der guten Stube, guckte also, betend und murmelnd, dachte dabei – und das ist nur eine Vermutung – an Heringe und Schnaps oder an meine Mutter, die er wieder verheiraten wollte, vielleicht auch an Resele, die keinen Verstand hatte, aber eine junge Frau war, und die man ebenfalls verheiraten mußte, irgendwann, nicht zu spät, denn die älteren Töchter waren ja alle unter der Haube, und auch meine viel älteren Brüder waren längst außer Haus – Resele? Eine Frau? Eine, die heulte und lachte und grinste und keiner wußte, warum. ›Es juckt dem armen Kind zwischen den Beinen‹, hatte der alte Zigeuner gesagt. ›Und sie weiß gar nicht, was das ist, ich meine, Herr Wassermann, wenn es dort juckt.‹ – Mögliche Gedanken meines Großvaters beim Herunterleiern des langen Morgengebetes, na ja, eben: meine Mutter und Resele und der Schnaps und der Heringskarren und noch viel mehr, vielleicht auch der Wochenmarkt und was er alles noch einkaufen mußte. Eines Tages würde auch ich frühmorgens am Fenster beten und die Leute draußen grüßen. Vielleicht würde auch ich dabei an Salzheringe denken und an Schnaps, das heißt, wenn ich mal so alt bin wie Großvater oder nicht ganz so alt, ja, wenn ich dreizehn bin und *Bar Mizwe* feiere, das Fest der Reife, wenn ich zum Mann erklärt werde, von allen Juden, von der Gemeinde, ein *Bar-mizwe-Junge*, ein ›Sohn der guten Tat‹, volljährig und bereit, die 613 Gebote zu übernehmen – zu viele sind es, na ja, das macht nichts, Gott weiß das, man tut, was man kann. Sicher würde ich beim Beten am Fenster mich so verhalten wie Großvater, und da ich jünger bin als er, nicht nur an Salzheringe denken und Schnaps und so'n Zeug, na, auch nicht nur an den Wochenmarkt, sicher würde ich auch an Rebecca denken und ihren Hintern, den ich noch gar nicht gesehen hab, obwohl die Leute mich damit necken: ›Na, du kleiner Hosenscheißer, du hast schon eine Braut, hast du schon die Titten gesehen oder ihren Hintern?‹

Völliger Schwachsinn. Ein kleines Mädchen wie Rebecca hatte zwar einen Hintern, aber gewiß keine Titten. Oder sie hatte schon welche, aber man sah sie noch nicht. Irgendwann muß ich mir Rebecca anschauen. Hat man schon mal so was gehört. Da hat ein Fünfjähriger eine Braut, und er weiß nicht mal, ob sie schwarze oder blaue Augen hat, oder vielleicht grüne oder graue. Die Leute necken mich. Ich aber will lieber mit Mottel spielen. Mottel ist lustig. Sein Vater ist Holzhändler, und Mottel sagte mir, daß er später mal, wenn der Goi, dem das Sägewerk gehört, krepiert, nun, daß er dann das Sägewerk kaufen würde.

›Hast du Geld, Mottel?‹

›Nein, Jossel. Aber mein Vater sagt immer: Unser Mottel hat ein jüdisches Köpfchen. Und wer ein jüdisches Köpfchen hat, der wird eines Tages ein Zadik oder ein reicher Mann.‹

›Was willst du sein, Mottel?‹

›Ein reicher Mann, natürlich‹, sagte Mottel.

Als wir etwas älter waren, stellten wir allerhand an. Mottel dachte sich immer neue Streiche aus. Einmal fanden wir den Wasserträger schlafend neben dem Brunnen des Eierhändlers. Wir banden ihm die Füße zusammen, und Mottel steckte dem schnarchenden Wasserträger einen Zigarrenstummel in den Mund. Davon erwachte Chaim. Er fluchte noch besser als ein Balegule, konnte uns aber nicht nachlaufen.

Die Laternen im Schtetl hatten damals noch kein elektrisches Licht, und auch Gaslaternen waren bei uns noch unbekannt. Der alte Nuchim, den wir auch

Schmatelatnik nannten oder Laternenschmatelatnik, zündete abends die Straßenlaternen an. Schmatelatnik nannten wir ihn, weil die Juden im Schtetl jeden Zerlumpten Schmatelatnik nannten. Eine *Schmatte* ist ein Fetzen oder ein Lumpen. Nun hatte zwar nicht jeder Zerlumpte einen Spitznamen, der sich auf seine Kleidung bezog, aber dieser, der alte Nuchim, war ein besonderer Zerlumpter, er war eben der Laternenschmatelatnik. Der alte Nuchim schlurfte allabendlich mit seiner Leiter und dem Naphthakännchen durch die Gassen des Schtetls, murmelte dabei vor sich hin oder summte ein Liedchen. Mottel und ich gingen ihm nach. Der Laternenschmatelatnik arbeitete langsam und ließ sich Zeit. Meistens, nachdem er Naphtha in den Behälter unter dem Glasschirm der Laterne geschüttet und den Docht angezündet hatte, verschnaufte er eine Weile neben der Leiter. Mottel und ich aber kletterten schnell auf die Leiter und machten das Licht wieder aus. Der Laternenschmatelatnik fluchte zwar, merkte aber immer zu spät, daß wir auf seiner Leiter waren. Einmal pinkelte er am Straßenrand. Als wir gerade auf der Leiter standen und die Laterne wieder ausmachten, drehte er sich plötzlich um und kam, wild gestikulierend und fluchend, auf uns zugewatschelt. Wir sprangen flink von der Leiter runter und rannten weg. Und da er alt und müde war, konnte er uns nicht mehr erwischen.

Als ich zum letzten Mal in Pohodna war«, sagte Onkel Jossel, »also im Sommer 1932, da traf ich auch den Schuster Katz und seine Tochter Rifke, die einen Buckel hatte. Aber damals, in den achtziger Jahren des vorigen

Jahrhunderts, waren beide noch nicht auf der Welt. Auch der Vater des Schusters, also der Großvater der buckligen Rifke, war noch ein kleiner Junge, nicht älter als Mottel und ich. Die Schusterwerkstatt wurde damals vom Urgroßvater der buckligen Rifke betrieben, der auch einen Buckel hatte, aber von Rifkes Buckel nichts wußte, da er zu diesem Zeitpunkt ja nicht einmal Rifkes Vater gezeugt hatte. Ich erzählte Ihnen das, weil die Schusterwerkstatt des Buckligen sich für unsere Jungenstreiche besonders eignete. Wenn der Bucklige gerade mal auf dem Plumpsklo war oder draußen im Hof die Hühner fütterte, schlichen wir uns in die Werkstatt und banden die Schnürsenkel aller Schuhe zusammen. Einmal überraschte uns seine Frau. Sie kam schreiend aus der Küche neben der Werkstatt und schwang einen großen Kochlöffel.

Wir klauten Abfälle beim Flickschneider nebenan, Stoffreste, die wir den Bauern verkauften. Auch vom Sattler, der des Rebben Nachbar war, holten wir Lederabfälle, für die es meistens Abnehmer gab. Einmal, als wir nichts verkaufen konnten, machten wir aus den Stoff- und Lederresten eine Puppe für Rebecca. Es war meine Idee, und Mottel, der kein Spielverderber war, half mir dabei. Die Puppe hatte einen dicken Bauch und schwarze Zöpfe und braune Schuhe. Mottel gab sie dem Dienstmädchen vom Reb Wichnitzer, während ich verlegen neben ihm stand. Mottel sagte zu dem Dienstmädchen: ›Das ist ein Geschenk für Rebecca von ihrem Verlobten, dem Jossel Wassermann.‹

Der Laternenschmatelatnik, die Schusterwerkstatt des

Buckligen, Rebeccas Puppe ... Erinnerungen, die nur noch für mich Bedeutung haben. So könnte ich pausenlos weitererzählen. Erinnerungen, die vergessen schienen, sind plötzlich wieder da, wecken andere, an die man ebenfalls nicht mehr gedacht hatte. Aber ich will Sie nicht langweilen.

Ich könnte Ihnen natürlich noch die Sache mit Seidenfadens Kaffeehaus erzählen. Sie werden sich erinnern: Ich erwähnte mal das Kaffeehaus von Moische Pipik. Nun, wissen Sie, es ist dasselbe. Pipik ist nur ein Spitzname. Es bedeutet *Magen*. Ganz einfach: ein Magen. Juden essen gerne Hühnermägen. Wenn meine Mutter mir so einen Hühnermagen beim Mittagessen zuschob, dann pflegte sie zu sagen: Da ... Jossele ... iß mal den Pipik, das ist gesund. Moische Pipik, der mit dem Blähbauch, hieß also in Wirklichkeit Moische Seidenfaden. Zu jener Zeit aber, als ich Rebecca die Puppe schenkte, war er gerade geboren, ein Wickelkind also. Das Kaffeehaus, das ja, wie ich bereits erzählte, ein Kramladen war, wurde damals von seinem Großvater geführt, dem alten Seidenfaden. Nun, der stand genauso wie später sein Sohn und noch später sein Enkel Moische Pipik vor dem Laden, lockte die Leute herein, damit sie bei ihm Tee trinken, Honigkuchen essen und Wiener Mehlspeisen, aber hauptsächlich, damit sie bei ihm einkaufen. Mottel und ich gingen oft zum alten Seidenfaden, denn die meisten Gäste kannten uns und spendierten was. Sie mochten mich besonders. Jedesmal, wenn ich in den Kramladen ging oder eben in das Kaffeehaus, lachten die Leute, streichelten meinen Kopf und machten Witze. Einmal sagte ein Kaftanjude zu mir: ›Na, Jossel. Was machen die Salzheringe? War der Kaiser wieder mal beim alten Leibl Wassermann?‹ Und dann mußte ich die Geschichte von den Salzheringen und dem Kaiser erzählen. Ich habe sie dann öfter erzählt, weil die Leute sie immer wieder hören wollten. Ich spielte sie ihnen vor, imitierte die alte Jente und den Kaiser und meinen Großvater. Die Leute sagten: ›Der wird mal ein Schauspieler oder ein Maisseserzähler‹ – *Maisses* sind jüdische Geschichten. Auch Mottel versuchte, Geschichten zu erzählen, aber er konnte es nicht so gut wie ich. Wie gesagt: Wir machten das nicht umsonst. Wir kriegten Kuchen und Tee und manchmal auch ein paar Kreuzer.

8

Als ich acht war, passierte die Sache mit Resele im Wald. Kurz darauf, als sie schwanger wurde, verheiratete mein Großvater sie mit Chaim, dem Wasserträger. Die Hochzeit wurde bei uns in der Schenke gefeiert, da die Hütte des Wasserträgers unten am Pruth zu klein war. Und wie das so ist: Obwohl der Wasserträger zu den Dorftrotteln gehörte – Pohodna ist zwar kein Dorf, und doch ist es ein Dorf, Sie verstehen schon, was ich meine, jeder kennt eben jeden –, nun, obwohl das so war und obwohl auch Resele nicht gerade eine Leuchte jüdischer Weisheit war, kamen viele Leute zur Hochzeit. Ich glaube, sie wollten meinem Großvater zeigen, daß sie ihm die Sache nicht übelnahmen, nun, ich meine: die Sache mit Reseles Schwangerschaft oder die Tatsache, daß Chaim, der Wasserträger, im Grunde ein Schandfleck der Familienehre war. Sie kamen. Auch Musikanten kamen. Es gab eine Menge Schnaps und auch Wein. Und Essen, nicht nur zum Sattessen. Die Trauung fand im Freien statt. Resele grinste unter dem Baldachin, den mein Großvater für das Paar gebaut hatte. Und auch der Wasserträger grinste. Und als er ihr den Ring anzog, lachten die Leute und rissen Witze.

Ich ging dann oft in die Hütte des Wasserträgers und meiner Schwester Resele, auch später, nachdem das tote Kind zur Welt gekommen war. Der Wasserträger hatte damals gesagt: ›Gott hat den Bankert verflucht. Das zweite wird er nicht verfluchen.‹ Und der Wasserträger sagte: ›Wir machen ein anderes Kind. Und das wird ein jüdisches Kind sein. Und so Gott will – wenn es ein Junge wird – werden wir es Jankl nennen.‹ – Aber das sollte noch lange dauern, denn Resele blieb viele Jahre unfruchtbar.

Irgendwann verschwand der alte Zigeuner. Wir wußten nicht, ob er zu seiner Sippe zurückgekehrt war, die angeblich in der Nähe des Serethflusses lagerte, nicht weit von dem Städtchen Sereth und dem Dorf Mihaleni. Der Zigeuner hatte mal gesagt, wenn die Sippe Ärger mit den Behörden hätte, dann zögen sie weiter, in manchen Jahren nach Rußland, manchmal nach Ungarn, Bulgarien und der Türkei, aber sie kehrten immer zum Sereth zurück, der ein friedlicher Fluß war wie der Pruth und ganz in der Nähe, am Rande der Karpaten, durch des Kaisers Lande floß. Vielleicht war er tatsächlich wieder bei der Sippe, oder er trieb sich allein in der Gegend herum, möglicherweise in den Hügeln auf der anderen Seite der Brücke, dort wo sich die Maisfelder bis zum Sägewerk zogen, hinter dem schon der Wald anfing, ein Schlupfwinkel böser Geister und hungriger Wölfe. Vielleicht schlief der Zigeuner einen langen Schlaf in den sommerlichen Maisfeldern, vielleicht bei dem Weg, wo ein Kruzifix stand, vor dem die Gojim niederknieten und beteten oder scheu vorbeigingen und das Kreuz schlugen. In der Nähe des Kreuzes mit dem angenagelten Christus stand auch die schwarze Vogelscheuche, die keinen Namen hatte, aber seit Jahren die Vögel am Himmel erschreckte. Ich stellte mir oft vor, daß der alte Zigeuner eher vor der Vogelscheuche betete anstatt vor dem Kruzifix, denn ich hatte ihn einmal gefragt: ›Glaubst du an den lieben Gott?‹ Und er hatte gesagt: ›Ich glaube an die Jahreszeiten und daran, daß nach der Schneeschmelze der Sommer wiederkommt, irgendwann, man muß nur Geduld haben und warten.‹

Nach dem Verschwinden des alten Zigeuners hatte mein Großvater einen anderen Gehilfen angestellt. Diesmal wieder einen Juden, aber einen, der ehrlich war. Wir nannten ihn Goldzahn, weil er keine Zähne im Mund hatte und weil er gleich am ersten Tag zu meinem Großvater gesagt hatte: ›Wenn ich wenigstens einen einzigen Zahn im Mund hätte, dann könnte ich so richtig in einen Salzhering hineinbeißen.‹

›Zwei wären besser‹, hatte mein Großvater gesagt. ›Oder drei oder vier.‹

›Ich brauche nur einen‹, hatte der neue Gehilfe gesagt. ›Und der müßte aus Gold sein.‹ Und er hatte hinzugefügt: ›So wahr ich der Sohn von Reb Lemberger bin, der ein guter Dentist war, aber leider an der Cholera gestorben ist.‹

›Reb Lemberger?‹ hatte mein Großvater gesagt. ›Der Dentist? Ich habe ihn noch gekannt.‹

Also: Goldzahn war ein ehrlicher Mann. Mein Großvater war zufrieden mit ihm. Er trank nicht, aß wenig, machte seine Arbeit ohne zu murren, schniefte nur oft, denn er hatte eine zu große und immer leicht geschwollene Nase, war freundlich zu den Bauern und auch zu den Juden am runden Tisch, beklagte sich nie, ging regelmäßig in die Betstube, betete oft und zu den vorgeschriebenen Zeiten, kam manchmal mit den Gebetsriemen und Gebetskapseln in die Schenke, zog sie erst aus, wenn die ersten Gäste kamen, frühstückte hastig in der Küche mit meiner Mutter und den Großeltern, sagte: ›Das ist der beste Kaffee im Schtetl. Machen Sie auch Tee?‹

›Auch Tee‹, sagte meine Großmutter. ›Das hängt davon ab, ob Leibl Wassermann, der Chef, Zwiebeln zum Frühstück ißt oder nicht.‹

Nun, so war er, der Reb Goldzahn. Wir mochten ihn. Und ganz besonders Großvater.

Einmal fragte ihn Großvater: ›Sagen Sie, Reb Goldzahn. Haben Sie nicht Lust zu heiraten?‹

›Lust schon‹, sagte Goldzahn, ›aber ich war schon zweimal verheiratet. Und ich habe acht Kinder. Und sie wohnen bei meinen Schwestern, einige bei der einen und einige bei der anderen.‹

›Also, Sie haben Lust dazu?‹

›Lust schon‹, sagte Goldzahn, ›aber ich habe kein richtiges Einkommen – die Parnusse, Sie verstehen.‹

›Verdienen Sie etwa nicht genug bei mir?‹

›Gott bewahre‹, sagte Goldzahn. ›Ich bin zufrieden.‹

›Also warum wollen Sie dann nicht heiraten?‹

›Weil es genug für mich ist, aber nicht genug, um eine Familie zu ernähren.‹

›Wie wär's, wenn Sie gleich in meiner Familie bleiben? Nun, Sie wissen schon, was ich meine?‹

›Ich verstehe, Herr Wassermann‹, sagte Goldzahn.

›Meine Tochter Debora ist Witwe. Und sie ist nicht die Schlechteste.‹

›Ich verstehe, Herr Wassermann‹, sagte Goldzahn.

Mein Großvater wollte doch tatsächlich meine arme

Mutter mit dem zahnlosen Sohn des an der Cholera verstorbenen Dentisten Lemberger verheiraten. Zugegeben: Meine Mutter war keine schlechte Partie, andererseits war sie nicht mehr die Jüngste und hatte – wenigstens stand das damals für mich fest – nicht den geringsten Charme. Aufgeschwemmt und rundlich stand sie in der Küche, kümmerte sich um das Feuer im Herd, die Suppe im Topf, die Hühner im Hof, fütterte auch den Hund Chotko und Bogdan, das Pferd. Meine Mutter sollte also wieder heiraten.

Meine Mutter wollte aber nicht. Sie sagte: ›Wie kann ich den ewig verschnupften, zahnlosen Sohn vom Dentisten Lemberger – Gott hab ihn selig, ich habe ihn gekannt, und er hat mir mal einen Zahn gezogen –, also: wie könnte ich den heiraten. Kann ich ihn etwa mit meinem Schloimele vergleichen – Gott hab ihn selig, der war so ein feiner Mensch –, einer, der ein Schriftgelehrter war, ein richtiger Zadik, der Zähne im Mund hatte, nicht so wie Goldzahn, und der schmale, zarte Hände hatte und lange Finger wie ein Klaviermusikant und große strahlende, dunkle Augen, ein Heiliger war er, und jener, der Goldzahn, hat verschwommene Blauaugen, so wie ein Säufer, obwohl er gar nicht trinkt, nun, ich weiß nicht warum, Gott hat die Augen verwässert, wie sollte ich den heiraten. Gott bewahre mich davor, mich, Debora, die Tochter von Leibl und Malke Wassermann und die Mutter meiner Kinder, vor allem die Mutter vom kleinen Jossele, der noch bei mir ist...‹ Nun, das hat meine Mutter gesagt.

Mottel und ich banden manchmal den Kettenhund

Chotko los und auch Bogdan, das Pferd. Was wir mit den beiden machten? Wollen Sie das wissen? Nun, wir ritten beide, Mottel und ich, hinunter zum Pruth. Der Wachhund lief hinterher. Dort badeten wir zu viert, schwammen bis zur Brücke, dann gegen den Strom und wieder zurück, bis wir erschöpft waren, zum Ufer schwammen und uns dort ausruhten.

Einmal gingen Mottel und ich und auch Bogdan und Chotko, der Hund, quer durch die Maisfelder bis zu der Stelle, wo das Kruzifix stand und die namenlose, schwarze Vogelscheuche. Mottel sagte: ›Beim nächsten Mal bringe ich eine Mohrrübe mit. Die stecke ich der Vogelscheuche in den Mund.‹

›Die Vögel werden sie aber auffressen‹, sagte ich.

›Nein‹, sagte Mottel. ›Die Vögel haben Angst vor der Vogelscheuche.‹

›Woher weißt du das?‹

›Weil ich ihr schon mal eine Mohrrübe in den Mund gesteckt habe, im Sommer war das, vorigen Sommer, und Monate später war die Mohrrübe noch da, nicht mal angenagt.‹

›Die Vögel haben also Angst?‹

›Ja‹, sagte Mottel.

Wir spielten eine Zeitlang mit dem Hund, balgten uns im Feld, liefen dem Pferd hinterher, das wir nicht angebunden hatten, fingen es ein und banden es am Kruzifix fest.

›Vielleicht will der Heiland der Gojim mit Bogdan in den Himmel reiten‹, sagte Mottel.

›Ist er nicht schon im Himmel?‹

›Eigentlich ja‹, sagte Mottel.
›Woher weißt du das?‹
›Der Pope hat's mal erzählt.‹
› Wem denn?‹
›Dem Ruthenen Fediuk.‹
›Diesem Säufer?‹
›Ja, genau dem.‹

Auf dem Weg, der zur Landstraße nach Sniatyn führte, kam ein jüdischer Hausierer entlang, einer mit Querstock und Säckel, im Kaftan und schwarzem Hut und groben Bauernstiefeln.

›Das ist Reb Feigenbäum‹, sagte Mottel. ›Er ist ein Zadik, ein richtiger Thoramensch, der aber mit Lumpen handelt, die er den Bauern verkauft. Und er hat auch Strumpfbänder in seinem Sack und Schnürsenkel und steuerfreien Tabak.‹

›Na, ihr Strolche‹, sagte Reb Feigenbäum. ›Was macht ihr neben der Vogelscheuche und dem Kruzifix?‹

›Gar nichts‹, sagte Mottel.

›Haben wir uns nicht schon mal im vorigen Sommer getroffen?‹

›Ja‹, sagte Mottel.

›Damals hast du doch der Vogelscheuche was in den Mund gesteckt?‹

›Eine Mohrrübe‹, sagte Mottel.

›Und wo ist die Mohrrübe?‹

›Ich weiß es nicht‹, sagte Mottel.

›Sicher haben die Vögel sie gefressen.‹

›Nein‹, sagte Mottel. ›Die Vögel haben Angst vor der Vogelscheuche.‹

›Vielleicht haben die Vögel bloß Angst vor dem Kruzifix?‹

›Das ist auch möglich‹, sagte Mottel.

›Egal‹, sagte Reb Feigenbäum. ›Wenn die Vögel die Mohrrübe nicht geklaut haben, dann hat sie ein Goi geklaut.‹

›Vielleicht ein Jude‹, sagte Mottel.

›Nein‹, sagte Reb Feigenbäum. ›Es war bestimmt kein Jude.‹

›Ein Jude klaut keine Mohrrübe aus dem Mund einer Vogelscheuche‹, sagte Reb Feigenbäum.

›Und warum nicht?‹

›Weil man nicht weiß, was die Vogelscheuche nicht schon alles im Mund gehabt hat.‹

›Was denn?‹ fragte Mottel.

›Nun, zum Beispiel, den Schwanz eines toten Schweines, den ein ruthenischer Bauer ihr zum Spaß hineingesteckt hat.‹

›In den Mund?‹

›Natürlich in den Mund.‹

›Könnte es auch ein polnischer Bauer gewesen sein?‹

›Ja‹, sagte Reb Feigenbäum.

›Oder ein rumänischer oder vielleicht einer von den Lippowanern oder Huzulen oder gar ein Zigeuner?‹

›Auch möglich‹, sagte Reb Feigenbäum.

Reb Feigenbäum deutete mit dem Zeigefinger auf das Kruzifix, an das noch immer Bogdan angebunden war, Bogdan, der friedlich vor dem Gekreuzigten graste, neben Chotko, dem Hund, der ans Kreuz gepinkelt hatte und leise winselnd um das Pferd und den Heiligen am Kreuz herumschlich.

›Dieser da heißt Jesus‹, sagte Reb Feigenbäum, ›aber die jiddischsprechenden Juden nannten ihn später Jossel‹.

›Ich heiße Jossel‹, sagte ich.

›Dann hieß er eben so wie du‹, sagte Reb Feigenbäum.

›War er auch ein Jude?‹

›Natürlich war er auch ein Jude‹, sagte Reb Feigenbäum.

›Und ist er ein Heiliger?‹

›Er ist der Messias der Gojim‹, sagte Reb Feigenbäum.

›Haben wir einen anderen Messias?‹

›Wir haben einen anderen‹, sagte Reb Feigenbäum. ›Aber unserer ist noch nicht gekommen, und wenn er kommt, dann wird er den Frieden bringen.‹

›Ist Jesus schon gekommen?‹

›Natürlich‹, sagte Reb Feigenbäum. ›Er war längst da, der Messias der Gojim.‹

›Und hat er den Frieden gebracht?‹

›Nein‹, sagte Reb Feigenbäum.

›Auch nicht den Gojim?‹

›Die wollen ihn gar nicht‹, sagte Reb Feigenbäum. ›Die wollen ihn erst im Himmel.‹

›Hat dieser Jossel so ausgesehen wie der am Kreuz?‹ fragte ich Reb Feigenbäum.

›Nein‹, sagte Reb Feigenbäum.

›Dann ist es ein falsches Bild?‹

›Ein falsches Bildnis‹, sagte Reb Feigenbäum. ›Es ist eine Verfälschung.‹

›Und warum?‹

›Die Frage ist‹, sagte Reb Feigenbäum, ›warum sie überhaupt ein Abbild von ihm machen.‹

›Ja, warum eigentlich?‹ fragte ich.

›Weil der gläubige Goi keine Phantasie hat‹, sagte Reb Feigenbäum. ›Er braucht etwas, was er sehen und anfassen kann.‹

›So wie die Heiden?‹

›Genau so‹, sagte Reb Feigenbäum.

›Was sind eigentlich Christen?‹ fragte Mottel.

›Das sind Leute, die von der Nächstenliebe reden, aber gar nicht wissen, was Nächstenliebe ist.‹

›Wieso reden?‹ fragte Mottel.

›Nun‹, sagte Reb Feigenbäum. ›Ihre Priester predigen die Liebe in den Kirchen, aber sie praktizieren den Haß.‹

›Kennen sie den Unterschied nicht?‹

›Nein‹, sagte Reb Feigenbäum. ›Sie kennen den Unterschied nicht.‹

Und Reb Feigenbäum sagte: ›Ihre Priester haben die Frauen und die Juden verbrannt.‹

›Richtig verbrannt?‹

›Ja‹, sagte Reb Feigenbäum.

Und Reb Feigenbäum sagte: ›Ihre Priester hassen die Juden, und sie hassen die Frauen. Sie verbrannten die Juden in Spanien, weil die Juden von ihrem Glauben nicht lassen wollten. Und sie verbrannten die Frauen, weil falsche Zeugen, die von den Priestern gekauft wurden, gesagt haben, sie wären Hexen. Und am liebsten hätten sie alle Juden verbrannt und alle Frauen, aber dazu reichte ihre Macht nicht.‹

›Wie ist das mit der Macht?‹ fragte Mottel.

›Nun, wie soll das schon sein‹, sagte Reb Feigenbäum. ›Wer geschickt ist und ganz oben sitzt, der hat die Macht, und wer unten sitzt, der muß gehorchen.‹

›Und wenn er nicht will?‹

›Dann wird er totgeschlagen oder verbrannt‹, sagte Reb Feigenbäum. ›Denn wer die Macht über die Menschen hat, der hat auch die Macht über den Knüppel oder die Macht über das Feuer.‹

›Wie sehen Frauen aus, die brennen?‹ fragte Mottel.

›Das weiß ich nicht‹, sagte Reb Feigenbäum.

›Und Juden?‹

›Das weiß ich auch nicht.‹

Frauen und Juden fürchten das Feuer«, sagte Onkel Jossel, »und trotzdem zündet die jüdische Hausfrau am heiligsten aller Tage die Sabbatkerzen an und freut sich an den Flammen, und sie wird sie nicht auslöschen, auch nachts nicht, wenn sie zu Bett geht, weil sie dem lieben Gott vertraut, der die Flammen der Kerzen irgendwann in der Nacht fürsorglich auslöscht. ›Der Sabbat ist die Krönung der Woche‹, pflegte mein Großvater zu sagen, ›und er kommt zu den Juden wie eine königliche Braut aus dem Reich des Friedens.‹

Als meine älteren Brüder und Schwestern noch zu Hause waren, wurde oben in der guten Stube der lange Tisch ausgezogen, damit die ganze Familie Platz hatte. Meine Großmutter band sich ihr bestes Kopftuch um, zündete bei Einbruch der Dunkelheit die Sabbatkerzen an und sprach den Segensspruch mit geschlossenen Augen: ›Gesegnet seiest Du, o Herr, unser Gott, König des Universums, der Du uns geweiht hast mit Deinen Geboten und uns befahlst, das Sabbatlicht zu entzünden.‹ Beim Segensspruch hielt Großmutter die Hände vor die Augen, aber so, daß die Handflächen dem brennenden Kerzenlicht zugewandt waren. Großmutter hatte flinke, aber etwas zu kurz geratene Arme, die der liebe Gott, dessen Gründe unergründlich sind, aus eben diesem unergründlichen, aber sicherlich wichtigen Grund vergessen hatte, in die menschenübliche Länge zu ziehen, wie zum Beispiel bei meiner Mutter oder meinen älteren Schwestern, die ja auch jüdische Frauen waren, und so sah es ein bißchen komisch aus, wenn Großmutter die kurzen Arme in die Höhe hob, um die kleinen, rauhen Hände beschwörend über den Flammen der Kerzen kreisen zu lassen. Großmutter betete auf hebräisch, einer Sprache, die sie ebensowenig verstand wie mein Großvater. Deshalb murmelte sie nach dem Segensspruch immer noch etwas auf jiddisch, ganz leise, damit es nur der liebe Gott hören konnte. Ich habe nie gewußt, was sie dem lieben Gott anvertraute, aber ich nehme an, daß es um die Gesundheit ging und die Parnusse und um das Wohlergehen der ganzen Familie. Großmutter weinte dann und wischte sich die Augen mit dem Zipfel des sabbatlichen Kopftuches.

Beim Essen saß mein Großvater am Ende des Tisches, ein Patriarch, der die königliche Sabbatbraut mit einem Glas Wein begrüßte und einem Segensspruch und der zuallererst das Brot anschnitt – eines der beiden Weißbrote, die wir *Challe* nannten und die

Mutter zu zwei Brotzöpfen geflochten hatte – doppelte waren es, weil der liebe Gott doch damals in der Wüste Sinai am Ende des Sechsten Tages doppelt Manna regnen ließ –, so war es, also: Er schnitt eines der beiden weißen Brote an, sprach den Segensspruch, vergaß nicht das Salz, das er aufs Brot streute, gab uns zu kosten vom Wein und vom Brot und vom Salz.

Natürlich aßen wir Fisch am Sabbat, aber das waren keine Salzheringe, sondern fette Karpfen, tüchtig gewürzt, in einem Fischgelee. Die Vorspeise war das. Und dann gab's Hühnersuppe mit Nudeln, die so fett war, daß die Fettkringel immer über den Löffel schwappten. Und wir aßen gekochtes Huhn – mir, dem Kleinsten, gaben sie meistens die Flügelchen, obwohl ich Flügelchen gar nicht mochte, und auch meistens den Magen, na, den ›Pipik‹ eben –, und Meerrettich gab's zum Huhn, roten, denn Mutter bereitete ihn mit roten Rüben zu, und Kartoffeln gab's und süße Mohrrüben mit getrockneten Pflaumen. Und Mehlspeise und Tee und selbstgemachtes Zuckergebäck. Später, als meine älteren Brüder und Schwestern fortgegangen waren, zogen wir den langen Tisch nicht mehr aus.

Mein Freund Mottel stimmte zwar mit meinem Großvater überein, nämlich, daß der Sabbat die Königin aller Tage war, obwohl er, wie jeder Tag, mit der Nacht anfing, wenn die Sonne unterging und der erste Stern am Himmel stand, und er war auch ebenso wie mein Großvater überzeugt, daß der folgende Tag, also der Sabbattag, zum Ausruhen bestimmt war und zur inneren Einkehr, der Tag, an dem jeder Jude weder an seine

Geschäfte denken noch Haß, Groll oder Unmut im Herzen oder Geld in der Tasche tragen durfte. Mottel sagte aber: ›Der Sabbat ist zwar der heilige Tag der Juden, aber auch der langweiligste Tag.‹ Denn am Sabbat durften wir Bogdan nicht aus dem Stall holen, weil auch das Tier ruhen mußte wie der Mensch – ›na ja‹, sagte Mottel, ›Bogdan ist auch nur ein Lebewesen‹ –, und wir durften am Sabbat nicht im Pruth schwimmen oder ein Lagerfeuer anfachen, um Maiskolben zu braten, auch nicht Ball spielen oder Steinschlacht mit den Chederjungen neben der Brücke, dort, wo mal ein Steinbruch gewesen war. Mottel, der von dem jüdischen Fiddler Rieven Federmann ab und zu Geigenunterricht erhielt, durfte am Sabbat keine Geige spielen und vor allem: Wir durften kein Maiskraut rauchen, nicht mal verstohlen unten an der Brücke oder oben auf dem Hügel neben dem Christus und der schwarzen Vogelscheuche... nicht mal dort auf einsamen Wegen oder im Maisfeld, weil der liebe Gott alles sah und man vor ihm nichts verbergen konnte.

Still war es im Schtetl am Sabbat, und der Markt lag so verlassen da, als wären die Juden nicht mehr am Handel interessiert oder an dem Gefeilsche und den Streitereien mit den Bauern oder dem Ärger mit den Behörden und ihren Vertretern, vor allem dem zuständigen Polizisten am Marktplatz, dem Ruthenen Nicolai Fransziuk, dem Sohn des früheren Polizisten Gregory Fransziuk. Und der war immer anwesend, nicht nur am Tag des Wochenmarkts, sondern auch an gewöhnlichen Tagen, weil ja immer irgend etwas auf dem Markt los war und eine Menge Leute herumstanden, so oder so. Am Sabbat aber war nicht mal er da, eben der Ruthene Nicolai Fransziuk, Sohn des Gregory Fransziuk.

Da wir kein Dienstmädchen hatten, schickte der Schächter Reb Wichnitzer am Sabbat immer sein Dienstmädchen zu uns – für eine Stunde oder so –, um die Petroleumlampen anzuzünden oder das Feuer im Herd zu schüren, denn am Sabbat war für den Juden jede Art des Feuerentfachens verboten. Irgendwann mal sagte mein Großvater: ›Eigentlich müßten wir auch eine haben.‹

›Was haben?‹ fragte meine Großmutter.

›Nun, was schon‹, sagte mein Großvater. ›Ein Dienstmädchen.‹

Es war höchste Zeit, denn es schickte sich nicht, daß bessere Familien keine hatten, ich meine: kein Dienstmädchen hatten. Und davon gab es genug. Meistens jagten die Bauern ihre Töchter mit sieben aus dem Haus, und sie kamen dann ins Schtetl und boten den Juden ihre Dienste an. Manche dieser Mägde waren schon älter, zum Beispiel Lydia. Die war schon zwölf. Und sie hatte schon richtige Titten. Und wenn sie barfuß über den Hof ging, wackelte sie mit dem Hintern und guckte sich ab und zu lachend um, um zu sehen, ob ich, Jossel Wassermann, der inzwischen schon neun geworden war, den wackelnden Hintern bemerkt hätte. Nun, Lydia wurde unser Dienstmädchen, nach einer kurzen Probezeit, meine ich. Mutter sagte nämlich: ›Sie ist zwar schon zwölf, und einem alten Hund kann man keine neuen Tricks beibringen, wie das so heißt, aber Lydia, die Tochter des ruthenischen Kleinbauern Petsziuk, ist eine Ausnahme. Die hat Köpfchen. Und noch gar nicht verkalkt. Stellt euch vor: Sie weiß schon, was koscher ist. Sie kennt schon den Unterschied zwischen Milchgeschirr und Fleischgeschirr, und sie begreift auch, warum ein Fisch neutral ist und auf jedem Teller liegen kann, was bei Speisen aus Milch oder von Tieren über dem Wasser nicht der Fall ist. Sie weiß sogar schon, wie man ein Huhn koscher macht, nun ihr wißt schon, was ich meine: Sie läßt es vorschriftsmäßig ausbluten, kann auch vorschriftsmäßig salzen, und sie weiß, wie lange so ein Huhn in Salzwasser weichen muß, bis auch das letzte Blut, ich meine der letzte rote Tropfen heraus ist. Und ich habe ihr auch erklärt, daß wir bald Pessach haben, nämlich das Fest – hab ich zu ihr gesagt – vom Auszug der Kinder Israel aus Ägypten, und wie das ist mit dem Pessachgeschirr, weil wir doch an diesem Feiertag anderes Geschirr haben, denn das alte Geschirr, das mit Mehl und Brot und Teig und so weiter in Berührung gekommen ist, darf doch eine Woche lang nicht benützt werden, ich meine: während der Pessachwoche, weil Brot während dieser Woche verboten ist und überhaupt alles, was aus Gesäuertem besteht. Nun, weil das eben so ist. Und ich habe zu ihr gesagt: Lydia. Weißt du, was *Chumez* ist? Und weil sie's nicht wußte, hab ich gesagt: Nun, Chumez ist Chumez. Was soll das schon sein. Es ist alles, was am Pessachfest verboten ist, vor allem gesäuertes Brot. Deshalb müssen wir vor dem Pessachfest das ganze Haus säubern und alles entfernen, was irgendwie nach Brot aussieht oder gar welches ist, verstehst du, alles. Es muß so aussehen, als ob das Brot aus der Welt verschwunden ist, um den Matzen Platz zu machen, nämlich dem ungesäuerten Brot, das uns Gott gegeben hat, als wir damals auszogen.‹

›Wo auszogen?‹ fragte Lydia.

›Nun, wo schon‹, sagte meine Mutter. ›Aus Ägyptenland.‹

Als das Pessachfest nahte, säuberten die Frauen das ganze Haus. Mutter streute absichtlich ein paar von den verbotenen Brotkrumen in entfernteste Ecken, um zu sehen, ob sie am nächsten Tag noch dort lagen oder ob sie, vor allem von Lydia, wirklich weggefegt waren. Meine Mutter war nicht dumm. ›Na, Lydia‹, sagte sie, ›hast du gemerkt, wie ich euch und vor allem dich kontrolliere?‹

›Sie meinen die Brotkrumen?‹ sagte Lydia. ›Ich hab sie entdeckt. Weg sind sie. Sie werden nirgendwo im ganzen Haus Brotkrumen finden.‹

Lydia war eben auch nicht dumm, obwohl sie von den Gojim abstammte. Sie fragte nur: ›Und was essen die Juden an diesem Fest anstatt Brot?‹

›Matzen‹, sagte meine Mutter. ›Ich hab dir das schon erklärt. Eben das ungesäuerte Brot.‹

›Und warum ist das für die Juden so wichtig?‹

›Es ist das Brot der Freiheit‹, sagte meine Mutter. ›Als wir auszogen aus Ägyptenland, wurden wir frei.‹

Während des Passahfestes sagte Lydia: ›Diese Judenmatzen schmecken wirklich gut. Besonders gut aber schmecken die Matzeklöße.‹

›Ja‹, sagte meine Mutter. ›Besonders unser Jossele ißt sie gern.‹

Ich sagte: ›Es gibt nichts Besseres als Matzeklöße.‹

Meine Mutter sagte: ›Man nennt sie auch Matzeknödel.‹

Lydia fragte mich mal, ob ich schon eine echte Titte angefaßt hätte.

Ich sagte: ›Nur bei der Kuh vom Viehhändler. Die Dienstmagd ließ mich mal melken.‹

›Und hat dir das Spaß gemacht?‹

›Nein‹, sagte ich. ›Die Kuh hat mich nämlich getreten.‹

›Weil du nicht richtig angepackt hast‹, sagte Lydia.

›Ich hab aber richtig angepackt.‹

›Nein‹, sagte Lydia. ›Wenn ein Mann richtig anpackt, dann wird er nicht getreten.‹

›Nun, ich weiß nicht‹, sagte ich.

›Ich weiß es aber‹, sagte Lydia.

Lydia sagte: ›Stimmt es, daß du mit Rebecca verlobt bist, der Tochter des Schächters Reb Wichnitzer?‹

›Ja‹, sagte ich.

›Haben die jüdischen Frauen dasselbe Loch wie die Christinnen?‹

›Woher soll ich das wissen?‹

›Mein Vater hat mal im Suff gesagt, die hätten gar keines.‹

Rebecca! Ich sah sie zum ersten Mal, als uns Reb Wichnitzer mit seiner Frau und den acht Kindern in der Schenke besuchte. Mutter kam gerade aus der Küche – mit einer Heringsschüssel –, ging aber zur Eingangstür, um auch mal auf die Straße zu gucken ... und sah die

Wichnitzers draußen stehen, nun eben, vor unserer Schenke. Sie alarmierte Großvater und Großmutter, die gerade bedienten, hatte noch Zeit, sich die Hände an der Schürze abzuwischen, sich übers Haar zu streichen, in die Küche zurückzurennen, ins halboffene Küchenfenster zu gucken, dessen Hintergrund im Schatten lag und ihr Gesicht widerspiegelte, sich das Kleid zu glätten, zurück in die Schenke zu rennen, zum Eingang, wild gestikulierend, mit verzerrtem Lachen, winkend. ›Reb Wichnitzer‹, rief sie. ›Bitte, treten Sie doch ein! Und die Familie! Treten Sie bitte näher! Die Salzheringe beißen nicht. Und kümmern Sie sich bitte nicht um die Besoffenen. Es sind nur Gojim. – Und wir können raufgehen, in die Wohnung, die gute Stube natürlich, ich habe gerade aufgeräumt. Und möchten Sie und Ihre liebe Frau und die Kinderchen einen Schnaps? Und ein Stück Honigkuchen? Und vielleicht etwas Wasser mit Rosensirup und vielleicht, wenn Sie nichts gegen Rum haben, ein paar gegorene Weichseln mit Rum und Zucker, so wahr ich lebe, ein echter *Vychniak*, nach eigenem Rezept.‹

Nun: Wir ließen die Besoffenen unter sich, sagten zu Goldzahn, dem Gehilfen, er würde das schon schaffen, alleine, denn wir müßten mit den Wichnitzers in die gute Stube, wie sich das gehört. Nun: Wir gingen also alle rauf in die gute Stube, ich nahm Rebecca bei der Hand – sie war gerade vier und quasselte dummes Zeug, was mich ärgerte –, nahm sie also bei der Hand und ekelte mich ein bißchen.

›Rebecca ist die Jüngste‹, sagte Frau Wichnitzer, ›sie hat bis vor kurzem noch das Bett genäßt, aber jetzt nicht mehr.‹

›Sie ist ein gutes Kind‹, sagte Reb Wichnitzer.

›Ja‹, sagte Frau Wichnitzer. ›Sie ist ein gutes Kind, aber das letzte Kind. Es ist genug.‹

›Na, na‹, sagte Reb Wichnitzer. ›Wir sind noch nicht so alt. Ein paar könnten wir noch machen. Was meinen Sie dazu, Frau Wassermann?‹

›Es ist Gottes Wille‹, sagte meine Mutter. ›Und auf ein paar mehr oder weniger kommt's dem lieben Gott nicht an.‹

›Sie irren sich‹, sagte Reb Wichnitzer. ›Gott zählt jedes Kind. Und je mehr man macht, um so mehr freut er sich. Jedes Kind ist eine gute Tat und wird später in der kommenden Welt zu den guten Taten gerechnet.‹

›Glauben Sie, daß Gott wirklich rechnet?‹

›Das ist gar keine Frage‹, sagte Reb Wichnitzer.

Während meine Mutter und auch meine Großmutter die Wichnitzers mit leckeren jüdischen Sachen fütterten, auch die *Schmettentorte* anschnitten, die aus saurer Sahne, Mandeln und Blätterteig gemacht wird, und tüchtig Schnaps einschenkten, auch für die kleinen Kinder, denen Schnaps nicht schadet, denn er regt die Verdauung an und die Lebensgeister, also: Während die beiden Frauen sich um die Gäste bemühten, auch Vyschniak anboten und Rosenwasser, redeten Großvater und Reb Wichnitzer von meiner bevorstehenden Hochzeit.

›Unser Jossel war schon mit fünf im Schlachthaus‹, sagte mein Großvater, ›damals, um den Hahn zu schlachten. Es hat ihn sehr beeindruckt.‹

›Wie alt ist Jossel jetzt?‹

›Er ist acht‹, sagte mein Großvater.

›Neun‹, sagte ich.

›Und was will er mal werden?‹

›Ein Schankwirt‹, sagte mein Großvater.

›Ich will aber Holzhändler werden‹, sagte ich.

›Und warum ausgerechnet Holzhändler?‹

›Weil Mottels Vater Holzhändler ist‹, sagte ich. ›Und weil Mottel mal das Geschäft übernimmt, und weil wir Partner sind.‹

›So‹, sagte mein Großvater.

›Und wenn wir mal viel Geld haben, dann kaufen wir das Sägewerk. Das ist nämlich Mottels Traum.‹

›Er will also Besitzer des Sägewerks werden?‹

›Ja. Und ich auch.‹

›Na‹, sagte Reb Wichnitzer. ›Das sind große Träume. Das mit der Schenke ist vernünftiger.‹

›Ich werde Jossel mal zu meinem Partner machen‹, sagte mein Großvater.

›Magst du Salzheringe und Schnaps?‹ fragte Reb Wichnitzer.

›Ja‹, sagte ich.

›Er ist ein begabter Junge‹, sagte mein Großvater zu Reb Wichnitzer. ›Er merkt sich alles, auch Witze, die man normalerweise wieder vergißt, er kann Geschichten erzählen wie ein Hausierer oder die Einlauffrau oder der Friseur oder der Rebbe, wenn er getrunken hat, und wie so mancher Alte, der nichts zu tun hat und sich gerne selber hört. Er kann seine Geschichten auch vorspielen, so wie ein Schauspieler, aber nur, wenn er will.‹

›Und wenn er nicht will?‹

›Dann schweigt er.‹

›Er will doch nicht etwa auch Schauspieler werden oder gar ein Geschichtenerzähler?‹

›Gott bewahre‹, sagte mein Großvater.

›Das wäre nämlich nichts für unsere Rebecca.‹

›Ja‹, sagte mein Großvater.

Ich mochte Rebecca nicht. Jedesmal, wenn ich sie mit Lydia verglich, stellte ich fest, daß mir Lydia besser gefiel. Aber Lydia war ja auch älter.

Natürlich veränderte sich Rebecca im Laufe der Jahre. Als sie neun war, also so alt wie ich damals, als die Wichnitzers zu Besuch kamen, sah sie sogar ganz hübsch aus. Sie hatte lange, schwarze Haare, braune Kulleraugen und eine Puppe, die ebenfalls schwarze Haare hatte und braune Kulleraugen. Wenn sie mit Frau Wichnitzer auf den Wochenmarkt ging, liefen die Chederjungen hinterher und foppten sie. ›Na, Rebecca. Spielst du noch mit der Puppe? Kann die Puppe reden? Ist sie jüdisch? Oder die Tochter von einem schweinefleischfressenden Goi?‹

›Sie ist doch kein Mensch‹, sagte Frau Wichnitzer. ›Hat man schon mal so was gehört? Wie soll denn eine Puppe die Tochter von einem Goi sein? Ihr versündigt euch. Und redet nicht von Schweinefleisch. So ein häßliches Wort darf ein Jude gar nicht in den Mund nehmen.‹«

9

Wahrscheinlich hätte Onkel Jossel noch endlos weitergeredet, und diese Geschichte wäre nie zu Ende gegangen, wenn der Notar nicht eingenickt wäre und sich der Rechtsanwalt nicht nervös über den plappernden Onkel Jossel in seinem Sterbebett gebeugt und gesagt hätte: »Jossel Wassermann. Das geht nun wirklich nicht. Wir wollen doch nur Ihre Geschichte notieren. Für den Thoraschreiber. Kurz und bündig wollen wir sie notieren, so wie es Ihr Wunsch war.«

»Ich habe nichts von kurz und bündig gesagt«, sagte Onkel Jossel.

»Erzählen Sie uns bitte in Eile, wie Sie in die Schweiz gekommen sind. Und warum ausgerechnet in dieses ordentliche Land!«

»Da müßte ich Ihnen aber noch schnell erzählen, wie ich geheiratet habe. Und die Sache mit dem Weltkrieg. Und die Sache mit Serbien und der Ermordung von Franz Ferdinand in Sarajewo.«

»Aber bitte, beeilen Sie sich, Jossel Wassermann. Was machen wir, wenn Sie plötzlich hinüberschlummern, bevor die Geschichte zu Ende ist?«

»Ich habe mit dem lieben Gott geredet«, sagte Onkel Jossel. »Und es ist Sein Wille, daß ich noch ein bißchen lebe.«

»Woher wissen Sie das? Kann Gott reden?«

»Ich spüre es«, sagte Onkel Jossel. »Ich fühle mich nämlich so lebendig wie nie zuvor.«

»Das ist oft so, wenn der Sensenmann vor dem Sterbelager steht«, sagte der Rechtsanwalt.

Und jetzt war der Notar wieder wach. Er hatte die letzten Sätze vom Rechtsanwalt und Onkel Jossel gehört. Und er sagte: »Ich glaube, Herr Wassermann mogelt. Er liegt gar nicht im Sterben.«

»Bedauern Sie das etwa?« fragte Onkel Jossel.

»Gott bewahre«, sagte der Notar.

»Im Grunde war Pohodna ein rückständiges Nest«, sagte Onkel Jossel, »einer der östlichsten Flecken im Reich des großen österreichischen Kaisers, dessen Bakkenbart seinen Namen trug und zum Modebart des Jahrhunderts erklärt worden war. Aber Österreich war das Herz Europas und die große Hoffnung auf ein mögliches Miteinander unter einer Krone, in einem Staat von vielen Völkern, Nationalitäten, Religionen, Sprachen, Sitten und Gebräuchen. Wir also, in der Bukowina, waren das Herz Europas, aber wir waren auch zugleich als östlichste Provinz der Arsch dieses Herzens, eine Tatsache, die man in Czernowitz, unserer Hauptstadt, nicht gerne hörte. Nun: Sie werden glauben, daß Herz und Hintern nichts Gemeinsames haben. Aber da irren Sie sich. Bauchkrämpfe spürt man auch in der Brust, und ein Knurren im Hintern läßt das Herz unruhiger schlagen. Jedesmal, wenn sich bei uns was regte, in der tiefsten Provinz, hörte man auch in Wien davon, und zuweilen kam es dem Kaiser zu Ohren.

›In Czernowitz wurde ein Polizist erschossen‹, sagte der Kaiser. ›Auf offener Straße in der Nähe des alten Türkenbrunnens.‹

›Das ist richtig‹, sagte sein Ratgeber.

›Aus politischen Gründen?‹

›Nein. Er wurde von seiner Geliebten erschossen.‹

›Es ist also nicht wichtig?‹

›Es ist völlig unwichtig.‹

›Eine schöne Stadt, diese Hauptstadt der Bukowina.‹

›Ja, Majestät.‹

›Und diese Bukowina. Gehört sie immer noch zu Galizien?‹

›Nein, Majestät. Sie werden sich erinnern, daß Sie im Jahre neunundvierzig, ein Jahr nach Ihrer Krönung, persönlich verordnet haben, die Bukowina von Galizien zu trennen.‹

›Die Bukowina ist also selbständiges Kronland?‹

›So ist es, Majestät.‹

›Und wie ist es mit der deutschen Sprache in der Bukowina? Etwa so wie in Galizien?‹

›Nein‹, sagte der Ratgeber. ›In Galizien haben wir auf Grund des polnischen Drucks in den Universitäten und in den meisten Schulen die polnische Unterrichtssprache eingeführt, in der Bukowina dagegen wird die Sprache des Kaisers nicht nur als Hauptfach in den Schulen gelehrt, sondern sie ist Unterrichtssprache in den meisten öffentlichen Schulen, aber vor allem in der Francisco Josephina, der Czernowitzer Universität, die nach Eurer Majestät benannt wurde.‹

›Und Sie wollen mir einreden, daß diese Hinterwäldler wirklich Deutsch können?‹

›Nicht alle‹, sagte der Ratgeber. ›Dort liegt zum Beispiel ein kleines, schmutziges Städtchen am Ufer des Pruth, es heißt Pohodna. Und dort leben hauptsächlich Kaftanjuden. Und sie sprechen jiddisch. Vielleicht erinnern Sie sich? Sie waren mal dort und aßen Salzheringe, und Sie kosteten von dem jüdischen Schnaps.‹

›Der Schnaps zum Lachen und zum Weinen und zum Husten und zum Niesen?‹

›Genau.‹

›Ich erinnere mich‹, sagte der Kaiser. ›Und wie ist es in den anderen Städten, vor allem in Czernowitz? Als ich letztens dort war, hörte ich nur Kauderwelsch auf den Straßen.‹

›Es hat sich inzwischen vieles geändert‹, sagte der Ratgeber. ›In den meisten Städten wird deutsch gesprochen, vor allem im Czernowitz. Die Stadt hat ja, wie ich schon erwähnte, eine deutsche Universität, leider sehr verjudet.‹

›Und diese Juden sprechen deutsch?‹

›Ja, Majestät. Sie sprechen sogar das beste Deutsch, kein Wunder, wenn man bedenkt, daß diese Gottesmörder auf Grund ihrer Rasse, Potenz und Verderbtheit, und auch auf Grund jahrelanger Unterdrückung, einen gewissen Scharfsinn und einen besonderen Riecher entwickelt haben, der sie den anderen Volksgruppen überlegen macht. Die Juden haben im Gegensatz zu den Rumänen, Ruthenen, Polen und anderen Volksgruppen schnell erkannt, daß die Welt nur am deutschen Wesen genesen kann, eine alte Weisheit, ein Klischee vielleicht, aber die absolute Wahrheit. Die Juden haben auch erkannt, daß deutscher Geist für sie das Ende der Pogrome bedeutet, nämlich: Freiheit, Fortschritt, keine Zerstörung von Hab und Gut, Gerechtigkeit und Glück.‹

›So ist es‹, sagte der Kaiser.

›Auch kleinere Volksgruppen haben das begriffen, zum Beispiel die Zigeuner, aber sie zählen nicht, weil sie Nomaden sind und man nie weiß: Gehören sie nun zu uns oder zum Zaren von Rußland oder zum Sultan in der Türkei?‹

›Ich verstehe‹, sagte der Kaiser. ›Ich kann also im Kriegsfall auf die Juden rechnen?‹

›Ja‹, sagte der Ratgeber. ›Auf die Tschechen können Sie nicht rechnen. Und auch nicht auf die Polen, die Rumänen, die Slovaken, die Kroaten, die Slowenen, nicht mal auf die Ungarn, von den anderen ganz zu schweigen. Wenn man von kleineren Splittergruppen absieht, dann sind die Juden die einzigen, von denen man sagen kann: Sie sind kaisertreu, aus dem ganz einfachen Grund, weil sie durch eine Veränderung nichts zu gewinnen haben. Sie können nur verlieren. Alle anderen dagegen träumen von Selbständigkeit und einem eigenen Staat.‹

›Das sind keine Träume‹, sagte der Kaiser. ›Das sind Alpträume.‹

›Alpträume‹, sagte der Ratgeber.

Nun, der Weltkrieg stand noch nicht vor der Tür. Aber es gärte überall im Reich. Nur die Juden waren zufrieden – abgesehen von den Zigeunern und anderen Volksgruppen, die der Kaiser nicht mitzählte –, sie waren zufrieden und hängten sich Kaiserbilder ins Wohnzimmer, und sie strichen die Tabaktrafiken mit schwarzgelben Farben an, sangen die Kaiserhymne, schwenkten kleine Fähnchen, wenn der Kaiser Geburtstag hatte oder Namenstag, beteten für den Kaiser, in den Betstuben oder zu Hause im Bett vor dem Einschlafen, wenn die Frau sich die Nachthaube zurechtrückte oder der Mann seinen Gebetsmantel mit den heiligen Fransen, den er ja auch unter dem Nachthemd trug, damit der liebe Gott und der Kaiser seinen Schlaf bewachten. Sogar Großmutter, wenn sie nach dem Segensspruch über den Sabbatkerzen ein bißchen mit dem lieben Gott auf jiddisch redete und ihn um Gesundheit bat und *Naches* – das ist eine Art von Glück –, flüsterte dann noch schnell: ›Möge der Kaiser Franz Joseph noch lange leben und die Juden beschützen.‹

Als ich siebzehn war, schimpfte meine Großmutter oft, weil ich noch gar nicht daran dachte, mich zu verheiraten. ›Rebecca ist schon zwölf‹, sagte sie, ›und Reb Wichnitzer ist ungeduldig.‹ Mein Großvater aber sagte: ›Man darf ihn nicht drängen.‹

Und so wartete ich, weil ich gar keine Lust hatte, Rebecca zu heiraten. Mir wäre Lydia lieber gewesen, aber Lydia war die Tochter eines Ungläubigen. Und sie hatte auch zu viele Liebhaber, zum Beispiel den Knecht Fedko und den Knecht Kolja, ab und zu auch einen von den Streckenarbeitern oder einen vom Sägewerk, zuweilen auch Knechte, die auf den umliegenden Gütern polnischer und rumänischer Adliger und Großgrundbesitzer arbeiteten. Es waren meistens Ruthenen, kräftige, junge Burschen, besonders die Knechte, die nach Schweiß rochen und Stall und Wiese und Feld. Sie schlichen nachts in die Küche und suchten im Dunkeln die Küchenbank, eben den Ort, wo Lydia schlief. Ich hörte sie stöhnen und schluchzen, und ich kriegte selber einen Steifen und sündige Gedanken, die ein Jude gar nicht haben durfte. Ich fürchtete, daß meine Großeltern erwachen könnten oder gar meine Mutter, und ich sah das Schreckliche kommen: Lydia wird aus dem Haus gejagt. Eigentlich liebte ich Lydia, aber das durfte ich nicht zugeben.«

II. Teil

1

Rebecca und ich hatten dasselbe Sternzeichen«, sagte Onkel Jossel. »Wir waren beide im März geboren. Allerdings war das ein trüber Tag, als Rebecca die Wichnitzers mit der Tatsache beglückte, daß sie da war, und am Himmel klebten damals fette, schwarze Wolken, während bei meiner Geburt, wie Sie ja wissen, die Sonne schien. Nun, im Jahre 1895, als Rebecca vierzehn war und ich neunzehn, kündigten Reb Wichnitzer und mein Großvater in ganz Pohodna und Umgebung die Hochzeit an.

›Mein Jossele kriegt eine ordentliche Mitgift‹, erzählte meine Mutter unseren Nachbarn, und sie erzählte es auch den Weibern auf dem Wochenmarkt und den Bauern, die bei uns im Hof das Plumpsklo benützten und sich mit meiner Mutter, die ja in der Küche am offenen Fenster stand, beim Pinkeln oder sonstwas unterhielten. Das Klo hatte nämlich ein herzförmiges Guckloch.

›Frau Wassermann‹, sagte einmal der Bauer Fediuk mit so lauter Stimme, daß sie vom Klo bis in die Schenke zu hören war. ›Frau Wassermann‹, sagte er also. ›Es ist ja schön, daß Ihr Sohn sich verheiratet. Hat ja auch einen ansehnlichen Stengel.‹ Und er sagte: ›Ihr Sohn hat's mal mit meiner Tochter getrieben, und die war erst zwölf und kriegte einen dicken Bauch, aber Ihr Vater, der Herr Leibl Wassermann, hat mir ein paar von den alten Gulden gegeben, die immer noch besser sind als das neue Geld. Und auch ein paar von den Goldmünzen hat er mir gegeben, Sie wissen schon, was die Juden versteckt haben, weil sie glauben, die Russen könnten kommen oder die Kosaken. Und meine Tochter hat das Kind abgetrieben, weil sie keinen Judenbastard wollte. Nichts gegen Juden, Frau Wassermann. Ich mag die Juden sogar, denn sie sind kluge Leute, und sie machen einen guten Schnaps. Und auch der Fisch ist nicht schlecht, den Ihr Vater mir mal mitgegeben hat, ein Donaukarpfen mit Judengewürz und Schwabbelsauce, für meine Tochter hat er ihn mitgegeben, das mein ich, für die, die mit dem Kind, das sie abtreiben ließ und wofür Ihr Herr Vater mir eben die alten Gulden gegeben hat und die Goldmünzen aus dem Rockaufschlag oder den Rockschößen seines Kaftans, was weiß ich, und verdammt will ich sein, wenn ich was gegen die Juden hätte. Und auch der Pope hat neulich gesagt: Man müßte sie nur bekehren, damit sie endlich mal mit dem Gemurmel aufhören in ihren Betstuben und auch mal zugeben, daß sie den Heiland getötet haben.‹

Meine Mutter lief heulend in die Schenke und holte meinen Großvater. Und der holte den Ruthenen aus dem Klo und schleppte ihn zurück in die Schenke. Und mein Großvater sagte: ›Der ist nur besoffen, so wie alle Gojim, wenn sie beim Juden den Schnaps trinken.‹

Seitdem ich volljährig war – und das ist man bei den Juden mit dreizehn, weil das Schwänzchen schon steht und man Kinder zeugen kann und auch soll und weil man deshalb alt genug ist, um die volle Verantwortung vor Gott und den Menschen zu tragen, seine 613

Gebote zu befolgen und in der Synagoge öffentlich einen Abschnitt aus der Thora vorzulesen. Na ja. Also: Seit meinem dreizehnten Lebensjahr half ich meinem Großvater in der Schenke.

›Schlag dir das mit dem Holzhandel und dem Sägewerk und der Partnerschaft mit Mottel aus dem Kopf‹, sagte mein Großvater – ich meine damals, als ich in der Schenke anfing –, ›wenn du heiratest, gibst du mir die Mitgift, und ich hebe sie für dich auf. Und ich mache dich zu meinem Partner. Und du wirst mit deiner Frau, der Rebecca, bei uns wohnen, und wir bauen noch zwei Zimmer an, verstehst du, für dich und Rebecca und die vielen kleinen Kinder, die du zeugen wirst und die mal größer werden, verstehst du, auch für den Erstgeborenen, der später die Schenke übernehmen wird, wenn ich längst nicht mehr da bin, auch Großmutter nicht, und wenn du selbst so alt bist, daß die Knochen schmerzen und der Schlaf kürzer wird.‹

Am Tag meiner Hochzeit war ich immer noch in der Schenke angestellt, hatte keinen richtigen Beruf, war aber nicht ungebildet, denn ich hatte die Talmud-Thora-Schule besucht, eine Zeitlang auch die öffentliche – vom Kaiser Franz Joseph gestiftet –, hatte von Mottel und seinem Geigenlehrer etwas Geigenspielen gelernt und auch Notenlesen und mir vom Trödler und Buchhändler Avrumele Schwarz in der Bahnhofsgasse deutsche und jiddische Bücher ausgeliehen. Natürlich war das nicht viel, aber meine Mutter prahlte mit mir und erzählte den Weibern auf dem Wochenmarkt und den Nachbarn und den Bauern auf dem Klo, wie gebildet ich sei und daß sie mich gerne nach Czernowitz geschickt hätte, damit ich die Matura mache, die deutsche Universität besuche, um später mal den Doktortitel zu erwerben, ein Professor zu werden oder wenigstens ein Advokat, sonst eben ein Generaldirektor oder Bahnhofsrat oder Landesgerichtsrat, möglicherweise auch ein Kanzleiobervorsteher oder Beamter im Magistrat oder in der k.k. Finanz-Prokuratur. – ›Aber wir haben uns das anders überlegt‹, sagte sie, ›denn mein verstorbener Mann – Gott hab ihn selig – hätte sich im Grabe rumgedreht, wenn wir unseren Jossel nach Czernowitz geschickt hätten, wo er sich wahrscheinlich die Schläfenlocken abgeschnitten hätte... und sicher hätte er dort auch den Kaftan abgelegt und wäre Gott behüte ohne Hut auf der Straße rumgelaufen, so wie die meisten Czernowitzer Juden, und er hätte Schweinefleisch gegessen und es mit den jüdischen Mädchen getrieben, die ihren Gott vergessen haben und glauben, die Juden müßten so sein wie die anderen, nun eben, so wie in Wien.‹

Das ganze Schtetl kam zu meiner Hochzeit. Wer oben im Haus oder in der Schenke keinen Platz fand, stand oder saß im Hof herum und auf der Straße, wo auch Bänke und Tische standen, oder bei den Nachbarn, die ja mit uns feierten und uns ihre Häuser und Wohnungen und Höfe zur Verfügung gestellt hatten. Da ich im August verheiratet wurde, und zwar an einem heißen Sommerabend, löste sich das Platzproblem von selbst. ›Der Himmel ist das beste Dach‹, hatte mein Großvater gesagt. Und er hatte überall lange Tische aufgestellt, bei uns im Hof und in den Höfen der Nachbarn und auf der Straße. Jeder war eingeladen, auch die Bettler und die Schnorrer und die Gojim aus der Umgebung. Einige Verwandte reisten an, mit Pferd und Wagen, einige mit der Eisenbahn. Mein Onkel Elias Wassermann aus Czernowitz, der mit seiner Frau und den Kindern nur deutsch sprach, so wie viele Juden, die sich für gebildet oder sich für was Besseres hielten, sagte zu meinem Großvater: ›Wieso sprecht ihr in Pohodna immer noch jiddisch?‹

Und mein Großvater sagte: ›Weil das unsere Sprache ist. Außerdem ist sie schöner als Deutsch.‹

›Vielleicht ist sie zärtlicher‹, sagte mein Onkel.‹ Aber schöner und reicher ist sie bestimmt nicht.‹

›Nun, ich weiß nicht‹, sagte mein Großvater. ›Was zärtlich ist, ist schön, und wenn man hinzurechnet, was wir von anderen Sprachen übernommen haben, dann ist sie auch reich.‹

›Egal‹, sagte mein Onkel.

›Egal‹, sagte mein Großvater.

›Die Hauptsache, es macht dem Kaiser Franz Joseph nichts aus‹, sagte mein Onkel. ›Er soll sogar Jiddisch verstehen.‹

›Das stimmt‹, sagte mein Großvater. ›Denn als wir ihm damals den Salzhering aus der Kehle zogen – die gottselige Jente hat das gemacht –, da haben wir mit ihm jiddisch gesprochen.‹

Ich saß draußen im Hof am Tisch des Rebben. Auch die Frau des Rebben war da, aber nicht an unserem Tisch, da die Frauen von den Männern getrennt saßen. Einmal ging ich rüber zum Tisch der Rebbezen und guckte mir ihre vielen Kinder an, die am Tisch saßen, nur die größeren Mädchen saßen irgendwo an den anderen Frauentischen und die älteren Söhne bei den Männern.

Ich sagte zur Rebbezen: ›*Kenenehore*‹ – das heißt: unberufen –.

Und sie sagte: ›Was gefällt dir so, Jossel Wassermann, heute an deinem schönsten Tag?‹

›Ihre vielen Kinder‹, sagte ich.

Sie zeigte mir den Kleinsten in der Wiege. ›Der soll später mal Rebbe in Pohodna werden.‹

›Und die anderen Söhne?‹

›Die sollen in die größeren Städte ziehen, um die Juden an die Gebote zu erinnern. In den großen Städten vergoien die Juden. Das ist die größte Gefahr. In Czernowitz fahren sie am Sabbat mit dem Fiaker, und sie sitzen in den Kaffeehäusern herum und rauchen Zigaretten.‹

›Das ist wahr‹, sagte ich.

›In Pohodna wird alles beim alten bleiben‹, sagte die Rebbezen. ›Und deshalb soll mein Jüngster hierbleiben. Es ist leichter hier.‹

Dieser Jüngste«, sagte Onkel Jossel, »sollte tatsächlich später Rebbe werden, viel später, als ich schon in der Schweiz war. Ich habe ihn nach dem Großen Krieg bei meinen Besuchen getroffen, wie schon erwähnt: das letzte Mal im Jahre 1932. Er hatte acht Söhne, die alle verheiratet waren und außer Haus, aber auch fünf Töchter, die noch klein waren. Er sagte damals zu mir: ›Das ist meine größte Sorge ... meine Töchter gut zu verheiraten.‹

Und ich sagte: ›Du solltest dir erst Sorgen machen, Rebbe, wenn es Zeit ist für die Sorge.‹

Der Rebbe sagte: ›Du bist nicht dumm, Jossel Wassermann. Alles zu seiner Zeit. Du hast viel gelernt, seitdem du in der Schweiz bist.‹

›Einiges hab ich schon vorher gelernt‹, sagte ich. ›Vor allem im Krieg.‹

›Es war ein schlimmer Krieg‹, hatte der Rebbe gesagt. ›So einen schlimmen wird es nie wieder geben.‹

›Nun, das weiß man nicht‹, sagte ich damals, im Jahre zweiunddreißig, als ich zum letzten Mal in Pohodna war.

Aber im Jahre 1895, als ich Hochzeit feierte, war dieser spätere Rebbe nur ein Wickelkind. Ich nahm ihn aus der Wiege heraus und streichelte ihn. Und die Rebbezen sagte: ›Paß auf, Jossel Wassermann. Laß ihn nicht fallen.‹

›Wie könnte ich‹, sagte ich. ›Dann würde Pohodna in Zukunft keinen Rebben haben.‹

›Ein Amt kann wieder besetzt werden‹, sagte die Rebbezen, ›aber dieser da‹ – und sie zeigte auf ihren Sohn – ›ist ein Mensch, und der ist unersetzlich.‹

Und dann ging ich zurück zu den Männern, ging zu den Frommen, die zusammensaßen, an langen Tischreihen, schwarz gekleidet, im Kaftan und Pelzhut, manche aber im schwarzen Hut oder seidenen Käppi. Ich sah den Synagogendiener Reb Horowitz, und ich sah den Thoraschreiber Reb Fruchtmann, der seinen Sohn auf dem Schoß hielt, den kleinen Eisik. Die sah ich also und begrüßte sie herzlich.

›Die Sonne steht noch am Himmel‹, sagte Reb Fruchtmann, ›obwohl es schon fast Abend ist, aber die

Tage sind lang um diese Jahreszeit. Wir sind so früh gekommen, weil der Rebbe früh gekommen ist.‹

›Die Trauung findet vor Einbruch der Dunkelheit statt‹, sagte ich. ›Aber wir warten noch ein bißchen, weil die Musiker noch nicht da sind.‹

›Was für Musiker?‹

›Nun, eben die Musiker‹, sagte ich.

›Zigeuner?‹

›Nein. Juden.‹

›Sind auch Fiddler dabei?‹

›Zwei Fiddler und einer mit n'er Flöte. Und einer, der aus Rußland geflüchtet ist, damals bei den Pogromen, der kommt mit seiner Balalaika.‹

›Und was werden die Juden spielen?‹

›Nun, was schon‹, sagte ich, ›dieselbe jüdische Hochzeitsmusik, die man auf der Hochzeit meiner Eltern und Großeltern gespielt hat, und vielleicht noch etwas für den Kaiser Franz Joseph, falls die Musikanten wissen, was der Kaiser mag.‹

›Gut so‹, sagte der Thoraschreiber. Und der Synagogendiener sagte dasselbe.

Mein Großvater, der mit dem Thoraschreiber sprechen wollte, kam zu seinem Tisch, holte sich einen Stuhl und setzte sich zwischen ihn und den Synagogendiener. ›Reb Fruchtmann‹, sagte mein Großvater. ›Ich habe gehört, daß der Apotheker Turtelmann dich beauftragt hat, seine Memoiren zu schreiben.‹

›Ja‹, sagte Reb Fruchtmann. ›Ich bin zwar der Thoraschreiber, aber ich mache ja auch manchmal kleinere Nebenarbeiten, um Zusätzliches zu verdienen.‹

›Du hast eine große Familie.‹

›Ja. Ich habe eine große Familie.‹

›Mich wundert nur‹, sagte mein Großvater, ›wozu dieser Apotheker seine Memoiren aufschreiben will. So ein Apotheker hat gar keine Memoiren.‹

›Doch‹, sagte der Thoraschreiber. ›Jeder Mensch hat irgendwas zu berichten. Und wenn es für andere auch nicht wichtig sein mag. Für den Betreffenden ist es wichtig.‹

›Und er hat auch genug Geld, um für diesen Unsinn zu zahlen?‹

›Er hat Ersparnisse‹, sagte der Thoraschreiber.

›Vielleicht kannst du eines Tages die Memoiren meiner Familie aufschreiben‹, sagte mein Großvater, ›ich meine die Memoiren der Wassermanns?‹

›Vielleicht‹, sagte der Thoraschreiber.

›Ich habe leider keine Zeit, so was zu diktieren‹, sagte mein Großvater, ›nicht nur weil es Zeitvergeudung ist, sondern weil die Salzheringe und der Schnaps und der Ärger mit den Bauern und den Juden in der Schenke meine ganze Geduld in Anspruch nehmen. Aber unser Jossel könnte die Memoiren der Wassermanns eines Tages diktieren.‹

›Das könnte sein‹, sagte der Thoraschreiber Reb Fruchtmann. ›Aber es könnte ja sein, daß ich dann gar nicht mehr auf der Erde bin.‹

›Dann wird es einer deiner Söhne tun‹, sagte mein Großvater. Und er tätschelte den Kopf des kleinen Jungen, der auf dem Schoß des Thoraschreibers saß und seinen Kopf verlegen an den Kaftan des Vaters schmiegte. ›Der Eisik könnte sie schreiben?‹

›Mein Eisik?‹

›Ja, dein Eisik.‹

›Es ist mein Wunsch, daß Eisik ein Thoraschreiber wird‹, sagte Reb Fruchtmann.

›Na also‹, sagte mein Großvater.

Und dann kam der Schmied Reb Mogilever und setzte sich an unseren Tisch. Er war so stark wie zwei Wasserträger und hatte eine Glatze mit einem rötlichen Haarkranz über den Ohren. Reb Mogilevers Schmiede lag unten am Pruth, nicht weit vom Haus des buckligen Schusters und der Hütte des Wasserträgers.

›Nu, Jossel‹, sagte er. ›Ich habe den Bogdan schon lange nicht beschlagen. Was ist?‹

›Gar nichts‹, sagte ich. ›Bogdan ist tot.‹

›Habt ihr kein anderes Pferd?‹

›Wir haben eines‹, sagte ich.

›Und wie heißt es?‹

›Bogdan‹, sagte ich.

Als die Musiker kamen, wurde der Lärm an den Tischen gedämpfter. Alle starrten die Musiker an, obwohl sie noch gar nicht mit ihrem Spiel angefangen hatten. Sie kamen zuerst an den Tisch des Rebben, und sie begrüßten dann mich und meinen Großvater. Mottel, der mit den Musikern kam und seine Geige mitgebracht hatte, umarmte mich.

›Nun, Mottel‹, sagte mein Großvater. ›Ich wußte gar nicht, daß du auch Geige spielst.‹

›Nur so‹, sagte Mottel. ›Zum Zeitvertreib.‹

›Du willst doch nicht etwa Musiker werden?‹

›Ich bin im Holzhandel‹, sagte Mottel. ›Im Augenblick bei meinem Vater.‹

›Und später?‹

›Später kaufe ich das Sägewerk‹, sagte Mottel.

›Und was haben das Sägewerk und der Holzhandel mit Musik zu tun?‹

›Gar nichts‹, sagte Mottel.

Die Bauern saßen an ihrem eigenen Tisch, weil Großmutter Angst hatte, sie könnten Gott behüte vom Schweinefleisch reden oder unsere koscheren Teller, Messer und Gabeln mit Fingern verunreinigen, an denen noch Schweinefleisch klebte – nun, vielleicht nur der Saft oder der Geruch, der sich nicht verflüchtigt hatte –, bei denen weiß man das nie, denn sie wuschen sich seltener als die Juden – und wenn man bedenkt: ihre trefenen Lippen... Nun, sie hatte ihnen weder Teller noch Besteck gegeben, sondern Zeitungspapier, Zahnstocher und einige hölzerne Löffel, die sie später, nach der Hochzeit, wegschmeißen und mit dem Müll aus dem Blechkanister wegkippen würde. Die Bauern kannten die Sitten der Juden, und es störte sie nicht. Einer der Bauern kam sogar an den Tisch des Rebben und schüttelte ihm die Hand.

›Warum feiert ihr Juden eigentlich keine Hochzeiten an einem Sabbat?‹ fragte der Bauer den Rebben.

›Nu, warum schon‹, sagte der Rebbe. ›Weil der Sabbat eine Braut ist, und zwei Bräute an einem einzigen Tag, das wäre für den Bräutigam zuviel.‹ Die Juden an unserem Tisch lachten, kraulten ihre Bärte und zupften an ihrer Kopfbedeckung.

Und der Rebbe sagte: ›Zuviel des Guten ist nicht gut. Der Sabbat ist ein Freudentag, und die Hochzeit ist ein Freudentag. Das sind zwei Freuden. Die eine aber würde die andere verdrängen.‹

Und der Rebbe sagte: ›Ein Jude kostet von der Freude wie ein kluger Mann vom Wein. Deshalb hat der liebe Gott die Freuden in Abständen verteilt. Nie zwei am selben Tag, aber eine nach der anderen.‹

Ich habe Rebecca gar nicht erwähnt«, sagte Onkel Jossel. »Sie saß am Frauentisch und guckte verschämt zu mir rüber. Seit Jahren traf ich sie in Begleitung ihrer Mutter auf dem Wochenmarkt, manchmal auf der Straße. Wir haben nie miteinander geredet und uns eigentlich nur angeguckt. Ich nehme an, daß Rebecca mit der Zeit gemerkt hat, daß ich nicht in die Höhe wuchs, klein und gedrungen war, besonders kurze Beine hatte, ein bißchen o-förmig, aber kräftig, und daß ich breite Schultern hatte, eine lustige Nase und lustige Augen. Ich dagegen hatte gemerkt, daß Rebeccas Haare schwarz blieben und die Kulleraugen braun, der Hintern aber seit ihrem zwölften Lebensjahr immer fetter wurde. Auch die Brüste wurden zusehends größer, von Tag zu Tag, und sie schwabbelten, als sie vierzehn war, so ähnlich wie bei der Waschfrau.

Wir hatten den Heiratsvertrag schon Tage vor der Hochzeit in allen Einzelheiten mit dem Rebben besprochen, aber erst kurz vor der Trauung unterschrieben. Die Trauung, die ich nicht länger beschreiben will, fand kurz vor Einbruch der Dunkelheit statt. Wir standen unter dem Baldachin, ich ganz in Schwarz, Rebecca in Weiß, der Rebbe leierte einige Sprüche herunter und fragte uns, ob wir bereit seien, Mann und Frau zu werden. Mir war ganz schwindlig, und auch Rebecca sah aus, als würde sie jeden Moment umfallen. Ich erinnere mich, daß ich ihr den Ring auf den Finger steckte. Und ich erinnere mich auch, daß ich ein leeres Glas mit dem Fuß zerbrach, weil die Scherben an die Zerstörung des Tempels zu Jerusalem erinnerten, den heiligen Tempel, den ein Jude nie vergessen darf, aber das Zerbrechen des Glases brachte auch Glück.

Als wir unter dem Baldachin standen, verschwammen die vielen Gesichter und all die Augen, die uns anstarrten, nur die verweinten Augen meiner Mutter und meiner Großmutter konnte ich sehen. Nachdem das Glas zertreten war, riefen die Leute ›*Masel Tov*‹, also viel Glück. Auch die Bauern riefen ›*Masel Tov*‹, denn sie hatten dieses Wort von den Juden gelernt. Die Leute lachten. Wir wurden weggedrängt. Ich sah noch, wie die kleinen Mädchen die zerbrochenen Scherben auflasen – denn das bedeutete eines Tages ›einen echten Bräutigam‹ –, man mußte die Scherben nur aufbewahren, und man durfte sie nicht verlegen.

Ja. So war's. So oder so ähnlich. Die Musiker fingen zu spielen an. Die Männer tanzten unter sich. Und auch die Frauen tanzten unter ihresgleichen. Mein Großvater sagte: ›Das Tanzen hat später Zeit. Die ganze Nacht habt ihr Zeit dazu. Jetzt nimm die Rebecca und verschwinde mit ihr.‹

›Du meinst: richtig mit ihr verschwinden?‹

›Ja‹, sagte mein Großvater. ›Geht in eure Wohnung. Auf dem Tisch steht schon der Samowar mit warmem Tee. Und Großmutter hat auch einen ganzen Honigkuchen hingestellt und eine Flasche Schnaps. Laß dir von Rebecca was zu essen und zu trinken geben, damit es ein guter Anfang ist, ein Zeichen für die Zukunft, denn du bist der Mann und sie ist die Frau. Und dann geht ins Schlafzimmer, wo Großmutter schon das Bett für euch gemacht hat.‹

Ich verschwand also mit Rebecca, und zwar ziemlich auffällig, denn jeder sollte sehen, daß Rebecca es gar nicht abwarten konnte, um mich im eigenen Heim mit Honigkuchen zu füttern und Tee aus dem Samowar und einem Gläschen Schnaps, aber auch, um allen zu zeigen, daß ich ein Mann war, einer, der noch vor dem Morgengrauen seine Mannespflicht erfüllte, einerseits, weil der liebe Gott es so wollte, andererseits, um herauszufinden, ob sie noch Jungfrau war.

Ich erinnere mich: Die fette Rebecca lag nackt auf dem weißen Bettuch und guckte mich wütend an. Ihre Kulleraugen schienen zu sagen: Ein jüdischer Mann soll unschuldig zu seiner Frau kommen. Das ganze Schtetl aber weiß, daß du schon mit sechzehn eine Schickse geschwängert hast, nämlich die Tochter des ruthenischen Bauern Fediuk. Na wart mal! Ich werde dir die Hölle heiß machen.

Ich ekelte mich ein bißchen vor ihr, denn sie roch nach Schweiß und ein bißchen nach Pisse, obwohl sie doch vorher im Schwitzbad gewesen war und auch in der Mikwe, dem rituellen Tauchbad, und saubere Wäsche trug und sich wahrscheinlich geölt und gesalbt hatte. Ich kriegte also keinen Ständer, und ich blickte in ihre Augen, und die schienen zu sagen: Na, was ist? – Dann aber gab ich mir einen inneren Ruck, verglich ihre Brüste mit denen meiner Großmutter, stellte fest, daß sie doch frischer und schöner waren, obwohl ebenso lang – bis auf den Bauchnabel reichten sie –, aber voller, und auch in der Färbung waren sie anders: Die Brustwarzen waren rot und nicht braun. ›Dreh dich mal um‹, sagte ich. Und dann guckte ich auf ihren Hintern, der rosarot war. Und ich guckte auf ihre prallen Schenkel. Ja, sehen Sie. So war's. Mein schlaffes Glied erholte sich, nahm ansehnliche Maße an, wurde hart und begehrlich. Ich drehte sie wieder um und sagte: ›Bringen wir's hinter uns.‹

Ich habe es dann richtig mit ihr gemacht und ihr mein Erbe und mit ihm die ganze traurige, aber auch großartige jüdische Geschichte in die Öffnung gesprüht, zwischen die fetten Schenkel und in den Schleim, der den Samen von Jossel Wassermann dorthin tragen sollte, an jenen Ort, der heilig im Weibe ist und fruchtbar sein soll, weil alles heilig ist, was Gott zum Leben erweckt, vor allem beim Menschen, der die Krönung der Schöpfung ist... also hab ich meinem Weib das Erbe meiner Ahnen, das bis Abraham zurückreicht und sicher noch weiter zurück bis in graue Vorzeiten, in den Leib gespritzt. Wir haben beide ein bißchen gebrüllt, und dabei traf der Blick ihrer weitaufgerissenen Kulleraugen den meinen, der aus blaßblauen Augen kam, Augen, die ich von meinem Großvater hatte. Als ich erschöpft von ihrer Fülle herunterkroch und mich still neben sie legte, war ich fast glücklich, aber dann kam mir ein fürchterlicher Gedanke, und der Schreck traf mich wie ein Blitz. Ich rappelte mich auf, untersuchte ihre Schenkel, rollte sie zur Seite, prüfte das schneeweiße Bettuch, suchte nach Blut, fand aber keines.

›Du hast nicht geblutet‹, sagte ich. ›Ich hab auch keinen Widerstand gespürt, na, du weißt schon: das Häutchen – es war keines da.‹

›Was für ein Häutchen?‹ sagte Rebecca und tat unschuldig.

›Das Jungfernhäutchen‹, sagte ich.

›Was für ein Jungfernhäutchen?‹

›Jede anständige Frau hat doch ein Jungfernhäutchen, ehe sie heiratet.‹

›Ich hab aber keines.‹

›Und wieso hast du keines?‹

›Ich bin ohne Häutchen geboren.‹

›So was gibt es nicht.‹

›Nun, ich bin mal von der Leiter runtergefallen. Es kann sein, daß ich es beim Sturz verloren habe.‹

›So was gibt es nicht‹, sagte ich.

›Doch‹, sagte sie. ›So was gibt's.‹

Rebecca fing zu heulen an. Und auch ich heulte los, denn ich war überzeugt, daß ich diese Schande und diese Enttäuschung nicht überleben würde.

Wir kamen beide verheult aus der neuen Wohnung, die mein Großvater für uns angebaut hatte, neben der Wohnung meiner Eltern, an der Rückseite des Hauses, das auf den Hof hinausging, dort, wo der Brunnen war und der Stall für Bogdan, wo auch die Hundehütte stand und wo sich die Hühner tummelten. Die Gäste glaubten zuerst, daß der Schock der Entjungferung die Braut so erschüttert hätte, daß sie nicht mit dem Heulen aufhören konnte. Sie verstanden aber nicht, warum auch ich heulte, und so sagten sie sich schließlich: Er hat ein jüdisches Herz, es rührt ihn zutiefst, Tränen kann er nicht sehen, und noch dazu die Tränen seiner jungen Frau, der Mutter seiner zukünftigen Kinder und der Großmutter seiner Enkel. Als wir uns aber nicht beruhigten und den ganzen Abend heulten – trotz der lustigen Musik, der jüdischen und auch der rumänischen, der russischen, der ungarischen und anderer Melodien, die die Musiker augenzwinkernd spielten, auch den Wiener Walzer für den Kaiser Franz Joseph –, da fingen die Gäste untereinander zu munkeln an.

Schließlich vertraute ich meinem Großvater nach längerem Drängen mein Geheimnis an. ›Sie war keine Jungfrau‹, sagte ich. Ich erzählte ihm alles.

›Das kann aber nicht sein‹, sagte mein Großvater. ›Die Tochter vom Reb Wichnitzer ist ein anständiges Mädchen. Du glaubst doch nicht etwa im Ernst, daß sie vor dir einen Mann gehabt hat?‹

›Ich traue ihr alles zu‹, sagte ich.

›Vielleicht war's Chaim, der Wasserträger‹, sagte mein Großvater. ›Manche Frauen mögen starke Männer, auch wenn sie dumm sind. Er ist zwar mit Resele verheiratet, aber sie haben keine Kinder. Und Jankele, der Sohn, von dem Chaim immer spricht, ist noch nicht geboren. Und Chaim trägt ja auch das Wasser für Reb Wichnitzer, und er ist tagtäglich im Hof und in der Küche. Vielleicht aber‹, sagte mein Großvater, ›war's der Stallknecht von Reb Wichnitzers Nachbarn, dem Käse- und Eiermendel, der sogar exportiert und sich Hühner und Milchkühe hält und sich einen Knecht leisten kann und sogar eine Magd, die mit der Magd von den Wichnitzers befreundet ist. Wer weiß, vielleicht hat der Knecht die Mägde gesucht, und die waren nicht da. Aber Rebecca war da. Oder es ist im Dorf passiert, weil Reb Wichnitzer Rebecca oft in die Dörfer schickt, um billiges Gemüse zu kaufen ...‹ Mein Großvater redete noch eine Weile. Dann aber sagte er: ›Nein. Das kann gar nicht sein. Vielleicht ist sie wirklich so geboren, ohne Jungfernhäutchen, eine Art Mißgeburt also, oder sie hat es wirklich beim Sturz von der Leiter verloren.‹

›Wir sollten es dem Rebben sagen‹, sagte ich.

›Ja‹, sagte mein Großvater. ›Vor dem Rebben soll man nichts verheimlichen.‹

Und wir erzählten es dem Rebben, der eine Menge Wein getrunken hatte, aber nicht so besoffen war, um kein klares Urteil zu fällen.

›Willst du dich wieder scheiden lassen?‹

›Ja‹, sagte ich.

›Ich kann die Scheidung aber erst aussprechen, wenn du Beweise bringst, daß es anders war.‹

›Wie anders?‹ fragte ich.

›Nun, daß sie mit einem Häutchen geboren wurde und es dann wieder verloren hat... nicht beim Sturz von der Leiter, was an sich harmlos ist, oder auf ähnliche Art und Weise... sondern daß sie zum Beispiel verführt oder vergewaltigt wurde.‹

›Der Rebbe meint‹, sagte mein Großvater, ›daß du den Mann finden mußt, der ihr das Häutchen geraubt hat.‹

›Oder wenigstens einen Beweis, daß es solch einen Mann gegeben hat‹, sagte der Rebbe.

›Und wie soll ich das nachweisen, Rebbe?‹

›Nun, einem Juden fällt immer was ein‹, sagte der Rebbe.

Die Sache mit dem fehlenden Jungfernhäutchen sprach sich schnell herum, denn mein Großvater hatte es meiner Großmutter erzählt und der Rebbe der Rebbezen. Die Leute lachten nicht. Sie waren erbost. Und sie tuschelten untereinander. Zwar spielten die Musiker, aber niemand hatte rechte Lust zu tanzen. Viele standen auf und gingen nach Hause. Und der Aufbruch der einen ließ auch die anderen allmählich aufbrechen. Eigentlich wollten wir bis zum Morgengrauen feiern, so lange, bis der neue Hahn, den wir uns unlängst zugelegt hatten, anfangen würde, im ersten Dämmerlicht zu krähen. Aber dazu kam es nicht. Die Sterne standen noch hell am Himmel, als unser Haus und unser Hof wie leergefegt waren.

Mein Großvater hatte die Mitgift an einem geheimen Ort vergraben.

›Jossele soll ruhig weiter in der Schenke arbeiten‹, sagte mein Großvater. ›Und Rebecca wird in der Küche helfen. Es ist Platz für alle. Und an Essen und Trinken wird es nicht fehlen... Später mal, wenn die Kinderchen da sind und es zu eng wird, dann wird man weitersehen.‹

›Wie weitersehen?‹ fragte ich.

›Nun, dann werden wir dir mit der Mitgift ein Geschäft kaufen.‹

›Was für ein Geschäft?‹

›Irgendein Geschäft‹, sagte mein Großvater, ›eines, das die Familie ernährt.‹

Im Grunde war mir das egal. Ich wollte ein ruhiges Leben mit wenig Verantwortung oder gar Kopfzerbrechen. Hatte mein Großvater nicht mal gesagt, er wolle mich zum Partner machen? Ich würde ihn darauf ansprechen, wenn er alt und gebrechlich war, später mal, irgendwann, denn am Tage nach der Hochzeit war mein Großvater noch rüstig, behende und rührig und voller Unternehmungsgeist. Und Großmutter stand ihm nicht nach.

Unsere Ehe fing schlecht an. Wir zankten uns die halbe Nacht, weil ich rausfinden wollte, mit wem es meine Frau vor der Ehe getrieben hatte. Da ich nichts aus ihr herauskriegen konnte, schlich ich in meiner Freizeit um die Betstuben herum, vor allem am Abend, wenn die Schriftgelehrten im trüben Licht der Petroleumlampen über den heiligen Büchern saßen und murmelnd und zeitweise im Singsang den Talmud diskutierten. Ich wartete, bis einer von ihnen herauskam, und rannte ihm nach und stellte Fragen. Die Schriftgelehrten sagten mir, daß der Talmud alles erläutere, was in der Thora steht, und diese umfasse nicht nur die fünf Bücher Mosis, obwohl die vor allem, sondern im weiteren Sinne die ganze jüdische Lehre. Und sicher steht auch irgendwo, was der Ehemann mit seinem Weib machen soll, die kein Häutchen hat, obwohl Gott es ihr mit auf die Welt gegeben hat. Aber keiner von ihnen war bereit, die richtige Stelle für mich im Talmud zu finden. Und auch der Rebbe kam mit Ausflüchten und wollte Beweise, die ich nicht bringen konnte, denn der liebe Gott offenbarte mir nichts im Traum, und die Leiter, von der Rebecca angeblich gestürzt war – einzige Zeugin –, stand zwar immer noch hinter der Holzkammer der Familie Wichnitzer, war aber aus Holz und gab keine Auskunft. Mein Freund Mottel versprach mir, den Detektiv zu spielen und ein bißchen herumzuhorchen, kriegte aber auch nichts heraus. Die Juden im Schtetl machten sich über ihn lustig. Einer von ihnen sagte: ›Nun, vielleicht hat sie Würmer gehabt, und die Würmer haben das Häutchen aufgefressen.‹ Und ein anderer sagte: ›Vielleicht war es bloß ein Floh, der sich dorthin verirrt hatte und dann zubiß.‹ Natürlich war das Unsinn, denn Würmer leben in anderen Körperteilen und Flöhe verirren sich nie über die Schwelle des Eingangs zu Gottes Heiligtum. Mottel ging für mich in die umliegenden Dörfer und befragte die Bauern, die ja die Wichnitzers kannten. Und die erzählten im Suff erfundene Geschichten von Deserteuren aus den huzulischen Karpatendörfern, junge Männer, die dem Kaiser den Militärdienst verweigerten und sich hier in der Gegend versteckt hielten, Hühner stahlen und Frauen, plünderten und vergewaltigten, auch Jüdinnen. Und einer der Bauern sagte, er habe Rebecca mal mit einem Huzulen gesehen. Alles Lüge.

Und da ich nicht aufgab und Rebecca nicht mehr anrührte, sie aber Nacht für Nacht mit Fragen quälte, gestand sie mir eines Tages die Wahrheit.

›Ich war elf‹, sagte sie, ›als das Jucken zwischen den Beinen anfing. Und weil ich mir nicht anders zu helfen wußte, nahm ich den hölzernen Kochlöffel meiner Mutter und beruhigte das Jucken und bohrte in mir herum. Und einmal stieß ich heftig zu, und da war's passiert.‹

›Was passiert?‹ fragte ich.

›Da platzte das Jungfernhäutchen. Es blutete.‹

›Und wie hast du das mit dem dicken Löffel gemacht?‹

›Mit dem dünnen Stiel‹, sagte sie.

›Mit dem Kochlöffelstiel?‹

›Ja‹, sagte sie.

Sie werden sich vorstellen können«, sagte Onkel Jossel, »wie erleichtert ich war, als mir endlich die Wahrheit bestätigt wurde, nämlich: daß Rebecca unschuldig war, daß kein Mann vor Jossel Wassermann in ihr herumgefummelt hatte, weder mit seinem Pisser noch mit seinen Händen, denn auch das kriegte ich aus ihr heraus, die mir endlich die Wahrheit sagte. Ich erzählte es gleich meiner Mutter und meinen Großeltern. Und die liefen zum Rebben und erklärten es ihm. Sie sagten: ›Es gibt jetzt keinen Grund für eine Scheidung, denn sie ist unschuldig.‹ Auch die Rebbezen erfuhr die Neuigkeit.

Bald wußte es das ganze Schtetl, denn die Rebbezen und meine Mutter und auch die Großeltern sorgten dafür, daß die Ehre der beiden Familien wieder hergestellt wurde. Jeder glaubte es. Ja, so war's. Es hieß: Die Wichnitzers sind anständige Leute, ebenso wie die Wassermanns. Und Jossel hat eine ehrbare Frau geheiratet.

Es ist so eine Sache mit dem Spott in einer kleinen Stadt oder einem Schtetl. Meine Ehre war zwar wieder hergestellt, aber die Leute lachten, wenn sie mich sahen, und rissen Witze. Irgendwie hatten sie rausgekriegt, daß mein richtiger Name gar nicht Jossel war, sondern Joseph. Wenigstens stand dieser Name in den Büchern des Magistrats. Einer der Händler auf dem Wochenmarkt sagte zu mir: ›Du hast einen neuen Spitznamen, Jossel. Weißt du das?‹

›Nein‹, sagte ich.

›Du heißt doch in Wirklichkeit Joseph?‹

›Ja‹, sagte ich.

›Jetzt heißt du nämlich Joseph der Zweite.‹

›Warum Joseph der Zweite?‹

›Weil der Kochlöffel bei deiner Frau der Erste war.‹

Die Sache mit dem neuen Spitznamen machte schnell die Runde. Die kleinen Chederjungen liefen mir auf der Straße hinterher und riefen: ›Joseph der Zweite.‹ Die Leute lachten. Und die Marktweiber spuckten aus und kratzten ihre Brüste und Schenkel. Sogar der ruthenische Polizist salutierte, wenn er mich sah. Er kannte nur Pohodna und Umgebung, aber nicht die Geschichte Österreichs. Er wußte zwar, daß unsere Fahne einen Doppeladler hatte und daß unser aller Herr und Beschützer Franz Joseph hieß, aber wer Joseph der Zweite war, hatte er erst von den Kindern auf der Straße erfahren.

Ich ging zum Rebben und beklagte mich. Der Rebbe kannte die Geschichte. ›Mach dir nichts draus, Jossel Wassermann‹, sagte er. ›Je mehr du den Leuten zeigst, daß dich der Spott ärgert, um so schlimmer werden sie dich mit ihrem Spott verfolgen.‹

›Und was soll ich machen, Rebbe?‹

›Gar nichts, Jossel Wassermann. Laß sie schimpfen und reden und spotten. Irgendwann werden die Leute sich langweilen, wenn sie sehen, daß du nicht reagierst. Und irgendwann werden sie deinen Spitznamen vergessen.‹

›Joseph der Zweite‹, sagte ich. ›Wer konnte sich nur so was ausdenken. Der Kaiser und der Kochlöffel.‹

›Nur ein Jude kann sich so was ausdenken‹, sagte der Rebbe.«

2

Der Notar sagte: »Herr Wassermann, hatten Sie nicht einen anderen Spitznamen? Jossel Matze? Und dann Jossel der Karge? Wenn ich nicht irre, bedeutet Karger so was wie Geizkragen?«

»Das war später«, sagte Onkel Jossel. »Viel später.«

Der Rechtsanwalt war ans Fenster getreten. Dort stand er nachdenklich und guckte in den hellen Nachmittag.

»Man spürt nichts vom Krieg«, sagte er.

»Welcher Krieg?« fragte Onkel Jossel.

»Der wieder ein Weltkrieg werden könnte«, sagte der Rechtsanwalt. »Denn wenn die Deutschen heute nacht oder morgen früh oder übermorgen in Polen einmarschieren, werden die Engländer und die Franzosen nicht stillhalten.«

»Es ist schade, daß wir das Radio nicht anstellen können«, sagte Onkel Jossel. »Es ist schon seit Tagen kaputt.«

»Ich werde später eine Zeitung holen«, sagte der Rechtsanwalt. »Am besten gegen sechs, wenn die Abendzeitungen an den Kiosken sind.«

»Herr Wassermann«, sagte der Notar. »Könnten Sie sich nicht ein bißchen beeilen? Die Geschichte wird zu lang.«

»Ich werde es versuchen«, sagte Onkel Jossel.

»In meinen Akten steht, daß Ihre Ehe wieder geschieden wurde.«

»Ja«, sagte Onkel Jossel. »Wir hatten nicht standesamtlich geheiratet. Die Ehe wurde nur vom Rebben geheiligt. Nach jüdischem Brauch aber kann sie wieder gelöst werden, wenn sie kinderlos ist.«

»Sie ließen sich also scheiden?«

»Ja«, sagte Onkel Jossel. »Rebecca war unfruchtbar. Es war nicht meine Schuld, denn ich hatte bewiesen, daß ich schwängern konnte.«

»Das Bauernmädchen, die Tochter des ruthenischen Bauern Fediuk?«

»Ja«, sagte Onkel Jossel.

»Sie wurden also geschieden und blieben dann Junggeselle?«

»Ja«, sagte Onkel Jossel.

»In den nächsten Jahren gab es einige Veränderungen im Haus der Wassermanns. Meine Mutter beschloß ganz plötzlich, wieder zu heiraten. Sie heiratete Goldzahn, unseren Angestellten, der eigentlich Lemberger hieß, Joil Lemberger. Zahnlos war er, aber kein schlechter Mensch.«

»Hat sich noch was verändert?«

»Ja. Lydia ging weg. Sie heiratete einen ruthenischen Bauern. Unser neues Dienstmädchen war eine Rumänin und hieß Ileana. Sie war nicht so hübsch wie Lydia. Aber auch nicht häßlich. Manchmal ging ich nachts in die Küche und bestieg sie auf der Küchenbank.«

»Als frommer Jude durften Sie aber so was gar nicht tun. Ein wirklich frommer Jude – das hab ich mal gehört – scheut die Frauen und schlägt den Blick nieder, wenn er ihnen begegnet.«

»Das ist wahr«, sagte Onkel Jossel. »Aber ich war nie wirklich fromm. Ich trug mich seit Jahren mit dem

Gedanken, mir die Schläfenlocken abzuschneiden und den Kaftan auszuziehen. Das war aber nicht so einfach in Pohodna. Erst später, nach der Jahrhundertwende, wagten es einige, sich zu assimilieren und das auch offen zuzugeben.«

»Wie war das mit der Partnerschaft in der Schenke? Wurden Sie Teilhaber?«

»Nein«, sagte Onkel Jossel. »Kurz nach der Jahrhundertwende starben meine Großeltern, zuerst der Großvater, dann die Großmutter. Es war ein schwerer Schlag für mich. Goldzahn und meine Mutter übernahmen die Schenke. Ich hielt mich da raus, denn ich war froh, daß meine Mutter versorgt war und ich keine Verantwortung für sie tragen mußte. Auch mit Rebecca war es ähnlich. Ich gab ihr die Mitgift zurück, die mein Großvater hinter dem Stall von Bogdan vergraben hatte, denn ich wollte keine Verantwortung oder gar für sie sorgen, bis sie wieder heiratete. Ich wollte frei bleiben. Und wenn Sie mich fragen, warum, dann kann ich nur sagen: Ich weiß es nicht.«

»Vielleicht ahnten Sie, daß Sie in die Schweiz gehen würden?«

»Vielleicht«, sagte Onkel Jossel.

»Um sich ganz zu assimilieren.«

»Das hätte ich auch in Czernowitz können.«

»Ja«, sagte der Rechtsanwalt. »Aber die Schweiz ist weiter entfernt von Pohodna.«

»Das stimmt«, sagte Onkel Jossel.

»Sie hätten ja auch nach Wien gehen können oder nach Budapest.«

»Ja«, sagte Onkel Jossel. »Vielleicht unter anderen Umständen.«

»Haben Sie sich ganz assimiliert?«

»Nein«, sagte Onkel Jossel. »Ich habe es zwar geglaubt, aber jetzt, wo es zu Ende geht, stelle ich fest, daß es nicht stimmt.«

»Ich habe sogar eine *Mesuse* am Türpfosten dieser Wohnung«, sagte Onkel Jossel.

»Eine Mesuse?« fragte der Notar.

»Es ist eine Art Talisman«, sagte der Rechtsanwalt Moische Katz, »eine Blechkapsel, in der ein Pergamentstreifen liegt... beschrieben natürlich mit einem Ausspruch Gottes und einer Ermahnung an die Juden, ihn nicht zu vergessen.«

»Richtig«, sagte Onkel Jossel. »In Pohodna hatte jedes jüdische Haus eine Mesuse am inneren Türpfosten. Man sollte sie berühren, wenn man das Haus betrat oder wieder verließ, mit den Fingerspitzen berühren, die man dann küßte.«

»Was küßte?«

»Die Fingerspitzen, die die Mesuse berührt hatten.«

»Haben Sie das jedesmal gemacht, wenn Sie das Haus betraten?«

»Nein«, sagte Onkel Jossel. »Mein Großvater hat es gemacht, aber auch nicht immer. Er hatte es immer eilig.«

»Ein Talisman also«, sagte der Notar. »Oder eine Ermahnung an den Glauben. Was immer es auch sein mag... war es nicht gefährlich, ich meine: An dieser Mesuse erkannten die Leute ja, wo ein jüdisches Haus war.«

»Es war gefährlich«, sagte Onkel Jossel, »aber in

Pohodna glaubte keiner daran, daß es mal zu einem Pogrom kommen könnte, so wie in Rußland.«

»Ja«, sagte der Notar.

»Es gab ja auch keinen Anlaß dazu unter dem Kaiser Franz Joseph.«

»Unter dem bestimmt nicht«, sagte der Notar.

»Ich habe mal in Czernowitz einen entfernten Verwandten besucht, der vorgab, ein Atheist zu sein. Als ich vor seiner Wohnungstür stand, war ich erstaunt, als ich am inneren Türpfosten eine Mesuse sah.«

»Das ist merkwürdig«, sagte der Notar.

»Das ist nicht merkwürdig«, sagte der Rechtsanwalt.

»Czernowitz«, sagte Onkel Jossel. »Die Traumstadt aller Bukowiner, die Stadt, auf deren Wappen der kaiserliche Doppeladler war, denn es hieß: Auch wenn der Doppeladler mal einen Kopf verliert, dann könne er immer noch mit dem anderen für den Kaiser und für Österreich weiterflattern. Auf dem Rathaus in Czernowitz prangte der Doppeladler, von weither zu sehen, ein Wahrzeichen der Stadt, die von Jahr zu Jahr jüdischer wurde. Klein-Wien nannten sie die einen, Klein-Jerusalem die anderen. Können Sie sich vorstellen, daß viele in Pohodna Czernowitz nie gesehen hatten, obwohl es gar nicht weit entfernt war? Sie redeten nur über die Stadt. Mottel und ich fuhren nach der Jahrhundertwende oft dorthin, mit der Bahn oder im Zweispänner. Wir hatten unsere Schläfenlocken abgeschnitten, den Kaftan ausgezogen und trugen Anzüge nach der letzten Wiener Mode. Mottel hatte reich geheiratet. Als die neue Eisenbahnbrücke gebaut wurde – nicht weit von der kleinen Holzbrücke –, kaufte er das Sägewerk, das mit dem Streckennetz verbunden wurde.

Nun, Mottel fuhr immer mal geschäftlich nach Czernowitz und nahm mich gerne mit. Jedesmal, wenn er sich einen neuen Anzug maßschneidern ließ, kriegte ich seinen alten, der eigentlich so wie neu war. So war Mottel. Wir gingen in Czernowitz ins Theater und in die Oper. Den Zweispänner ließen wir stehen und mieteten aus Spaß einen Fiaker am Ringplatz. Seit 1897 gab es in Czernowitz eine elektrische Straßenbahn. Für mich war das ein Erlebnis, denn Straßenbahnen hatte ich zuvor nie gesehen. Wir fuhren oft vom Bahnhof bis zum Volksgarten und wieder zurück, nur, um zu erleben, wie das ist. Das war eine amüsante Zeit. Wir saßen in den Kaffeehäusern rum, aßen Sachertorte und Cremeschnitten, tranken Wiener Kaffee mit Schlagobers, guckten uns die Frauen an, meistens Jüdinnen, die auf der Herrengasse flanierten. Mottel trug einen neuen, glänzenden Halbzylinder und hatte mir seinen alten geschenkt. Oft grüßten wir aus Spaß die Leute, nur, um mal den Hut abzunehmen, um zu sehen, wie das ist.«

»Trugen Sie ein Käppi unter dem Hut?«

»Nein«, sagte Onkel Jossel.

»Einmal nahm Mottel mich zu einem Ball mit, der im Hotel *Schwarzer Adler*, dem vornehmsten Czernowitzer Hotel, stattfand. Der Ball war eigentlich ein Offiziersball zum Jubiläum des einundvierziger Czernowitzer Hausregiments Prinz Eugen. Ein Vetter von Mottel, ein Fähnrich, hatte uns eingeladen. Ich war erstaunt, wie viele der österreichischen Offiziere Juden waren. Ein Kaftanjude in der Hoteldiele, der etwas verschämt in der Nähe des Eingangs stand, sagte mir, daß sein Sohn ein Leutnant sei und daß er dort drinnen wie ein Goi Walzer tanze. Er zeigte mir den Leutnant, einen kleinen Mann in meinem Alter, in Galauniform – an diesem Abend keine blankpolierten Stiefel, nicht mal die übliche krapprote Reithose, sondern Lackschuhe, lange, dunkle Hose mit weichselfarbener Schnurverzierung und graublauem Waffenrock –, und da konnte ich, Jossel Wassermann, mir nicht vorstellen, wie er im Kaftan aussehen würde. Vielleicht, so dachte ich, wirst du auch mal Offizier, falls zum Beispiel ein Krieg ausbricht – und da kann man auch ohne Matura avancieren –, ein Krieg bringt neue Möglichkeiten, unvorhergesehene – und du würdest gar nicht mal schlecht aussehen in so einer Uniform.

Die Uniform eines österreichischen Offiziers! Die hab ich nie getragen, doch ich trug die Uniform eines einfachen Soldaten. Hatte ganz vergessen, diesen kleinen Zwischenfall in meiner Geschichte zu erzählen. Natürlich habe ich als vaterlandsliebender Mensch von Gesinnung – und kaisertreu war ich ja auch – meinen Militärdienst gemacht, mit ziemlicher Verspätung, da ich, wie Sie ja wissen, nie ordentlich registriert worden war, das heißt: erst vier Jahre nach meiner Geburt und unter sonderbaren Umständen. Aber eines Tages holten sie mich. Jossel Wassermann, der wieder Joseph hieß, tat seine Pflicht, drückte sich nicht, wollte sich auch nicht verstecken wie so viele, besonders bei den Gojim in den huzulischen Bergdörfern, die sich lieber selbst verstümmelten, als unter der Fahne des Kaisers zu marschieren. Ich rückte also ein, wurde aber wegen einer Lungenentzündung mit Komplikationen – Sie wissen ja, wie leicht ich mich erkälte – frühzeitig entlassen und nach kurzem Aufenthalt in einem Militärspital nach Hause geschickt.

Im Jahre 1905 wurde meine Schwester Resele plötzlich schwanger. Sie war nicht mehr die Jüngste, und auch Chaim, der Wasserträger, hatte ein paar graue Haare. Als das Kind zur Welt kam, sagte Chaim: ›Das ist unser Sohn Jankl, der mal ein Wasserträger werden wird.‹«

Onkel Jossel sagte: »Diesen Jankl liebte ich wie meinen eigenen Sohn. Als er drei Jahre alt war, nahm ich ihn mit auf den Wochenmarkt, und dann führte ich ihn in das neue Wiener Kaffeehaus in der Franz-Joseph-Gasse. Jankl aß Sachertorte und Cremeschnitte, und ich sagte zu ihm: ›Als dein Vater so alt war wie du, da gab es in Pohodna noch kein Wiener Kaffeehaus. Nur Schenken gab es hier und ein koscheres Restaurant, das vom Reb Nudelmann, und den Kramladen vom alten Seidenfaden, der einen Sohn hat, den man Moische Pipik nennt, und wo man auch Tee trinken kann und manchmal auch Kaffee und den's immer noch gibt, ich meine Seidenfadens Kramladencafé, und die Seidenfäden haben auch Honigkuchen und Limonade und Bindfaden und Naphtha und so weiter, und im koscheren Restaurant vom Nudelmann, das es auch noch gibt, da kann man Pflaumenkompott essen und süße Nudelspeisen und so'n Zeug, auch Fleisch natürlich und Suppe. Ja. Aber das Wiener Kaffeehaus, das ist neu. Und wie du siehst, Jankl, einige Frauen sind allein. So was gab's früher nicht. Jetzt haben sich die Zeiten geändert. Und wenn du mal erwachsen bist, wirst du ein anderes Pohodna kennen als das, was ich gekannt habe, als ich noch in den Cheder ging.‹«

»Hat sich Pohodna wirklich verändert?« fragte der Rechtsanwalt.

»Nicht wirklich«, sagte Onkel Jossel. »Im Jahre 1908 schien es mir, als würde sich alles verändern. Es war aber nicht so. Viele schnitten sich die Schläfenlocken ab, und auch Frauen zeigten sich moderner, aber die meisten blieben so, wie sie waren. Pohodna war nicht Czernowitz.

Nach dem Russisch-Japanischen Krieg und der mißlungenen Revolution im Zarenreich wurden auch bei uns im Schtetl neue Ideen verbreitet. Besonders die Jüngeren sprachen von Marx und Engels und viele von Theodor Herzl, dem jüdischen Journalisten aus Wien, der von einem Judenstaat träumte und ihn sogar prophezeit hat. Die frommen Juden lehnten diese Ideen ab, denn sie glaubten, diese richteten sich gegen den lieben Gott. Auch den Judenstaat in Palästina wollten sie nicht, denn der Fromme ist überzeugt, daß nur der liebe Gott die Juden ins Heilige Land zurückführen kann. ›Eines Tages‹, sagte der Rebbe, ›wird der Messias erscheinen. Er kommt auf einem weißen Pferd, aber man wird ihn auf jeden Fall erkennen, auch wenn es ihm einfallen sollte, zu Fuß zu gehen. Und er wird alle Juden ins Land ihrer Vorväter zurückführen. Und auch die Toten werden auferstehen und sich am Berge Zion versammeln ... alle Juden seit Urzeiten. Und man wird den Tempel wieder aufbauen. Und einen Hohepriester einsetzen. Die Juden werden das Widderhorn hören, das Horn, das man *Schofar* nennt. Aber diese Zeit ist noch nicht reif. Wenn sie kommt, wird Frieden herrschen unter allen Menschen auf dieser Erde.‹

Na ja«, sagte Onkel Jossel. »Ich arbeitete in der Schenke. Manchmal, wenn wenig Betrieb war, nahm ich mir ein Säckel und einen Stock und zog mit den Händlern in die umliegenden Dörfer mit Tabak, Strümpfen, Schnürsenkeln, Tüchern, Damen- und Herrenunterwäsche, Hosen, Jacken und Röcken und den Offizierstiefeln fragwürdiger Herkunft aus der kaiserlichen Armee. Einmal, auf dem Nachhauseweg, traf ich Reb Feigenbäum, der schon ziemlich alt und gebeugt war. Wir gingen gemeinsam, nahmen die Abkürzung durch die Maisfelder und rasteten an der Stelle, wo die schwarze Vogelscheuche stand, unweit von jenem Holzkreuz, an das Christus genagelt war. Reb Feigenbäum erzählte mir, daß Christus die Juden verflucht hätte und daß sich der Fluch eines Tages erfüllen könne, nur wisse er nicht wann.

Meine Mutter wollte mich wieder verheiraten. Damals war Chane Sure, die spätere Heiratsvermittlerin, noch ein kleines Kind. Der im Schtetl berüchtigte Heiratsvermittler war ihr Vater, der Schadchen Reb Blum. Meine Mutter redete mit ihm. Er sagte: ›Ihr Sohn, Frau Wassermann, ist zwar kein eigentlicher Luftmensch und auch kein eigentlicher Schnorrer, aber er hat auch keinen eigentlichen Beruf. Es ist nichts Eigentliches an ihm, und eigentlich weiß niemand, was er eigentlich ist.‹

›Ob eigentlich oder nicht‹, sagte meine Mutter, ›irgendein Mädchen wird er schon finden.‹

›Irgendeine findet man immer‹, sagte der Schadchen. ›Aber das wäre nicht in Ihrem Sinne, Frau Wassermann. Sie wollen ja eine aus einer begüterten und besseren Familie.‹

›Gewiß‹, sagte meine Mutter.

›Wenn er wenigstens wie ein Mensch aussehen würde‹, sagte der Schadchen, ›aber er sieht wie ein Goi aus.‹

›Wie meinen Sie das?‹ sagte meine Mutter.

›Er sieht so gesund aus‹, sagte der Schadchen. ›Und das mögen die Mädchen nicht.‹

Die große Mode war damals *blaß*, betont blaß. Man nannte es die interessante Blässe. Der Bauer aus der Umgebung, für die Juden im Schtetl das Symbol der Gojim, der war gesund, kräftig, braungebrannt und hatte dichtes Haar und rote Backen, also alles, was verpönt war, als ordinär und unjüdisch galt. Jüdische Frauen bevorzugten blasse, schwächlich aussehende Männer, auch Männer mit Glatzen. Es hieß: Einer mit einer Glatze, besonders ein junger Mann, ist intelligent und stellt etwas dar. Das war jemand. Ein Bauer war ein Niemand. Glatze und Blässe galten als Zeichen von Intellektualität, Sensibilität und männlicher Potenz. Von einem blassen, ausgemergelten, kahlköpfigen jungen Juden hieß es: Man sieht's ihm an, daß er viel über den Büchern hockt, die Augen glühen trotz Übermüdung, der Geist Gottes leuchtet von seiner hohen Stirn.

So einer achtet seine Frau, zeugt viele Kinder und lobt den Herrn.«

»Hatten Sie damals schon eine Glatze?«

»Leider noch nicht«, sagte Onkel Jossel.

»Und auch kein Glück bei den Frauen?«

»Auch kein Glück bei den Frauen.«

Der Schadchen, also der Heiratsvermittler, ging mit mir auf Brautschau. Ich mußte mir vorher meine Wangen pudern – denn zu jener Zeit trug ich weder Schläfenlokken noch Bart –, also pudern mußte ich mir die glattrasierten Backen, damit man die ordinäre Gesichtsfarbe nicht sah, weiß mußte sie sein und vornehm. Trotzdem merkten die Weiber das. ›Er sieht wie ein Bauer aus‹, sagten sie. ›Und er hat keinen eigentlichen Beruf‹, sagten ihre Väter. Und die Mütter sagten: ›Er sieht so aus wie einer, der keine Verantwortung tragen will.‹

›Er kann aber aus der Thora zitieren‹, sagte der Schadchen. ›Und er kann Geschichten erzählen wie kein anderer, besser als der Rebbe, wenn er mal zuviel Wein getrunken hat, und besser als die Chassidim, wenn sie am Feierabend zusammensitzen.‹

Nun, was soll ich Ihnen erzählen«, sagte Onkel Jossel. »Der Heiratsvermittler gab sich Mühe. Ich blieb aber Junggeselle.«

»Herr Wassermann«, sagte der Notar. »Können Sie Ihre Geschichte nicht etwas abkürzen? Erzählen Sie nun endlich dem Thoraschreiber, dem wir ja Ihre Geschichte übergeben werden, wie und wann und auch warum Sie in die Schweiz gekommen sind.«

3

Als der Erzherzog Franz Ferdinand erschossen wurde«, sagte Onkel Jossel, »in Sarajewo erschossen, und der Krieg mit Serbien vor der Tür stand, da liefen die Chederkinder in Pohodna mit kleinen Fähnchen auf den Gassen des Schtetls herum und schrien: ›Nieder mit Serbien. Es lebe der Kaiser Franz Joseph.‹ Natürlich wurden die Kinder von den Erwachsenen aufgestachelt. Denn was wußten die Kinder vom Erzherzog Ferdinand und der Thronfolge des Kaisers oder gar von Sarajewo, einer Stadt, die den Türken gehört hatte und von den Serben reklamiert wurde, aber eben zu Österreich gehörte, von Gott gegeben sozusagen, damit der Kaiser, unser aller Schirmherr, auch für diese Hinterwäldler sorgen kann, so wie er für uns alle sorgte. Die Juden in Pohodna holten das Bild des Kaisers, das meist im Wohnzimmer hing über der Kommode oder wie ein Heiligenbild über dem Ehebett, und stellten es ins Fenster, damit es jeder sehen konnte, und sie hißten die k.u.k. Fahne, die Fahne der Doppelmonarchie und des Kaisers von Gottes Gnaden, kauften eine Menge Zeitungen, deutsche und jiddische, von denen es genug im Schtetl gab, sammelten Geld für den kommenden Krieg und legten den Schmuck beiseite, den sie dem Kaiser geben wollten. Und ehe wir uns umsahen und ehe die Schriftgelehrten Zeit hatten, um im Talmud nachzuschlagen, ob dieser Krieg schon etwa prophezeit sei, war er auch schon da. Da sich viele Juden freiwillig meldeten, wurde auch ich, Jossel Wassermann, Kriegsfreiwilliger. Nun, ich will ganz ehrlich sein. Ich war kein Held, und ich fürchtete mich bei jedem Gewitter, weniger den Blitz als den Donner, denn ich hatte empfindliche Ohren und erschrak jedesmal, und ich hatte mich nie mit den Bauern geprügelt aus Angst vor einer Verletzung, zum Beispiel meiner Hoden – denn der Mann soll nicht ohne diesen Wackelsack unter Gottes Himmel herumlaufen –, und ich hatte auch Angst, mir Gott behüte ein Bein zu brechen – auch das Nasenbein – oder einen Arm. Ich fürchtete Erkältungen, besonders den Schnupfen, war wetterempfindlich, also nicht abgehärtet trotz meines gesunden Aussehens. Andererseits wollte ich dem Kaiser zu Hilfe eilen, der mich brauchte, mich, Jossel Wassermann, den Sohn vom Schloime und den Enkel vom Leibl Wassermann, und ich wollte den Serben eins aufs Dach geben, obwohl die Serben keine Antisemiten waren, was man von so manchem wackeren Österreicher nicht gerade behaupten konnte. Aber der Kaiser hatte uns Juden gleichberechtigt. Und weil alles auf dieser Welt seinen Preis hat und weil der Jude das weiß, deshalb oder aus diesem Grunde war es meine Pflicht, wenigstens einmal fürs Vaterland zu sterben.«

»Also schön und gut«, sagte der Notar. »Ich nehme aber an, daß Ihnen, Herr Wassermann, nichts ferner lag, als fürs Vaterland zu sterben, auch wenn es nur einmal ist.«

»So ist es«, sagte Onkel Jossel. »Aber das wurde mir erst bewußt nach der ersten Feuertaufe.«

»Wo war das?«

»In Galizien. Denn als ich zur Front kam, war der Krieg bereits ein Weltkrieg. Wir hatten vor allem die Russen auf dem Hals, die wie die Heuschrecken vom Jahre 1865 ins Kaiserreich eindrangen. Die härtesten Kämpfe fanden am San statt und am Dnjestr, in der Gegend zwischen Lemberg und Przemysl.«

»Und Czernowitz?«

»Czernowitz wurde gleich in den ersten Augusttagen 1914 von den Russen überrannt. Auf den Landstraßen waren Tausende von Flüchtlingen, meistens Juden, die Angst vor den Kosaken hatten und vor Pogromen und mit ihren vollbepackten Fuhrwerken in Richtung Budapest und Wien zogen.

Die Bukowina wurde nicht sonderlich verteidigt«, sagte Onkel Jossel. »Im Laufe des Krieges wechselte Czernowitz dreimal die Herren. Wir hatten anfangs nur schwache Verbände eingesetzt, den Landsturm unter Führung des Oberst Fischer und Polizei- und Gendarmerieeinheiten. Das einundvierzigste Czernowitzer Hausregiment Prinz Eugen war bei Lemberg eingesetzt. Und später kamen auch deutsche Truppen, um die Russen aus Galizien und der Bukowina herauszudrängen. Unser Fähnrich sagte immer wieder: ›Das hätte noch gefehlt, daß dieses Kosakenpack bis Wien galoppiert und unser geliebter Kaiser flüchten müßte. Und stellt euch mal vor: die Russen im Burgtheater oder in der Wiener Oper und in den Kaffeehäusern und im Prater. Könnt ihr euch einen Kosaken auf dem Riesenrad vorstellen? Dieses Pack weiß ja nicht mal, was der Prater ist.‹ Und der Fähnrich sagte: ›Wenn Galizien fällt, fällt auch Wien. Also, Galizien müssen wir halten. Und ich werde euch den *Tuches* anheizen und eine Zündschnur zwischen die Eier hängen, falls ihr vergeßt, wie man für den Kaiser den Tuches hinhält.‹ Tuches ist ein jiddisches Wort und heißt Arsch. Das also hat er gesagt, der Fähnrich Tewje Rübenthal, der ein Jude aus Kolomea war, dem Schtetl meines Ahnen Mordechai, und der so patriotisch redete und doch anders wie sein Vorgänger Gustl Hupfnagel, bevor ihn die russische Artillerie wegpustete, nun, vor Lemberg war das, ein Volltreffer.

Ich wurde verwundet«, sagte Onkel Jossel, »kam in die Etappe, in ein Spital, wurde zurechtgeflickt, sollte wieder an die Front, landete aber beim Nachschub, vorübergehend nur, und wurde dann aus unverständlichen Gründen noch tiefer in die Etappe versetzt. Dort nahm sich der Hauptmann von Burgenstein meiner an und machte mich zu seinem Offiziersburschen. Einige Wochen machte ich nichts anderes als die Stiefel des Hauptmanns zu putzen, auf Hochglanz natürlich, seine Uniform zu bügeln, Wein zu besorgen, die besten Marken, auch Weiber, sie zu öffnen, die Weinflaschen meine ich. Eine Zeitlang ging's mir gut. Dann aber wurde der Hauptmann zur Front versetzt und nahm mich mit.«

»Wieder an die galizische Front?«

»Nein, diesmal war's die italienische. Ich wurde am Isonzo eingesetzt, machte einige der Schlachten mit, die in die Geschichte eingegangen sind – die Schlachten am Isonzo –, erlebte, wie der Hauptmann fiel, vor meinen Augen, zusammengesackt, nur noch mit halbem Schädel... und einem einzigen gebrochenen

Auge, das zu sagen schien: Wo ist das andere Auge mit der anderen Schädelhälfte? Und wer hat das getan? Warum eigentlich?

Eines Tages kriegte ich einen Zugführer, der die Juden nicht mochte. Er hieß Alois Mataschek. Und der Mataschek sagte fast jeden Tag: ›Diese Armee ist verjudet wie der Kren von den Krenwürmern. Wie soll der Kaiser den Krieg gewinnen? Etwa mit den Juden?‹

›Etwa mit den Tschechen?‹ sagte ich. ›Die laufen zu Tausenden zum Feind über. Oder etwa mit den Ruthenen oder den Ungarn oder den Polen oder den Slowenen und Kroaten? Alle wollen sich von Österreich lösen, mit Ausnahme der Juden. Wir lieben den Kaiser und wir sind bereit, für ihn zu sterben.‹

›Na, du bist gerade der Richtige, der für den Kaiser sterben will‹, sagte der Zugführer. ›Paß mal auf, Jossel Wassermann. Ich werde dich und zwei deiner Glaubensgenossen morgen auf ein Himmelfahrtskommando schicken. Dann zeig mal, wie du für den Kaiser stirbst.‹

Es war natürlich gewagt, einem Zugführer zu widersprechen. Aber an der Front konnte man sich einiges leisten. Einerseits wußte ich das, andererseits war mir auch klar, daß ich mein Todesurteil besiegelt hatte.

Denn am nächsten Tag schickte mich der Zugführer Alois Mataschek auf sein versprochenes Himmelfahrtskommando. Zwei andere Juden waren dabei, die für den Kaiser sterben sollten: der Galizier Itzig Palatschnik und der Salzburger Jude Franzl Ohrenstein.

Nun, was soll ich Ihnen erzählen«, sagte Onkel Jossel. »Monatelang hatten wir in den Bergen gekämpft, an steilen Abhängen, auf Serpentinenwegen, in Tunneln und Höhlen, die wir zum Schutz in die Felswände gesprengt hatten. Monatelang lagen wir im Trommelfeuer. Monatelang durchschossen italienische Scharfschützen jeden Kopf, der nicht in Deckung war. Und manchmal kamen sie nachts bis zu unseren Höhlen, Unterständen, Tunneln, wo immer wir uns in den Bergen und Schluchten eingegraben hatten, fingen plötzlich vor unserer Nase zu ballern an, schmissen brennende, mit Naphtha getränkte Lappen in Tunnel und Bunker, wollten uns ausräuchern, wurden aber immer wieder verdrängt. An jenem Tag, am Tag des Himmelfahrtskommandos, sollten wir ins Tal, ins Flachland, an Schützengräben vorbei, dann über den Isonzo, tief in die Stellungen der Italiener.

›Der General will genau wissen‹, sagte der Zugführer Alois Mataschek, ›wie die Schützengräben des Feindes angelegt sind, wie viele schwere Geschütze er hat, wo sie stehen, wo die Munitionslager sind, wie viele Pferde diese verdammten Makkaronifresser haben, ob sie auch über Lastautos verfügen oder gar über Flugplätze in dieser Gegend.‹

Na ja. Wir zogen also los, kamen mausähnlich aus den Schlupflöchern der Berge, verließen die Festung aus Fels und Stein, schafften es bis ins Tal, wurden beschossen und kehrten schleunigst wieder zurück. Der Zugführer war vernünftig und meinte, daß es doch besser sei, die Nacht abzuwarten.

Erst als die Abenddämmerung fiel, ging es dann richtig

los. Wir hatten Glück und erreichten das Ufer des monatelang umkämpften Isonzo ohne Verluste und schafften es mit dem Schlauchboot über den reißenden Fluß. Im Isonzo schwammen Leichen und Leichenteile. Sie kamen aus der Gegend flußaufwärts, wo um jedes Dorf und um jede Stadt in der Nähe des Flusses gekämpft wurde. Wir erreichten das andere Ufer, verkrochen uns dort im Gebüsch, zogen aber bald weiter, tief in die Stellungen des Feindes.

Irgendwann in der Nacht blitzten Leuchtkugeln auf, Scheinwerfer blendeten uns, Lichtkegel huschten um unsere Köpfe. Die Italiener eröffneten das Sperrfeuer. So war's. Die beiden Juden an meiner Seite fielen, waren gleich tot. Ich aber, Jossel Wassermann, wurde weder getroffen, noch fiel ich vor Angst tot um. Ich rannte irgendwohin, tauchte in einem Weizenfeld unter, verkroch mich dort, fiel erschöpft auf die feuchte Erde, fühlte mich hundeelend, hatte Bauch- und Magenkrämpfe, schlief plötzlich ein, schlief den Schlaf des Gerechten.

Als ich erwachte, stand die Sonne schon hoch am Himmel. Ich ging geradeaus, weil ich gar nicht wußte, wohin ich gehen sollte, hatte auch nichts gesehen, weder Geschütze, Pferde, Lastautos, Flugplätze oder gar Italiener. Ich ging also geradeaus, pfiff ein Liedchen vor mich hin, wollte mir Mut machen. Und plötzlich sah ich sie: die Italiener.

Ich stand auf einer Wiese, irgendwo zwischen Obstgärten, dünnem Wald, Isonzo, Himmel und Erde. Auf einer Lichtung stand ich. Und dort warteten dreihundert Italiener auf mich. Nun, in so einem Augenblick ist es schwer zu schätzen, es konnten auch weniger gewesen sein, vielleicht zweihundert. Sie hatten ihre Gewehre auf mich gerichtet – auch zwei Maschinengewehre –, stumm standen sie da, manche hockten auch auf der Wiese und in den Büschen, zielten auf mich, sagten nichts.

Sie hätten mal sehen sollen, wie schnell der Soldat Jossel Wassermann, Freiwilliger, Kämpfer für Kaiser und Vaterland, also: wie der Jossel Wassermann sein Gewehr wegschmiß. Weg war es. Ich hob die Hände, stand da, wartete, dachte: Na, was ist? Nehmt mich doch gefangen. Oder schießt. Macht irgendwas. – Als nichts geschah, kriegte ich's noch mehr mit der Angst zu tun. Die Kerle zielten auf mich, hielten mich im Visier, schossen aber nicht und machten auch keine Anstalten, mich gefangenzunehmen.«

»Eine solche Geschichte haben wir noch nie gehört«, sagte der Rechtsanwalt. »Man kann es sich kaum vorstellen.«

»Ich stand also da«, sagte Onkel Jossel, »mit erhobenen Händen, ohne Gewehr, hatte mich ergeben und wartete. Ich merkte, daß irgendwas Nasses in meine Hosen rann und in die Stiefel und auch was klebrig Matschiges. Du hast dich bekackt und bepißt, dachte ich, obwohl ich heute nicht weiß, ob ich in jener Situation klar denken konnte. Auf jeden Fall merkte ich, daß ich volle Hosen hatte, konnte ja nichts dafür, es rann einfach aus meinem Pisser heraus und aus dem

Hintern, so ist der Mensch. Mein ganzes Leben schien in jenen Augenblicken an mir vorüberzuziehen, auch tauchten Bilder auf, die ich nie gesehen und von denen man mir nur erzählt hatte. Ich sah meine Urgroßmutter Jente, wie sie dem Kaiser den Hering aus der Kehle zog, und ich hörte, wie sie sagte: ›Mach mal dein trefenes Maul auf.‹ Ich hörte den Kaiser röcheln, und ich hörte, wie der Kaiser fragte: ›Der Jude möchte also Rechte wie ein Nichtjude?‹ Ich sah meinen Großvater Schnaps auf die Tische spucken, helle, sich ausbreitende Lachen, und ich sah, wie die Großmutter mit der schmutzigen Schürze die Schnapslachen über die Tische verschmierte und dann sorgfältig trockenrieb. Salzheringe hüpften tot durch die Luft, kreisten durch die Schenke, hundert alte Frauen, die meiner Urgroßmutter glichen, zogen Männern mit Kaiserbart Heringe aus der Kehle. Mein Großvater nahm viele Gestalten an, und er goß den Gojim jüdischen Schnaps in die Kehle. Juden schrien in den Synagogen und Betstuben und klopften sich auf die Brust, weil die Kosaken kamen, und andere stießen Freudenschreie aus und riefen: ›Siehe, die alte Jente hat dem Kaiser den Hering aus der Kehle gezogen. Und was bedeutet das: die Gleichberechtigung. Bald werden die Juden ganz oben sitzen, neben dem Kaiser, jederzeit bereit, ihm einen Hering aus der Kehle zu ziehen, denn der Kaiser ist unser aller Beschützer. In Czernowitz ist ein jüdischer Bürgermeister und in vielen anderen Städten. Und all diese Wunder haben was mit den Heringen zu tun. Salzheringen, um genauer zu sein. Und Juden werden Generäle. Und so mancher wird geadelt. Und Jossel Wassermann ist Soldat. Und vielleicht wird er mal General. Alles ist möglich auf

Gottes Welt.‹ Und ich sah mich im Kaftan, ein Gläubiger vor den Leuten und ein Zweifler im Herzen, einer, der die Tochter des Bauern Fediuk geschwängert hat, und später hat er die Ileana bestiegen, auf der Küchenbank, aber da hatte er den Kaftan bereits abgelegt. Und wo ist mein Freund Mottel? Werde ich wieder einen seiner abgelegten Anzüge kriegen? Und einen Halbzylinder? Und da rennt Bogdan aus dem Stall. Und der Wachhund bellt. Und ich bin groß und erwachsen. Und dann wieder fünf. Und ich gehe mit dem Hahn zu Reb Wichnitzer ins Schlachthaus. Im Schtetl wohnen viele Augen. Und alle gucken mich an. Und Stimmen schwirren durcheinander. Gesichter überall. Und wippende Brüste, Markt- und Waschfrauen. Und überall Bärte und Schläfenlocken. Und dort ist das Schlachthaus und der furchterregende Schächter und sein krummer Helfer. Und sie beobachten den kleinen Jossel mit seinem Hahn. Und dann wieder die vielen Augen und die vielen Stimmen: ›So, du bist also mit Rebecca verlobt. Sie ist erst drei Wochen alt. Die Frau von Reb Wichnitzer hat sie unlängst gekriegt, sozusagen an die Luft gesetzt, ins Freie. Was, du bist schon fünf? Zu alt für sie. Was soll das. Auf die alten Knochen kommt's nicht an, sondern auf die Position eines Mannes, auf den Geldbeutel und auf die Parnusse. Na, hast du schon ihren Hintern gesehen? Welchen Hintern? Nun, Rebeccas Hintern. Was sagst du: Aber Rebecca ist doch erst drei Wochen alt. Hat so ein kleines Kind überhaupt einen Hintern? Aber natürlich. Jeder Mensch hat einen Hintern. Und Frauen haben einen besonderen. Auch wenn sie klein sind und erst drei Wochen alt. Und sag mal, Kleiner, liebes Jossele, hast du's mal probiert. Weißt du, wie das ist, wenn man einem Weib den Finger reinsteckt. Was, du weißt nicht wo? Na, irgendwo. Na, zeig mal her. Was, du willst nicht? Du zeigst ihn wohl lieber der schwarzen Vogelscheuche dort am Weg, jenseits des Pruth, dort, wo die Maisfelder sind. Und wo auch Christus hängt, am Kreuz, unweit der Vogelscheuche. Und stimmt es etwa nicht, daß man behauptet hat, Jesus sei der König der Juden, obwohl wir Juden das gar nicht wußten? Und die Römer haben ihn gekreuzigt, denn die Juden steinigen ihre Sünder, aber sie schlagen sie nicht ans Kreuz. Und warum wollen sich die Christen nicht beschneiden? Das ist doch gesund. Und hygienisch.‹ Und verdammt noch mal. Warum schießen die Italiener nicht. Ich kann's nicht mehr aushalten. Meine Hosen sind voll. Und meine Stiefel sind voll.«

»Wurden Sie erschossen?«

»Nein«, sagte Onkel Jossel. »Die ließen mich einfach stehen und wußten offenbar nicht, was sie machen sollten. Dann sah ich, wie einer von ihnen seinem Kameraden etwas zurief und wie dieser Ruf weitergereicht wurde, so wie ein sprechender Ball, der nicht von Hand zu Hand, sondern von Mund zu Mund, von Ohr zu Ohr ging, halblaut, als hätten sie alle ein geheimes Abkommen ohne irgendeine Befehlsgewalt. Und der Ruf kam wieder zurück zum ersten Rufer. Der warf plötzlich sein Gewehr weg und hob die Hände. Dann machte es ihm ein zweiter Italiener nach, dann ein dritter, ein vierter. Dann mehr. Bald warfen alle ihre Gewehre fort und hoben die Hände. Und auch die Männer hinter den beiden Maschinengewehren standen auf und hoben die Hände. Ich, Jossel Wassermann, konnte meinen eigenen Augen nicht trauen. Das konnte doch nicht wahr sein. Nein. Ich träume. Das ist unmöglich. Einer von ihnen, ein Intellektueller, der Deutsch konnte, kam zu mir rüber, sagte: ›Kamerad. Wir haben den Krieg satt. Kannst du uns nicht in die Gefangenschaft führen?‹

›In welche denn?‹ fragte ich.

›In die irdische‹, sagte er, ›die österreichische.‹

›Ist das dein Ernst, Kamerad?‹

›Ja, Kamerad, das ist mein Ernst.‹

›Und was sagen die anderen dazu?‹

›Du siehst doch. Sie sind einverstanden.‹

›Nun gut‹, sagte ich, ›wenn du willst.‹

Der Italiener schnüffelte merkwürdig. Offenbar hatte er bemerkt, daß ich volle Hosen hatte.

›Bist du aus Wien?‹ fragte er.

›Nein‹, sagte ich. ›Ich bin aus Pohodna.‹

›Wo ist das?‹

›In Österreich‹, sagte ich.

›Wie ist das Essen bei euch im Gefangenenlager?‹

›Gut‹, sagte ich. ›Ausgezeichnet.‹

›Zum Beispiel?‹

›Nun‹, sagte ich, ›es gibt reichlich zu essen.‹

›Aber was?‹

›Nun‹, sagte ich, ›Backhendl und Tafelspitz und Beinfleisch und Kren.‹

›Was noch?‹

›Sachertorte, Kaffee, Palatschinken, Zwetschgenknödel und Gugelhupf.‹

›Gibt's auch Spaghetti?‹

›Selbstverständlich.‹

›Mit Tomatensauce?‹

›Ja. Das auch.‹

›Habt ihr überhaupt im Krieg Tomaten?‹

›Selbstverständlich haben wir Tomaten.‹

›Und einen, der die richtige Sauce machen kann?‹

›Ja. Ein italienischer Koch. Ein Kriegsgefangener.‹

›Und gibt's auch Polenta?‹

›Die haben wir auch.‹

›Und woher habt ihr den Mais?‹

›Aus meiner Gegend. Aus Pohodna. Es handelt sich um die österreichischen Ostgebiete.‹

›Sind die nicht von den Russen besetzt?‹

›Sie waren besetzt. Aber der Kaiser Franz Joseph hat sie wieder befreit.‹

Der deutschsprechende Italiener ging zu den anderen zurück und erzählte ihnen, was ich gesagt hatte. Sie berieten sich eine Weile und nickten.

Nun, ich, Jossel Wassermann, Soldat der k.u.k. Armee, ließ die Italiener in Viererreihen antreten, befahl den Abmarsch, suchte aber vorher noch mein Gewehr. Da ich es nicht finden konnte, war einer der Italiener so freundlich und gab mir seines, das heißt: Er hob sein Gewehr, das er vorher weggeschmissen hatte, einfach auf, streichelte es zärtlich und gab es mir.

Unsere Truppen waren in der Nacht vorwärtsgestürmt und hatten den Fluß überquert. Ich hatte geschlafen und nichts gemerkt, auch nicht, daß sich der Feind zurückgezogen hatte. Zwischen mir und meinen Gefangenen und den österreichischen Linien waren nur wenige hundert Meter Niemandsland. Kein Problem für mich, den Soldaten Jossel Wassermann, den Transport bis zu meiner Truppe zu bringen. Wir wurden nicht mal versehentlich beschossen. Als ich mit den 254 Gefangenen – ich hatte sie inzwischen gezählt – also: Als ich mit den Gefangenen ankam, da staunten die Kameraden. Natürlich auch die Offiziere. Sie glaubten, das wäre ein Spuk. Dann aber begriffen sie es. Und da hätten Sie mal sehen sollen, wie die Feldtelefone geschäftig surrten. Es wurde auch telegrafiert.

Ja. Was soll ich Ihnen erzählen. Die Presse bekam Wind von der Sache. Jossel Wassermanns Bild machte Titelseiten. Ein österreichischer Held. Ein Soldat des Kaisers, tapfer, beherzt, einer aus den Ostprovinzen, der Beweis, daß Österreichs Präsenz im Osten von Gott bestimmt und das Kaiserreich nicht verloren war.

Ich erhielt die silberne Tapferkeitsmedaille, auf der das Bild des Kaisers zu sehen war. Daß ich selber Joseph der Zweite war, wußte die Presse nicht. Es hieß nur: Joseph Wassermann aus Pohodna, Schankwirt und Kleinunternehmer, Sohn eines Schriftgelehrten, Kriegsfreiwilliger, beweist stellvertretend die absolute Treue der gleichberechtigten jüdischen Minorität. Auf Männer wie Joseph Wassermann kann sich der Kaiser verlassen.

Natürlich avancierte ich zum Korporal, bekam auch Urlaub, reiste nach Wien, saß in den Kaffeehäusern rum, wurde bestaunt, photographiert, erhielt Einladungen, auch eine Audienz beim Kaiser.

Es war kurz vor seinem Tod. Der Kaiser war alt und zittrig. Am Isonzo ging das Schlachten weiter. Der Kaiser gab mir die Hand. Ich fragte ihn: ›Kann sich Eure Majestät an die alte Jente in Pohodna erinnern, an die Sache mit den Salzheringen und dem jüdischen Schnaps?‹

›Nein‹, sagte der Kaiser. Nun, er war schon sehr alt. Er sagte nur: ›Gut gemacht, Korporal.‹

Bei den Presseinterviews mußte ich immer wieder die Geschichte erzählen, wie ein kleiner österreichischer Soldat so viele Italiener gefangennahm. Ich schmückte sie natürlich aus, erzählte nichts von den vollen Hosen, sondern sagte: ›Als ich plötzlich aus dem Hinterhalt auftauchte, waren die Italiener vollkommen überrascht. Ich schoß ein paarmal in die Luft, und sie glaubten, die ganze Armee des Kaisers stünde hinter mir. Feige, wie Italiener nun einmal sind, hoben sie gleich die Arme, schmissen ihre Waffen weg und ergaben sich.‹

Einer der Journalisten fragte: ›Was schlagen Sie vor, Korporal, damit der Kaiser den Krieg siegreich beendet?‹

›Einen Vergnügungspark für Kriegsgefangene‹, sagte ich.

Der Journalist glaubte, falsch gehört zu haben. Ich erklärte: ›Nun, ich meine, man sollte die Gefangenen mit Wein und Champagner empfangen, ihnen gutes Essen geben – ich stelle mir vor: im Hintergrund Musik, damit die Speisenden ordentlich verdauen –, im Gefangenenlager sollten Wiener Kaffeehäuser sein und Nachtlokale, die Regierung müßte Mädchen hinbringen, jeden Abend sollte Tanz sein, am Sonntag Fünfuhrtee, man sollte auch ein Theater und eine Konzerthalle bereitstellen, auch Bibliotheken und ein Fußballstadion. Kurz: eine Art Erholungskur von den Strapazen des Krieges.‹

›Das kann doch nicht Ihr Ernst sein, Korporal‹, sagte der Journalist.

Ich ließ mich nicht beirren. Ich sagte: ›Dann sollte man Gefangene, die zu ihren Familien zurückwollen oder zur Truppe, wieder freilassen. Die Sache, wie gut es ihnen bei uns geht, würde sich schnell herumsprechen, und die ganze feindliche Armee würde zu uns überlaufen. Der Krieg wäre gewonnen und der Kaiser könnte ruhig schlafen.‹

›Aber was wäre das für ein Krieg‹, sagte der Journalist.

Ich sah, daß er meiner jüdischen Logik nicht folgen konnte.

›Sie schlagen also vor, daß man den Feind für die Tatsache belohnt, daß er gegen uns Krieg führt?‹

›Ja‹, sagte ich.

›Und wenn der Feind dasselbe macht, also: auch unsere Soldaten, die er gefangen hat, mit Wein bewirtet und schönen Frauen und anderen guten Dingen, dann würden ja unsere Soldaten genauso überlaufen?‹

›Es würde zu einem Austausch der Armeen führen‹, sagte ich. ›Unsere Soldaten würden beim Feind sein und die Soldaten des Feindes bei uns.‹

›Dann hätte der Krieg ja keinen Sinn mehr. Es wäre sinnentstellend.‹

›Er hätte einen neuen Sinn‹, sagte ich.

›Dieser neue Sinn würde zu einer Katastrophe führen‹, sagte der Journalist. ›Es käme zu einem Stillstand der Geschichtsschreibung. Nichts würde sich mehr verändern.‹

›Es wird immer Veränderungen geben‹, sagte ich, ›aber sie werden dann nicht von den Generälen entschieden.‹

›Und was sollen die Generäle machen?‹

›Das weiß ich nicht‹, sagte ich.

›Sie werden sich langweilen und Depressionen kriegen.‹

›Na und‹, sagte ich.

›Sie würden vor lauter Unlust auf der Couch des jüdischen Analytikers landen, der sich letztens in Wien einen Namen gemacht hat.‹

›Das ist möglich‹, sagte ich.

›Die meisten unserer Generäle sind Antisemiten. Wollen Sie ihnen so etwas zumuten?‹

›Eigentlich nicht‹, sagte ich.

›Es ist doch sicher nur ein Scherz, Korporal?‹

›Nein‹, sagte ich.

Nun, Sie werden sich vorstellen können, daß meine Vorschläge nie veröffentlicht wurden. Ich habe meine Vorstellungen vielen Journalisten erzählt, aber sie glaubten wirklich, der kleine Jude aus Pohodna mache nur einen Scherz.

Dann kam ich wieder an die Front. Ich will es kurz machen. Ich geriet in italienische Gefangenschaft, beschwerte mich, weil das Essen schlecht war, hatte irgendwann die Schnauze voll und beschloß zu fliehen.

Unser Gefangenenlager war nahe der Schweizer

Grenze. Die Flucht war ein Kinderspiel. Ich schlug mich bis zur Grenze durch, erreichte einen See, wußte nicht, wie der hieß, sagte mir aber: Dort drüben muß die Schweiz sein.

4

Es war der Luganer See. Ein italienischer Fischer versprach mir in Zeichensprache und einem komischen Kauderwelsch schnelle Hilfe. Er holte zwei Schmuggler an den Strand, die schon öfter Leute über die Grenze gebracht hatten. Die beiden sahen nicht gerade zuverlässig aus, konnten aber Schweizerdeutsch, eine Sprache, die ich mit einiger Mühe verstand.

Einer von ihnen sagte: ›Wir bringen dich nach Lugano. Aber das kostet was. Hast du Schweizer Franken?‹

›Nein‹, sagte ich. ›Ich habe Dollars.‹

Sie glaubten mir erst nicht, aber ich zeigte auf meine Uniform und sagte: ›Ich habe sie im Futter eingenäht.‹

Jede jüdische Mutter näht ihrem Sohn auf der Flucht oder vor einer gefährlichen Reise Dollarscheine ins Futter, manchmal auch ein paar Goldmünzen, die sie versteckt hatte. Meine Mutter war keine Ausnahme. Und schließlich war ich, Jossel Wassermann, ihr leibhaftiger Sohn. Ich trennte also das Futter meiner Uniform auf, gab jedem fünf Dollarscheine, außerdem jedem eine der Goldmünzen und sagte: ›So, jetzt bringt mich über den See nach Lugano.‹

Bevor wir losfuhren, holte ich mein Nähzeug hervor, das ein Soldat immer bei sich hat, nähte das übrige Geld und auch die Goldmünzen wieder ein, ärgerte mich nur, weil die Schmuggler zuguckten und grinsten.

Nun ja. Als es dunkel wurde, holten die beiden das Boot. Und wir fuhren los. Ich lehnte mich gemütlich an die rauhe Wand im Heck des Ruderbootes, guckte in den Sternenhimmel und schmiedete Pläne.

›Du bist sicher ein Jude‹, sagte einer. ›Euch erkennt man an der Visage.‹

›So, das wußte ich nicht‹, sagte ich. ›Aber es stimmt. Ich bin Jude.‹

›In Lugano sind viele Juden‹, sagte der andere. ›Am Strand ist sogar ein jüdisches Hotel, koscher, für die ganz Frommen. Sie tragen schwarze Hüte und Pelzmützen mit komischen Fransen und komische Kittel, die ebenfalls Fransen und Schnüre haben, und einen Kaftan.‹

›Sie kommen angeblich aus Amerika‹, sagte der eine wieder. ›Und sie kommen jedes Jahr, zur Kur oder so was.‹

›So‹, sagte ich. ›Das ist ja ganz gut. Diese Leute könnten mir weiterhelfen.‹

Ich lehnte mich wieder zurück, begann zu träumen, dachte an den lieben Gott, der mir immer irgendwie aus der Patsche half, obwohl ich seine 613 Gebote nie ernsthaft befolgt hatte. Na, einige vielleicht, dachte ich. Dann kriegte ich einen Schlag auf den Schädel, wurde ohnmächtig und wachte erst auf, als ich im Wasser war.

Diese Schweine! Das war mein erster Gedanke. Ein Glück, daß du gleich aufgewacht bist, Jossel Wassermann. Sonst wärest du glatt ersoffen. Ich schwamm ans Ufer. Ich war splitternackt. Das Boot war verschwunden. Am Himmel standen die Sterne.

Erst am Ufer konnte ich klar denken. Jossel Wassermann, dachte ich. Die Kerle haben gesehen, daß du die übrigen Dollars und auch die Goldmünzen wieder in die Uniform eingenäht hast. Leichtsinnig von dir. Warum hast du nicht aufgepaßt. Du hättest dir denken müssen, daß sie dich ausrauben würden. Nun, die Versuchung war groß. Wo ist deine jüdische Logik geblieben? Aber jetzt ist es zu spät. Sie haben dich also ausgezogen, als du ohnmächtig warst. Aber nicht nur die Uniform haben die Kerle genommen, die Uniform, auf die es ihnen ja ankam, weil dort das Geld eingenäht war, sondern auch die verdammten Stiefel haben sie genommen und dein Hemd und die Wäsche, sogar die bekackten Unterhosen, die du zwar gewaschen hattest, aber deren Flecken einfach nicht rauszukriegen waren. Und durchlöchert waren die Unterhosen auch. Ist nicht zu fassen.

Die ganze Nacht machte ich Kniebeugen und andere Turnübungen am Strand, um mich einigermaßen zu erwärmen und mich nicht zu erkälten. Meine Mutter hatte oft als Kind zu mir gesagt: ›Paß auf, Jossele, daß du dich Gott behüte nicht erkältest.‹ So sind eben jüdische Mütter. Und auch später, als ich längst erwachsen war, behandelte sie mich wie ein Kind und sagte: ›Paß auf, Jossele. Prügle dich mit niemandem, auch nicht mit den Bauern auf dem Wochenmarkt, auf der Landstraße oder in der Schenke. Sie könnten dir Gott behüte den Schädel einschlagen. Und zieh dir einen warmen Schal an, denn es ist windig draußen. Das hätte mir noch gefehlt, daß du eine Lungenentzündung kriegst – unsere Feinde sollen sie kriegen, die Gojim und Antisemiten, aber nicht du, Jossele, also paß auf. Und zieh dir auch einen Mantel an und warme Strümpfe. Das hätte mir noch gefehlt.‹

Also machte ich Turnübungen, und auch als die Sonne über dem See von Lugano aufging, turnte ich fleißig weiter, denn es würde noch eine Weile dauern, bis diese westliche, zivilisierte, goiische Schweizer Sonne einen kleinen Juden wie den Korporal Wassermann aus der k.u.k. Armee vom Kaiser Franz Joseph dem Ersten – also: bis diese fremde Sonne so einen richtig wärmen würde.

Als die ersten Badegäste am Strand auftauchten, ging ich ins Wasser, tat so, als wäre ich einer von ihnen. Ein paar Kinder, Frühaufsteher, schwammen dicht an mich ran und sagten etwas auf schweizerdeutsch und einige auf italienisch, was ich nur halb verstand, eine Frau schwamm ihnen nach, rief mir lachend etwas zu, auf italienisch. Ich antwortete aber nicht und schwamm einfach weg, froh, daß sie nicht gemerkt hatte, daß ich splitternackt war. Verzweifelt guckte ich zum Strand, suchte die Kaftanjuden, von denen die Schmuggler erzählt hatten, sah aber keine.

Aber dann bemerkte ich in der Ferne, dort, wo ein großes Hotel stand, einige schwarzgekleidete Gestalten mit Hut. Sie waren kaum erkennbar, aber dann, als ich näher an sie heranschwamm, sagte ich zu mir: Ja. Das sind die Kaftanjuden, die Amerikaner, vielleicht aus Brooklyn oder Williamsburg – Großvater hatte von diesen Juden erzählt, und Großvater wußte das aus den Briefen deiner älteren Brüder, die von diesen Juden berichtet hatten, damals, als sie noch Briefe schrieben –

nun ja, das sind sie. Ich schwamm also ganz nah an die Juden heran und kam dann aus dem Wasser.

Einige der frommen Juden trugen noch die Gebetsriemen, andere nur den Kaftan. Sie spazierten an dieser einsamen Stelle hin und her, gestikulierten, so wie es Juden beim Sprechen tun oder Italiener, aber die Juden gestikulierten anders, nachdenklicher, geheimnisvoller. Das sind sie, dachte ich. Jetzt oder nie.

5

Nackt kam ich aus dem Wasser. Die Juden erschraken, sagten aber nichts und starrten gebannt auf mein beschnittenes Glied, dann auf mein Gesicht. Einer von ihnen lachte auf, dann lachten auch die anderen. Ich redete sie auf jiddisch an. Die lachten aber bloß. Endlich sagte einer: ›Also ein Jude aus dem Wasser?‹

›Ich komme aus Pohodna‹, sagte ich.

›Und wo ist Pohodna?‹

›An der Grenze von Galizien und der Bukowina.‹

›Ein Schtetl wahrscheinlich? Irgendwo in Osteuropa?‹

›Ja‹, sagte ich.

›Unsere Vorfahren kamen aus jener Gegend‹, sagte einer.

Einer von ihnen fragte: ›Und wie kommt einer aus dem Schtetl in den See von Lugano, um als nackte Leiche an den Strand zu kriechen?‹

›Ich bin keine Leiche‹, sagte ich. ›Und ich komme vom Isonzo.‹

›Und wo ist der Isonzo?‹

›Ein Fluß in Italien.‹

›Und aus diesem Fluß sind Sie bis hierher geschwommen, einfach so, nackt?‹

›Nein‹, sagte ich. ›Das ist eine lange Geschichte.‹

Die Kaftanjuden nahmen mich mit ins Hotel, gaben mir eine Hose und ein Hemd, auch ein paar Strümpfe und Schuhe. Da ich keinen Kaftan wollte, gaben sie dem

Portier einige Schweizer Geldscheine, und der gab mir eine Jacke. Im Speisesaal erhielt ich ein gutes Frühstück, mußte aber vorher die Gebetsriemen anziehen – einer von ihnen borgte sie mir, borgte mir auch ein Käppi, ein schwarzes –, mußte beten, das Morgengebet, zeigte ihnen, daß ich das konnte, daß ich einer von ihnen war. Na, auf jeden Fall. Alles lief glatt. Ich erzählte ihnen meine Geschichte.

›Die Kopfbedeckung können Sie behalten‹, sagte einer der Juden, ›denn ein Jude soll nicht barhäuptig im Zelt des Herrn herumlaufen.‹

›Danke‹, sagte ich.

Und derjenige, der mir die Gebetsriemen gegeben hatte, sagte: ›Sie können auch die Tefillin behalten.‹

Und der, dem das Gebetbuch gehörte, sagte: ›Das können Sie auch behalten.‹

›Das ist ja eine wunderliche Geschichte‹, sagte der Älteste von ihnen. Und er kraulte seinen weißen Bart und sagte: ›Wir wußten nicht, daß Kaiser Franz Joseph Salzheringe mag und jüdischen Schnaps. Und wir wußten auch nicht, daß auf dem Hügel unweit vom Pruth eine schwarze Vogelscheuche steht und daneben ein Kreuz mit dem angenagelten Christus, der hinunter zum Fluß guckt und zum jüdischen Schtetl und es bewacht. Und wir haben zwar was von dem schlimmen Krieg gehört, aber nichts von dem Korporal Joseph Wassermann, der 254 Italiener gefangennahm, denn wir lesen hier keine Wiener Zeitungen.‹

Einer, der neben ihm saß, sagte: ›Der einzige, der Wiener Zeitungen liest, ist Froike Honigmann, der eine Villa am See hat und eine Matzenfabrik in Zürich.‹

›Ja‹, sagte der Alte mit dem weißen Bart. ›Froike Honigmann stammt aus Galizien, war mal Österreicher und besitzt jetzt einen Schweizer Paß. Er ist ein leidenschaftlicher Leser Wiener Zeitungen, die er irgendwie bekommt und die er sammelt. Wahrscheinlich hat er Ihr Bild in der Zeitung gesehen, und wahrscheinlich könnte er Ihnen weiterhelfen.‹

›Möglich ist alles‹, sagte der Jüngere, der neben dem Alten saß.

›Für einen Juden gibt es immer zwei Möglichkeiten‹, sagte der Alte. ›Entweder ja oder nein. Aber auch das Ja und das Nein bieten verschiedene Auslegungen und wiederum mehrere Möglichkeiten. Es wäre einen Versuch wert.‹

›Hat er wirklich eine Villa und eine Matzenfabrik?‹

›Ja‹, sagte der Alte. ›Er ist sehr reich. Aber vor allem: Er hat sein jüdisches Herz nicht verloren.‹

Auf dem Weg zu Froike Honigmann erfuhr ich, daß er schon über siebzig war, aber noch rüstig, und ich erfuhr, daß er eine ältliche Tochter hatte, die zweimal kinderlos geschieden war. ›Die Tochter ist ein Vermögen wert‹, sagte der Alte, ›nicht nur, weil sie die einzige Erbin von Froike Honigmann ist und seiner Villa und dem vielen Geld und der Matzenfabrik, sondern auch so.‹

›Was soll das heißen?‹ fragte ich.

Die Kaftanjuden lachten. Der eine sagte: ›Wer sie auf die Waage setzt und sie gegen Gold wiegt, müßte ein paar Zentner Gold auf die Waagschale legen.‹

Ich wußte, daß Juden gerne übertrieben, wenn sie

Späße machen, dachte mir aber: Wahrscheinlich ist sie nicht mager.

Froike Honigmann empfing uns im seidenen Morgenrock. Er erkannte mich sofort.

›Natürlich‹, sagte er. ›Joseph Wassermann. Der Mann, dessen Bild in der Wiener Presse war. Aus Pohodna. Ein tapferer Jude.‹

›Alles ist in Gottes Hand‹, sagte ich bescheiden. ›Gott hat mir die 254 Italiener beschert und die silberne Tapferkeitsmedaille und die Beförderung zum Korporal und die Gunst des Kaisers.‹

›Nicht so bescheiden‹, sagte Froike Honigmann.

Die Kaftanjuden nahmen auf der breiten Terrasse Platz, ich auch, und auch Froike Honigmann. Wir saßen auf bequemen Stühlen, guckten auf den See, wurden vom Hausdiener mit Honigkuchen und Schnaps bedient, lachten viel, machten Späße. Dann aber wurde ich schweigsam, und keiner konnte mich aufheitern.

›Machen Sie sich keine Sorgen‹, sagte der alte Jude. ›Reb Honigmann wird Ihnen Papiere verschaffen und auch eine Beschäftigung.‹

›Ja‹, sagte Reb Honigmann. ›Das ist kein Problem.‹

›Juden müssen einander helfen‹, sagte der Alte, ›besonders in einem fremden Land und auf der Flucht.‹

›Ja‹, sagte Froike Honigmann.

›Und Reb Honigmann ist ein sehr reicher und gläubiger Mensch.‹

›Nun, ich bin reich, aber nicht unbedingt gläubig‹, sagte Reb Honigmann.

›Die Hauptsache‹, sagte der Alte, ›Reb Honigmann hat sein jüdisches Herz nicht verloren.‹

›Die Fremde ist ein hartes Pflaster‹, sagte Reb Honigmann, ›und es kostet schon allerhand Mühe, sein Herz zu behalten.‹

›Ja‹, sagte der Alte. ›Hart ist sie, die Fremde, auch wenn man zu Geld kommt.‹

›So ist es‹, sagte Reb Honigmann.

›Er wollte um politisches Asyl bitten‹, sagte der alte Kaftanjude. ›Aber wir haben ihm erklärt, daß es ratsamer sei, abzuwarten. Das Herz der Schweizer ist so unberechenbar wie die Zahl der Löcher in ihrem Käse, und sie haben wenig Verständnis für Fremde in Not und noch dazu ohne Geld.‹

›So ist es‹, sagte Reb Honigmann.

›Aber Reb Honigmann wird sein Möglichstes für Sie tun.‹

›So ist es‹, sagte Reb Honigmann.

›Er ist so traurig‹, sagte der alte Kaftanjude, ›weil seine jüdische Logik nicht mehr funktioniert.‹

›Wieso?‹ fragte Reb Honigmann.

›Nun, sehen Sie‹, sagte der alte Kaftanjude. ›Er hat uns alles erzählt. Er begreift, daß die Schmuggler ihm eins über den Schädel gehauen haben, denn es war seine eigene Schuld, den Schmugglern zu zeigen, wo er das Geld verborgen hatte. Er begreift das also. Er begreift auch, daß sie ihm die Uniform gestohlen haben, denn dort waren das Gold und die Dollars eingenäht. Er begreift auch, daß sie ihm Hemd und Stiefel, Strümpfe und sogar das Unterleibchen genommen haben, denn so was kann man verkaufen. Was er aber nicht begreift ... das ist die Sache mit den Unterhosen.‹

›Was ist mit den Unterhosen?‹

›Ich begreife nicht‹, sagte ich, ›warum sie mir auch die Unterhosen weggenommen haben, denn sie waren durchlöchert, zerrissen und befleckt, völlig unverkäuflich und ohne jeden materiellen Wert.‹

›Verstehe‹, sagte Reb Honigmann.

›Dem Herrn Wassermann ist eine Welt untergegangen‹, sagte der alte Kaftanjude, ›weil er die Sache mit den Unterhosen nicht begreift. Dieser Diebstahl war sinnlos. Ein sinnloses Verbrechen.‹

›Es sind die sinnlosen Verbrechen, an denen die Welt zugrunde geht‹, sagte Reb Honigmann. ›Es sind die Taten, die ein Jude nicht begreift, wo er am Ende ist mit seiner jüdischen Logik.‹

›Ja‹, sagte der Alte.

›Vielleicht‹, sagte Reb Honigmann, ›ist es unsere Schuld, daß wir die Gojim nicht verstehen. Wäre es anders und würden wir sie besser verstehen, dann könnten wir mit unserer jüdischen Logik begreifen, warum sie Sinnloses tun. Viele dieser sinnlosen Verbrechen, auch die an den Juden, erscheinen uns unverständlich.‹

›Vielleicht müßten wir unsere jüdische Logik ändern‹, sagte der alte Kaftanjude, ›da man nicht alles mit Logik erfassen kann.‹

›Unsere Vorväter haben diesen Versuch gemacht‹, sagte Reb Honigmann, ›aber sie sind kläglich daran gescheitert.‹

Nun, was soll ich Ihnen erzählen«, sagte Onkel Jossel.

»Die Kaftanjuden gingen zurück ins Hotel. Reb Honigmann ging seinen Geschäften nach. Ich blieb allein in der Villa. Nur der Hausdiener war da. Von ihm erfuhr ich, daß Reb Honigmann eine Stadtwohnung in Zürich hatte, im Zentrum, eine große Wohnung, die er mit seiner Tochter teilte, aber daß Reb Honigmann auch während der Ferien in Lugano Geschäfte zu erledigen hatte, wie das eben so ist.

›Und wo ist die Tochter?‹ fragte ich.

›Sie ist irgendwo eingeladen‹, sagte der Hausdiener. ›Und sie wird voraussichtlich erst spät zurückkommen.‹

Ich speiste mit Reb Honigmann am Abend auf der Terrasse. Geheimnisvoll leuchtete der See und rechts die Lichter der Stadt. Wir gingen früh zu Bett. Der Hausdiener zeigte mir das Gästezimmer und wünschte mir eine angenehme und friedliche Nacht.

Es war schwül in jener Nacht. Und so ging ich auf die Terrasse, legte mich dort auf einen der bequemen Liegestühle und schlief ein. Als ich am Morgen erwachte, war die Sonne schon aufgegangen. Am gedeckten Tisch der Terrasse, zwischen Zierpalmen und Blumen, bemerkte ich jemand. Da meine Augen noch verklebt waren und ich auch nicht gleich richtig munter war, erkannte ich nicht sofort, wer dort saß. Ich dachte nur: sieht wie ein Matzekloß aus, ein riesiger Matzekloß, der den ganzen Klubsessel ausfüllt. Ja. Der Kloß saß auf einem Klubsessel, den der Hausdiener an Stelle des Gartenstuhls hingestellt hatte, anscheinend aus gutem Grund. Ein Kloß also. Und auf dem Kloß saß oder klebte ein weiterer Kloß, ein zweiter, ein zweiter Matzekloß, ein kleinerer allerdings, mit schwarzen Augen und schwarzen Haaren. Komisch. Matzeklöße haben doch weder Haare noch Augen? Dann rieb ich die Augen, meine natürlich, und wußte, wen ich sah: Reb Honigmanns Tochter.

›Guten Morgen‹, sagte sie.

Ich sagte verblüfft: ›Guten Morgen.‹

›Haben Sie gut geschlafen?‹

›Ja‹, sagte ich. ›Vielen Dank.‹

›Sie sind doch der österreichische Offizier, der gestern fast im See ertrunken wäre?‹

›Ja‹, sagte ich. ›Ich bin aber kein Offizier. Nur Korporal. Korporal Wassermann.‹

›Ich verstehe wenig von der Rangordnung der Militärs‹, sagte sie. ›Für mich ist jeder, der kein gewöhnlicher Soldat ist, ein Offizier, und noch dazu einer, der ein Held ist und einen Orden hat.‹

›Woher wissen Sie das? Von Ihrem Vater?‹

›Nein. Der schläft noch. Vom Hausdiener.‹

›Wie lebt man in der Schweiz?‹

›Nun, man lebt gut in der Schweiz‹, sagte sie.

›Ich habe aber gehört, daß die Schweizer keine Juden mögen.‹

›Niemand mag die Juden‹, sagte sie. ›Aber sie mögen unser Geld.‹

›Was ist eigentlich eine Matzenfabrik?‹

›Nun‹, sagte sie, ›es ist eine Fabrik, die Matzen herstellt.‹

›Und wem verkaufen Sie die Matzen?‹

›Den Juden in ganz Europa‹, sagte sie. ›Aber auch Gojim mögen Matzen. Jeder mag Matzen.‹

Ich mag keine dicken Frauen«, sagte Onkel Jossel, »aber dicke Frauen mögen mich. Rebecca war ziemlich dick, aber Rosa, die Tochter von Froike Honigmann, die um die Fünfzig war und wie ein Matzekloß aussah, die stellte alle dicken Frauen in den Schatten, die ich je gesehen hatte. Um die Sache kurz zu machen oder, um dem Thoraschreiber, dem Sie nach meinem Ableben die Geschichte von Jossel Wassermann übergeben werden, damit er sie aufschreibt und aufbewahrt, nun, damit ich nicht Sie oder den Thoraschreiber mit allzugroßer Ausführlichkeit belaste und Ihre oder seine Geduld strapaziere oder unnötig auf die Probe stelle, deshalb oder aus diesem und selbigem Grund werde ich, Jossel Wassermann, der auch Joseph Wassermann heißt und verschiedene Spitznamen trug, meine Geschichte mit wenigen Worten zu Ende erzählen. Ich heiratete die fette Rosa und wurde Partner in der Matzenfabrik. Dann starb der alte Froike Honigmann, der ein guter Mensch war, oder wie die Juden zu sagen pflegen: ein Mensch. Er starb. Und Rosa und ich waren allein. Kinder hatten wir nicht. Leider. Sie war auch schon zu alt, ich meine: um mir einen Nachfolger zu schenken, einen kleinen Wassermann, den ich wahrscheinlich nach meinem Großvater genannt hätte, also Leibl ... wie das so Sitte ist: ›Nach einem Verblichenen sollst du ihn nennen, nach einem, der ein guter Mensch war.‹ Also nur wir beide waren noch übrig, Rosa und ich. Und eines Tages, es war schon Anfang der dreißiger Jahre, starb auch Rosa.«

»Wie starb sie?« fragte der Notar.

»Beim Baden im See von Lugano«, sagte Onkel

Jossel. »Sie litt an Herzverfettung und Atemnot, badete aber nackt, weil der Badeanzug zu eng geworden war. Also nackt badete sie. Und nackt wurde sie an Land gespült. Als ich sie zum letzten Mal sah, da sah sie nicht wie ein Matzekloß aus, sondern wie eine fette, tote, weißgraue Qualle.«

Epilog

1

Und das wäre wohl die Geschichte von Onkel Jossel, obwohl die wirklichen Geschichten nie enden, denn man kann sie immer wieder erzählen und immer anders. Ganz anders. Und dann müßte man nochmal von vorn anfangen. Von Anfang an.«

»Und wenn sie eines Tages dann doch zu Ende ist«, fragte der Wind ... »nehmen wir's an ... zum Beispiel: Mit seinem letzten Atemzug, könnte die Geschichte auch dann noch weitergehen?«

»Auch dann. Sie ist nie zu Ende. So was gibt es nicht.«

»Ist Onkel Jossel an jenem Tag gestorben?«

»Nein«, sagte die Stimme, die das alles erzählt hatte. »Natürlich nicht. Onkel Jossel war viel zu munter. Und ich glaube, Onkel Jossel hatte gar keine Lust zu sterben. Wenigstens nicht an jenem Tag, als der Notar und der Rechtsanwalt an seinem Bett saßen, nicht zu vergessen die beiden Sekretärinnen.

Irgendwann, als es Abend wurde, gingen sie: der Notar, der Rechtsanwalt, die Sekretärinnen.

›Ich wußte, daß er nur blufft‹, sagte der Notar zum Rechtsanwalt. Im Treppenhaus sagte er das. ›Er wird noch zwanzig Jahre leben. Mit seinem Gemüt!‹

›Möglich‹, sagte der Rechtsanwalt. ›Ich habe den Schlüssel zur Wohnung, und ich werde morgen in aller Früh noch mal vorbeikommen, um zu sehen, ob er die Nacht überstanden hat.‹

Als der Rechtsanwalt am nächsten Morgen die Wohnung betrat, dann ins Schlafzimmer ging, bemerkte er zuerst, daß Onkel Jossels Bett leer war. Das heißt: Onkel Jossel lag nicht drin. Onkel Jossel saß am Fenster, im Schaukelstuhl.

Anscheinend konnte er's im Bett nicht mehr aushalten, dachte der Rechtsanwalt. Aber warum hat er sich ans Fenster gesetzt? Es ist windig dort, und er könnte sich erkälten. Hatte er nicht immer Angst vor einer Erkältung gehabt?

Der Rechtsanwalt trat hinter den Schaukelstuhl und begrüßte Onkel Jossel. Der aber war tot. Seine offenen Augen blickten zum Fenster hinaus.

Das Fenster liegt an der Ostwand, dachte der Rechtsanwalt. Jeder Jude kennt eine Ostwand. Dort betet man, denn hinter der Ostwand, irgendwo, weit weg, dort liegt Jerusalem. Er dachte: Ja. Auch Pohodna liegt im Osten.«

Da Windstille war und weil der Wind sich ausruhte zwischen den Stimmen der Geschichte, und zwar auf dem Dach des Judenzuges, dort, wo der Rebbe die Geschichte der Pohodnaer Juden versteckt hatte, also deshalb und weil die Gelegenheit sich ergab – denn die Stimme schwieg und erzählte nicht weiter –, deshalb fragte der Wind: »Wem hast du eigentlich die Geschichte von Onkel Jossel erzählt?«

»Meiner Partnerin, der anderen Stimme.«

»Aber die kennt doch alle Geschichten, die du kennst?«

»Diese eine hatte sie vergessen.«

»Du hast sie aber auch mir erzählt.«

»Natürlich. Ich habe sie auch dem Wind erzählt.«

»Und warum?«

»Nur aus Langeweile. Du weißt es. Wir stehen ja schon sechs Tage hier, und der Zug ist immer noch nicht abgefahren.«

»Wo ist Onkel Jossel eigentlich begraben?« fragte der Wind, der die ganze Geschichte vom Onkel Jossel aufmerksam verfolgt hatte.

»Vorübergehend in Zürich«, sagte die erzählende Stimme.

»Und wann wurde er begraben?«

»Gleich nachdem der Krieg ausbrach. Am nächsten Tag.«

»Das ist aber mehr als drei Jahre her. Und das nennst du vorübergehend?«

»Man konnte ihn nicht nach Pohodna bringen«, sagte die Stimme. »Es war unmöglich wegen der politischen Lage. Nach dem Krieg werden seine Überreste nach Pohodna gebracht.«

»Und was ist mit Jankl, dem Wasserträger?« fragte der Wind. »Er hat eine Menge geerbt... von seinem Onkel Jossel. Und was ist mit dem Sarg, ich meine: wenn der Sarg im Schtetl eintrifft, eines Tages, der Sarg mit dem Testament, so wie es Onkel Jossel angeordnet hat, werden die Juden dann wieder da sein, um ihn dort zu begraben, auf dem richtigen Friedhof, werden sie da sein, um das Testament zu erfüllen, um die Erbschaft zu verteilen an die Gemeinde, für die Armen und Schwachen und die Bedürftigen, so wie es sein Wunsch war? – Und wie ist es mit dem Rechtsanwalt und dem

Notar? Werden sie dem Thoraschreiber Onkel Jossels Geschichte diktieren, dem Thoraschreiber Eisik, der ja da sein müßte, in seiner ärmlichen Hütte oder in der Betstube?«

»Das wissen wir nicht«, sagte die Stimme.

»Eine Erbschaft, die niemand antreten wird, und eine Geschichte, die niemand hören wird.«

»Vielleicht kehren einige von den Juden wieder zurück.«

»Du hoffst also?«

»Wir Juden hoffen immer«, sagte die Stimme. »Wäre es anders, dann wären wir keine Juden.«

»Wann geht es eigentlich weiter?«

»Morgen früh«, sagte die Stimme.

»Und woher weißt du das?«

»Mein Herz weiß es«, sagte die Stimme. »Denn wir stehen seit sechs Tagen hier. Und morgen ist der siebente Tag.«

»In sieben Tagen hat Gott die Welt erschaffen«, sagte der Wind, »obwohl es eigentlich nur sechs waren. Denn der siebente war ein Ruhetag.«

»Ja«, sagte die Stimme. »Der siebente Tag war der Sabbat.«

»Es könnte sein, daß die Welt auch in sieben Tagen untergeht«, sagte der Wind. »Und morgen ist der Siebente Tag.«

Der siebente Tag war aber kein Sabbat. Das wußte der Wind nicht. Und weil er glaubte, es müsse morgen der Sabbat sein, und weil er wußte, daß der Sabbat bei den Juden immer bei Einbruch der Nacht anfängt, wenn die

Sonne untergeht und die ersten drei Sterne am Himmel stehen, deshalb sagte sich der Wind: Du mußt zum Kreuz fliegen, dort oben auf dem Hügel am Pruth, um Christus, der dort festgenagelt ist, zu fragen, ob der siebente Tag beim Untergang der Welt auch ein Sabbat sei.

Und so huschte der Wind geschwind über die verschneiten Felder und fragte sich, ob der Mais, den die Leute in dieser Gegend Kukuruz nennen, jemals wieder wachsen würde. Er huschte also geschwind zu der Stelle auf dem Hügel unweit vom Pruth, wo Jesus Christus am Kreuz hing und wo auch die schwarze Vogelscheuche stand, ganz in seiner Nähe, huschte also dorthin und setzte sich auf den Kopf des Heilands der Christen.

»Morgen ist der siebente Tag«, sagte der Wind zu Christus. »Könnte es sein, daß die Welt untergeht und daß Gott auch diesen siebenten Tag Sabbat nennt?«

Jesus aber antwortete nicht. Und so huschte der Wind hinüber zur Vogelscheuche, die mit der Mohrrübe flirtete, die ein kleiner Junge ihr in den Mund gesteckt hatte.

»War es Mottel, der dir die Mohrrübe in den Mund gesteckt hat«, fragte der Wind, »oder war es Jossel Wassermann, welcher von den beiden kleinen Strolchen, die immer hierherkamen, um vom Wind zu träumen und der freien Natur, war es? Du weißt doch: die beiden Jungen, die einmal den wandernden Händler trafen, den mit dem Säckel und dem Stock, der Reb Feigenbäum hieß.«

»Das ist schon lange her«, sagte die Vogelscheuche. »Die Jungen sind längst erwachsen und sicher sehr alt oder vielleicht schon gestorben. Und den Reb Feigenbäum hab ich lange nicht gesehen.«

Der Wind erzählte der Vogelscheuche die Geschichte von Onkel Jossel. Und die Vogelscheuche lachte herzlich. Auch die Mohrrübe lachte und wackelte im Mund der Vogelscheuche. Als der Wind aber erwähnte, daß dort am Sägewerk ein Judenzug stand, und zwar schon sechs Tage, da weinten die Mohrrübe und die Vogelscheuche.

»Ich habe Christus gesagt, daß morgen der siebente Tag ist«, sagte der Wind, »aber Christus gab keine Antwort.«

»Hat er geweint?«

»Nein. Er hat nicht geweint.«

»Vielleicht ist Christus verstummt, und vielleicht hat er das Weinen verlernt?«

»Ich weiß es nicht«, sagte der Wind.

Der Wind sagte: »Die Türen des Waggons werden nie geöffnet. Einige Bauern kamen mit Wasser und Brot, aber die Wachen haben sie wieder weggejagt.«

»Hört man die Juden jammern?«

»Nicht mehr«, sagte der Wind. »In den ersten Tagen war es ziemlich laut, vor allem die Rufe nach Wasser. Dann wurde das Jammern leiser, und jetzt hört man nichts mehr.«

»Glaubst du, daß sie alle tot sind?«

»Nein«, sagte der Wind. »Nicht alle.«

Der Wind aber huschte zurück auf das Dach des Waggons. Die Mohrrübe und die Vogelscheuche blieben allein. Sie weinten und begrüßten den siebenten Tag, der mit der Dunkelheit anfing.

Und wie das so ist. Nachdem sie lange genug geweint hatten, trockneten ihre Tränen. Sie machten ein Nikkerchen, und als sie erwachten und die vielen Sterne am Winterhimmel sahen und auch den Vollmond, der milde und verschmitzt auf die Mohrrübe guckte und auf die Vogelscheuche, da fingen sie leise zu summen an, denn sie waren des Weinens müde. Bald dachten sie nicht mehr an den Judenzug, denn sie konnten nichts am Schicksal der Juden ändern. Und die Mohrrübe begann mit dem dickeren Ende zu wackeln und reizte die Vogelscheuche. Und die kicherte und schäkerte mit ihr.

»Du bist ein ganz raffiniertes Früchtchen«, sagte die Vogelscheuche. »Wie hast du es nur geschafft, in meinen Mund gesteckt zu werden, wo du sicher bist vor der Gefräßigkeit der Menschen, aber auch vor den Vögeln, denn die haben Angst vor mir.«

»Weil ich ein jüdisches Köpfchen hab«, sagte die Mohrrübe. »Ich stamme nämlich aus dem Gemüsebeet des Thoraschreibers Eisik.«

»Hat der das Beet mit seinem Geist beflügelt?«

»Ja«, sagte die Mohrrübe.

»Ich habe also dem Thoraschreiber vor einiger Zeit etwas ins Ohr geflüstert, ohne daß er wußte, daß ich es war. Und er machte genau, was ich ihm geraten hatte.«

»Was denn?«

»Er schenkte mich seinem jüngsten Sohn. Und auch

dem hab ich was ins Ohr geflüstert. Und so gab er mich dem polnischen Bauern Podrutzki. Der steckte mich in seine Tasche, hörte aber, was ich ihm riet und gab mich seinem Sohn. Und das ist der, der manchmal hier vorbeikommt.«

»Ja, er kam hier vorbei«, sagte die Vogelscheuche, »und er steckte dich in meinen Mund.«

»So ist es«, sagte die Mohrrübe.

»Alles, was vom jüdischen Geist beflügelt ist«, sagte die Vogelscheuche, »denkt mit jüdischer Logik. Und deine Logik hat dir den Weg gezeigt.«

»Den Weg in deinen Mund?«

»So ist es.«

»Hier frißt mich keiner«, sagte die Mohrrübe. »Ich weiß eben, wie man überlebt, genau so, wie die Juden es wissen.«

»Sie wissen es aber nicht mehr«, sagte die Vogelscheuche. »Denn sie tun alles, was die Henker ihnen befehlen und gingen alle geschlossen zum Bahnhof.«

»Zu welchem Bahnhof?«

»Zum Bahnhof von Pohodna.«

»Ich habe noch nie einen Bahnhof gesehen«, sagte die Mohrrübe. »Was sind Bahnhöfe?«

»Bahnhöfe sind das Tor zur Welt«, sagte die Vogelscheuche. »Dort kommt man an, aus der Ferne. Von dort reisen aber auch Leute ab, und manche kommen zurück, andere kommen nie zurück.«

2

Der Wind aber saß auf dem Dach des Judenzuges. Er saß zwischen den Stimmen. Und die eine Stimme, die Onkel Jossels Geschichte erzählt hatte, die fragte: »Hast du mit dem Wetterhahn gesprochen?«

»Du meinst den Wetterhahn auf dem Dach des polnischen Bauern Podrutzki?«

»Ja. Auf dem Dach des Polen.«

»Zuerst hab ich mit Jesus gesprochen, der keine Antwort gab. Und dann unterhielt ich mich mit der Vogelscheuche. Auf dem Rückweg flog ich beim Podrutzki vorbei. Und dort sprach ich mit dem Wetterhahn.«

»Und was hat er gesagt?«

»Er hat gesagt, daß die Juden aus Pohodna nicht unbedingt nach dem Osten fahren.«

»Wieso nicht nach dem Osten?«

»Es heißt immer: Die Juden fahren nach dem Osten. Das ist nur so ein Wort.«

»Und stimmt das nicht?«

»Es stimmt nicht immer. Es stimmt nur für Juden, die aus dem Westen kommen.«

»Dann fahren wir in eine unbekannte Richtung?«

»Der Wetterhahn hat gesagt: Die Gleise führen in Richtung Lemberg, und das ist nordwestlich.«

»Und was ist der Unterschied?«

»Es gibt keinen Unterschied, hat der Wetterhahn gesagt. Die Welt ist von Gott, und die Richtungen werden nur von den Menschen erfunden. Er hat gesagt: Das Ziel ist immer dasselbe.«

»Erzähl mir noch eine Geschichte«, sagte der Wind, »denn wenn ihr morgen früh losfahrt, werden wir uns nicht mehr sehen.«

»Kommst du nicht mit?«

»Nein. Ich komme nicht mit.«

»Eine letzte Geschichte«, sagte die Stimme.

»Die letzte«, sagte der Wind.

»Nun«, sagte die Stimme. »Im Jahre 1941 kamen die Deutschen nach Pohodna. Die Russen, die Pohodna vorher besetzt hatten, waren abgezogen. Die Deutschen kamen also nach Pohodna. Und rat mal, was sie mit den Juden gemacht haben.«

»Ich weiß es nicht«, sagte der Wind.

»Sie haben sich einen Scherz mit ihnen erlaubt.«

»Was für einen Scherz?«

»Sie versammelten alle Männer auf dem Marktplatz und stellten sie in Reihen auf. Dann mußten die Männer zählen. Bis zehn mußten sie zählen.«

»Was für einen Sinn hatte das?«

»Gar keinen Sinn«, sagte die Stimme.

»Und was passierte nach dem Zählen?«

»Sie erschossen jeden zehnten. Die anderen schickten sie nach Hause.«

»Und das soll ein Scherz sein?«

»Es war einer ihrer Scherze.«

»Und da war der Wasserträger Jankl«, sagte die Stimme. »Er war der neunte.«

Und die Stimme sagte: »Der Wasserträger ging zu seiner Hütte. Und mit ihm ging der Sohn des Rebben.

›Glaubst du‹, fragte der Wasserträger den Sohn des Rebben. ›Glaubst du, daß Tiere zählen können?‹

›Nein‹, sagte der Sohn des Rebben. ›Das Tier kann nicht zählen. Nur der Mensch kann zählen.‹«

Der Wind sagte: »Vielleicht wäre die Welt besser, wenn der Mensch nicht zählen könnte.«

»Ja«, sagte die Stimme.

»Kannst du mir nicht etwas Erfreulicheres erzählen?«

»Zum Beispiel?«

»Na, irgendwas.«

»Noch etwas vom Wasserträger?«

»Meinetwegen vom Wasserträger.«

Und die Stimme sagte: »Es war im Sommer. Der Wasserträger Jankl saß im brunnenlosen Hof seiner Hütte. Auf einem Stein saß er. Es hatte am frühen Morgen geregnet. Aber als er dort saß auf dem Stein, zu seinen Füßen die beiden Wassereimer und das hölzerne Joch, da war gerade die Sonne zwischen den Wolken hervorgekrochen. Jankl starrte auf eine kleine Regenpfütze, die bunt schillerte, denn sie spiegelte die Farben des Regenbogens wider, der schräg über der Hütte stand, weit oben natürlich, unerreichbar für die starken Arme des Wasserträgers. Unter der einen Pfütze ist das Testament von Onkel Jossel vergraben, dachte der Wasserträger. Und er grinste bei diesem Gedanken und versuchte sich vorzustellen, wie das sein würde – nach dem Krieg –, wenn er das viele Geld abholen würde, dessen einziger Wert darin bestand, dem Schuster Katz zu beweisen, daß er kein armer Mann war und nun das Recht hatte, Rifke heimzuholen, die Bucklige, die keiner wollte, nur er. Er dachte auch daran, sich ein neues Grundstück zu kaufen, eines mit einem Ziehbrunnen, den er selber graben würde, in guter Erde, die nicht von Schweinen verseucht war. Er stellte sich das alles vor, obwohl er kein Mensch war, den Gott mit einer besonderen und spitzfindigen Vorstellungskraft gesegnet hatte. Trotzdem malte er sich das alles aus. Er sah Rifke, die Bucklige, vor dem Brunnen stehen. Und er hörte ihre sanfte Stimme: ›Jankl, hilf mir doch mit dem Brunnenrad und der schweren Kette. Du bist so stark.‹ Daran dachte Jankl. Und er lehnte sich im Sonnenschein an die Rückwand der Hütte, dort wo er vor Jahren den Sitzstein hingelegt hatte, da es sich gut saß auf dem Stein, der breit und flach war wie eine Bank. Und Jankl schloß die Augen und träumte vor sich hin. Dabei schlief er ein.

Und er hatte einen merkwürdigen Traum. Er träumte nämlich, daß er gestorben war. Und auch Rifke war gestorben. Dort oben aber war ein Gericht, das im Grunde nur ein großer Wartesaal war. Er suchte Rifke und fand sie und setzte sich neben sie hin. Ja, so war's. Es dauerte nicht lange, und ein namenloser Engel, der den lieben Gott vertrat, sagte: ›Jankl, du kommst in den Himmel. Steh auf und geh, denn es gibt hier keine Richtungen, da diese vom Menschen erfunden wurden. Geh einfach. Und du wirst im Himmel anlangen.‹ – Und da Jankl keine Anstalten machte, aufzustehen, sagte der Engel: ›Gott hat dich auserwählt, denn du warst ein guter Mensch und ein Wasserträger.‹

›Mag Gott die Wasserträger?‹ fragte Jankl.

›Ja‹, sagte der Engel.

›Weil sie arm sind?‹

›Nein‹, sagte der Engel. ›Er mag sie, weil sie nicht versuchen, schneller zu sein als ein Pferd oder gar in die Lüfte zu steigen, um die Wolken zu überholen und der Sonne näher zu kommen. Und er mag sie, weil sie das hölzerne Joch mit Demut tragen und weil sie dem guten Wasser, das aus der Erde kommt, nahe geblieben sind.‹

›Ich freue mich, daß Gott den Himmel für mich bestimmt hat‹, sagte der Wasserträger. ›Aber was ist mit Rifke?‹

›Sie muß noch warten‹, sagte der Engel.

›Wir wollten nämlich immer schon heiraten‹, sagte der Wasserträger. ›Aber das hat auf der Erde nicht geklappt. Und so dachten wir, daß wir wenigstens im Himmel zusammen sein könnten.‹

›Für Rifke ist die Entscheidung aber noch nicht gefallen.‹

›Warum denn?‹

›Das weiß ich nicht. Vielleicht, weil Frauen länger warten müssen, da sie doch aus der Rippe des Mannes geformt wurden, der vor ihnen da war. Oder, weil sie's gewohnt waren auf Erden, hintenanzustehen.‹

›Aber das ist doch ungerecht.‹

›Nun, ich weiß nicht‹, sagte der namenlose Engel. ›Die bucklige Rifke, die du liebst, muß eben warten. Aber irgendwann kommt sie an die Reihe, und da ich weiß, daß sie ein guter Mensch war, wird Gott sie ebenfalls in den Himmel schicken.‹

›Ich werde mit Rifke warten‹, sagte Jankl, der Wasserträger. ›Denn ich will nicht ohne sie in den Himmel kommen.‹

›Aber das könnte sehr lange dauern, bis sie endlich an der Reihe ist.‹

›Das ist mir egal‹, sagte Jankl.

›Es könnte einen Tag dauern oder zwei oder ein Jahr oder zwei oder hundert oder tausend oder mehr – Gott zählt die guten Taten, aber er zählt nicht die Zeit –, so lange könnte es nach Menschenrechnung dauern.‹

›Dann werde ich hier mit ihr warten‹, sagte Jankl. ›Und wenn es tausend Jahre sind oder noch mehr.‹«

»Das ist eine schöne Geschichte«, sagte der Wind. Und er sagte: »Vielleicht ist das die große Liebe.«

»Das ist die große Liebe«, sagte die Stimme.

»Die Menschen träumen davon«, sagte der Wind, »nicht nur die Dummen wie der Wasserträger.«

»Ja«, sagte die Stimme.

»Trotzdem war es töricht vom Wasserträger, auf den Himmel zu verzichten, wenn auch nur zeitweise, um bei Rifke auszuharren. Man weiß ja nie, was passiert. Gott könnte seine Entscheidung ja wieder ändern. So eine Gelegenheit wie die Sache mit dem Himmel greift man doch geschwind am Schopf. Da zögert man doch nicht, schiebt es auf, geht ein Risiko ein.«

»Ja«, sagte die Stimme. »Du hast recht. Aber die Liebe ist ein Gewächs, das nicht aus dem Verstand kommt.«

»So scheint es zu sein«, sagte der Wind.

»Du mußt mir noch eine Geschichte erzählen. Nichts mehr vom Wasserträger und von Träumen und vom

Himmel und vom lieben Gott. Eine andere Geschichte, eine von heute.«

»Es war aber die letzte Geschichte.«

»Dann erzähl mir die allerletzte.«

»Die allerletzte ist die Geschichte vom deutschen Soldaten Anton Krüger. Der tauchte vor einigen Tagen neben dem Christus auf, dort oben auf dem Hügel am Pruth, wo auch die Vogelscheuche steht. Ich weiß nicht, warum er die Mohrrübe im Mund der Vogelscheuche nicht gegessen hat, denn Anton Krüger war hungrig und ziemlich erschöpft, aber es könnte ja sein, daß er die Mohrrübe übersehen hat.

Na ja. Anton Krüger ging denselben Weg entlang wie einst der kleine Jossel Wassermann und sein Freund Mottel und auch Reb Feigenbäum mit seinem Säckel und dem Stock. Unten auf der Landstraße sah er den Wegweiser, der von den Vögeln bekleckst war und außerdem verschneit und vereist.

›Scheiße‹, sagte Anton Krüger, kratzte aber das Eis ab und den Neuschnee und auch die Vogelkacke, las den Namen des Schtetls, murmelte: ›Pohodna. Was für ein verdammtes Kaff muß das sein.‹

Und dann ging er über den zugefrorenen Pruth, obwohl die Brücke ganz in der Nähe war. Im Schtetl blickte er weder nach links noch nach rechts, ging einfach mürrisch durch die menschenleeren Gäßchen, wußte gar nicht, wohin er eigentlich ging und was er hier wollte. Es schneite ja auch, und man sah kaum die Hand vor den Augen. Verfluchter Schnee, dachte er, verfluchte Kälte, verfluchte Gegend. Anton Krüger guckte nur einmal mißtrauisch nach oben, als suche er den lieben Gott, und er wunderte sich, daß es schneite, obwohl die Sonne schien und der Himmel von jenem wolkenlosen Blau war, das an den Sommer erinnert. Verdammt und zugenagelt, dachte Anton Krüger. In Polen schneit es sogar bei klarem Himmel. Früher war das anders. Polen kennst du doch, verdammt noch mal. Und wie du es kennst. Aber Schnee ohne Wolken und jetzt bei dem Wind auch ein Schneegestöber, das ist verrückt. In einer kleinen Seitengasse sprach ihn eine alte Frau an. Er hatte sie gar nicht gesehen. Aber plötzlich stand sie neben ihm.

›Haben Sie was zu verkaufen?‹ fragte sie.

›Ich habe nichts zu verkaufen‹, sagte Anton Krüger.

›Vielleicht ein Stück Seife?‹

›Seife hab ich‹, sagte Anton Krüger. ›Aber nicht zum Verkaufen. Seife verkaufe ich nicht.‹

›Wollen Sie mir die Seife schenken?‹

›Ja‹, sagte Anton Krüger. ›Wenn Sie mir sagen, wo ich mich waschen kann und wo ich vielleicht einen Teller warme Suppe kriege, dann können Sie die Seife haben.‹

Anton Krüger war stehengeblieben und kratzte sich unter der Soldatenmütze. ›Ich hab die Seife im Rucksack‹, sagte er. ›Aber hier auf der Straße kann ich den Rucksack nicht auspacken.‹

Er ging zu der Alten nach Hause.

›Woher können Sie eigentlich Deutsch‹, sagte er.

›Ich bin Deutsche‹, sagte sie. ›Wir haben immer hier gewohnt.‹

›Gab es viele Deutsche hier?‹

›Nicht viele‹, sagte die Alte.

Anton Krüger gab ihr die Seife. Er schaute der Alten zu, die am Küchenherd hantierte, das Feuer schürte und einen Topf aufsetzte, in dem Suppe zu sein schien.

›Wohin wollten Sie eigentlich?‹ fragte die Alte... ›vorhin auf der Straße.‹

›Ich weiß es nicht‹, sagte Anton Krüger.

›Suchten Sie Ihre Truppe?‹

›Nein‹, sagte Anton Krüger.

›Ich habe gleich gesehen, daß Sie ein Deserteur sind‹, sagte die Alte. ›So was sieht man. Es war leichtsinning von Ihnen, durch die Stadt zu gehen.‹

›Ist das hier eine Stadt?‹

›Nein‹, sagte die Alte. ›Es ist ein Schtetl. Es wohnten fast nur Juden hier, außer den wenigen Christen am Stadtrand.‹

›Und wo sind die Juden?‹

›Sie sind weg‹, sagte die Alte.

›Nach dem Auszug wurde geplündert‹, sagte die Alte. ›Zwei Tage lang. Die Schweine haben alles geklaut, was nicht niet- und nagelfest war. Dann aber kamen Soldaten und auch Miliz und polnische Hilfspolizei, und sie fingen an, auf die plündernde Meute zu schießen. Und jetzt sind auch sie weg. Und das Schtetl ist leer. Wie ausgefegt.‹

›Eine verhexte Gegend‹, sagte Anton Krüger. ›Hier schneit's, obwohl die Sonne scheint und keine einzige Wolke am Himmel ist.‹

›Das sind die Federn aus den Federbetten der Juden‹, sagte die Alte. ›Die Plünderer haben nach Gold gesucht, und sie haben vor allem die Federbetten aufgeschlitzt. Und sie ließen die Fenster offen und warfen Kissen und Federbetten auf die Gasse. Und da es windstill war, flogen die Federn nicht weg. Aber heute ist starker Wind, fast ein Sturm möchte ich sagen. Und Wind und Sturm wirbeln die Federn in die Luft.‹

›Verdammt‹, sagte Anton Krüger. ›Die Juden hatten wohl alle Federbetten?‹

›Nicht alle‹, sagte die Alte, ›aber die meisten, und sie verstanden es, die besten Daunen zu sammeln, um ihre Federbetten zu füttern. Juden schlafen gern weich. Und sie frieren mehr als unsereins, und sie decken sich besonders warm zu.‹

›Mit den dicken Federbetten?‹

›Ja, so ist es‹, sagte die Alte.

›Warum sind Sie eigentlich desertiert?‹

›Ich weiß es nicht‹, sagte Anton Krüger.

›Haben Sie Angst vor den Russen gehabt?‹

›Nein‹, sagte Anton Krüger. ›Ich habe Angst vor mir selber gehabt.‹

›Sie haben wohl eine Menge im Osten gesehen?‹

›Ja‹, sagte Anton Krüger.

›Und wohin wollten Sie?‹

›Nach Hause‹, sagte Anton Krüger.

›Einfach so?‹

›Ja‹, sagte Anton Krüger.

›Ich war wochenlang unterwegs‹, sagte der Soldat Anton Krüger. ›Bin nur nachts durch die Landschaft gebummelt. Am Tage habe ich mich versteckt und geschlafen.‹

›Und es hat Sie wirklich keiner gesehen?‹

›Manchmal hat mich ein Bauer gesehen. Ich schlief ja auch öfter in Scheunen.‹

›Und die Bauern haben Sie nicht angezeigt?‹

›Nein‹, sagte Anton Krüger. ›Ich kann Ukrainisch und Polnisch. Es ist anders, wenn man mit Ihnen reden kann.‹

›Woher können Sie diese Sprachen?‹

›Weil ich aus Galizien stamme‹, sagte Anton Krüger, ›aber nicht aus dieser Gegend. Ich bin der Sohn eines deutschen Bauern. Wir lebten mit den Polen und den Ruthenen in einem Großdorf bei Lemberg. Mit denen hatten wir keinen Ärger. Erst, als der Krieg kam, wurde es anders.‹

›Ein Pole also?‹

›Nein‹, sagte Anton Krüger. ›Ich bin Deutscher.‹

Anton Krüger aß seine Suppe. Die Alte gab ihm auch Brot und Salz.

›Wenn Sie fertig sind, müssen Sie wieder verschwinden‹, sagte sie. ›Denn wenn hier eine Streife vorbeikommt, bin ich genauso dran wie Sie.‹

›Ich verstehe‹, sagte Anton Krüger.

›Keiner darf Deserteure verstecken. Da sind die genauso scharf wie bei Juden.‹

›Darf man auch keine Juden verstecken?‹

›Nein. Die auch nicht.‹

›Gehen Sie runter zum Pruth‹, sagte die Alte. ›Dort ist eine leere Schmiede. Sie gehörte einem Juden. Fast alle

Handwerker in dieser Gegend waren Juden. Auch die Schmiede. Und wenn es Ihnen dort nicht gefällt, dann gehen Sie in die Hütte des Wasserträgers. Sie werden sie leicht finden. Sie ist nebenan, und die Hütte ist die einzige mit einem Hof ohne Brunnen.‹

›Kein Brunnen also?‹

›Dort ist kein Brunnen.‹

›In den besseren Häusern ist es gefährlich‹, sagte die Alte. ›Man weiß nie, wann die Plünderer wieder auftauchen. Aber in der Schmiede und beim Wasserträger ist nichts zu holen. Das wissen die Leute.‹

›Also dort soll ich hingehen?‹

›Ja‹, sagte die Alte. ›Ich zeige Ihnen später den Weg.‹

Bevor der Soldat Anton Krüger sich auf den Weg machte, sagte er zu der Alten. ›Ich brauche Zivilkleider.‹

›Ich habe keine‹, sagte die Alte. ›Ich habe nichts, was ein Mann anziehen könnte, ohne aufzufallen.‹

›Nicht mal eine Hose oder eine Jacke?‹

›Nicht mal das.‹

›Und wie ist es in den Häusern der Juden?‹

›Da werden Sie nichts finden‹, sagte die Alte. ›Die Plünderer haben alles mitgenommen. Und glauben Sie's mir, die haben nichts zurückgelassen.‹

Und Anton Krüger fand Unterschlupf für die Nacht. Er schlief in der leeren Hütte des Wasserträgers, weil er abergläubisch war und in keiner Hufschmiede schlafen wollte. Im Grunde war es egal. Die Hütte war ärmlich und längst ausgeplündert, und keiner würde hierher zurückkommen, um nach Gold oder Wertsachen zu suchen.

Es war kalt in jener Nacht. Anton Krüger war viel zu vorsichtig, um nicht zu wissen, daß er kein Feuer machen durfte, wenn er nicht auffallen wollte. Er versuchte, auf der harten Pritsche zu schlafen, auf der noch Spuren von Stroh zu sehen waren, wahrscheinlich von einer alten, undichten Strohmatratze. Er dachte: Auch die haben sie mitgenommen. Mitten in der Nacht wachte er auf, um noch einmal verzweifelt nach einer Decke zu suchen. Er fand keine. Aber hinter dem rohgezimmerten Schrank fand er ein Bündel mit Lumpen. Als er es aufmachte, sah er, daß es ein alter, zerschlissener Kaftan war und eine ebenso alte und zerschlissene Pelzmütze mit den Fransen und Schnüren, wie die Frommen sie tragen. Die Pelzmütze war groß, denn der Mann, der sie getragen hatte, schien ein Mensch zu sein, der einen übergroßen, massigen Kopf hatte. Anton Krüger zog sie über seine Soldatenmütze. Kein Problem. Dann zog er den alten Kaftan an, der immerhin wärmte, und legte sich wieder hin.

Zwei Nächte schlief Anton Krüger in der Hütte des Wasserträgers. Die Alte kam manchmal vorbei und brachte ihm Brot und Suppe. Am sechsten Tag nach dem Auszug der Juden aber fand eine Razzia statt, im Morgengrauen. Anton Krüger schlief. Als er erwachte, standen zwei polnische Hilfspolizisten vor seinem Bett. Sie stießen ihn vom Bett herunter und zerrten ihn zur Tür.

Da Anton Krüger Polnisch konnte, versuchte er mit

ihnen zu reden. Er öffnete den Kaftan, der ihn warm gehalten hatte, und zeigte den Polen seine Uniform.

›Ich bin kein Jude‹, sagte er. ›Ich bin ein deutscher Soldat.‹

›Dann bringen wir dich zu deinen Leuten‹, sagten die Polen.

›Nein, tut das nicht‹, sagte Anton Krüger.

›Du bist also ein Deserteur?‹

›Ja‹, sagte Anton Krüger.

›Sie werden dich gleich an die Wand stellen‹, sagte einer der polnischen Hilfspolizisten.

›Ja‹, sagte der andere.

›Und wenn ich den Kaftan anbehalte‹, sagte Anton Krüger, ›und die Soldatenhose ein bißchen hochkremple, damit man sie nicht sieht. Und wenn ich den komischen Pelzhut mit den Schnüren und Fransen aufbehalte, und wenn ihr ihnen sagt, daß ich Jude bin, einen, den ihr aufgegriffen habt, einen der letzten?‹

›Dann wird man dich auch umlegen‹, sagte einer der Polizisten. ›Denn es war den Juden bei Todesstrafe verboten, zurückzubleiben.‹

›So oder so?‹ fragte Anton Krüger.

›So oder so‹, sagte einer der Polen.

›Wenn du Jude wärest‹, sagte einer der Polen, ›dann würden wir mit dir keine Faxen machen. Je mehr von diesem Pack umgelegt werden, um so besser. Aber du bist Deutscher. Und ob du ein Deserteur bist oder nicht, geht uns im Grunde nichts an.‹

›Dann laßt mich laufen.‹

›Das geht nicht.‹

›Warum denn?‹

›Weil wir dich hier nicht zurücklassen können. Wenn man dich findet, wird man uns dafür verantwortlich machen.‹

›Und wenn ich in den Wald gehe?‹

›Das ist dasselbe. Man wird dich finden und herauskriegen, daß wir dich laufen ließen.‹

Die Polen flüsterten eine Weile miteinander. Dann sagte der eine: ›Wir haben eine Lösung gefunden.‹

›Was für eine Lösung?‹

›Wir bringen dich zum Sägewerk. Dort steht ein Judenzug. Du kannst bei den Juden einsteigen, und dann sind wir die Sache los.‹

So war's. Sie gingen mit Anton Krüger bis zum Fluß, und das war nicht weit. Da sie die Brücke, wo die Wachtposten standen, vermeiden wollten, wählten sie den Weg über das Eis, gelangten mühelos mit Anton Krüger ans andere Flußufer, gingen den Weg hinauf, der von der Landstraße abzweigte, um abzukürzen, kamen mit Anton Krüger bei Christus vorbei und bei der Vogelscheuche, die noch immer die Mohrrübe im Mund hatte und mit ihr flirtete und schäkerte und ihr Geschichten erzählte. Sie gingen durch den Mais, der noch gar nicht gewachsen war und nur in der Vorstellung existierte – kahle, verschneite, einsame Flächen waren es nur –, rechts lag der Wald und links, dort, wo der Weg wieder zur Landstraße führte und etwas weiter, sah man die Gleise der Eisenbahn. Bald tauchte das Sägewerk auf, und Anton Krüger sah es. Und er sah auch den Zug auf dem toten Gleis.

Anton Krüger wurde der Wachmannschaft übergeben. Die lachten, als sie den Kaftanjuden sahen, öffneten die Tür des letzten Waggons, nur einmal – sie hatten sie nie geöffnet –, also einmal nur, ganz kurz, schoben den Kaftanjuden hinein, lachten, schoben die Tür schnell wieder zu und verriegelten sie.«

Das war am sechsten Tag. Und der ging zu Ende. Und dann ward der siebente Tag.

An jenem Morgen des siebenten Tages, als die Sonne über dem Sägewerk aufging, putzten die Krähen auf den Schneefeldern erregt ihre Flügel, hüpften freudig umher, balgten sich und umflogen krächzend den Zug, denn die Sonne versprach einen freundlichen Tag. Als der Zug endlich abfuhr, sich quietschend und ruckend in Bewegung setzte, machten die Krähen kehrt. Auch der Wind schlug mit den Flügeln und erhob sich in die Lüfte, denn nicht anders als die klugen Krähen dachte auch er nicht daran, die Juden zu begleiten, denn ihr Ziel war unbekannt, und auf Dauer war die Nähe der Juden zu riskant. Der Wind schwang sich sehr weit hinauf, bis zu den einzelnen Wolken, die dem Zug nachsegelten, aber dann die Richtung wechselten, denn auch sie waren vorsichtig. Nein, es war besser, nichts mit den Juden zu tun zu haben.

Als der Wind schon fast bei der Sonne war – so hoch war er hinaufgestiegen –, da fragte er die Sonne, ob es möglich sei, daß die Welt, die ja in sieben Tagen erschaffen wurde – einschließlich des Sabbats –, auch in sieben Tagen untergehen könnte. Da die Sonne sich aber nicht vorstellen konnte, daß sie nie wieder aufgehen würde, gab sie dem Wind keine Antwort. Und so schickte der Wind seinen Blick und seine Stimme dem Judenzug nach, der schon weit fort war. Und der Blick sah, daß die Geschichte der Juden aus Pohodna nach wie vor auf dem Dach des Zuges hockte, dort, wo der Rebbe sie versteckt hatte, ihre Geschichte, die bis Abraham zurückreichte und noch weiter. Und zwischen ihr und den vielen Stimmen war alles verborgen, was der Rebbe aufbewahren wollte, die Eigenarten der Juden und ihre Fehler und ihre Schwächen und ihr jüdisches Herz und ihre Weisheit, aber auch ihr Glaube und alles, was den Juden heilig war. Der Blick dachte: Wer etwas aufbewahrt, der glaubt nicht an den Untergang, und er ist nicht verzweifelt. Denn für wen sollte er es aufbewahren, wenn es keine Fortsetzung gäbe? Und der Blick, der keine Stimme hatte, sprach: »Also geschah es.«

Und die Stimme sprach: »Also geschah es.«

So sprach der Wind und huschte noch einmal zu Jesus Christus, dort oben auf dem Hügel am Pruth.

»Der Rebbe hat alles versteckt, was die Juden aufbewahren wollen«, sagte er zu Jesus. »Er hat das Beste der Juden versteckt, und auch den Geist jedes einzelnen, auch seinen eigenen.«

Und da Jesus nicht antwortete, sprach der Wind: »Unlängst weckte ich die Lilien auf dem Felde, die schlafenden unter dem Schnee, und ich fragte sie, ob der Geist Gottes die Erde verlassen hätte, aber die schlaftrunkenen Lilien wußten es nicht. Und so sagte ich zu den Lilien unter dem Schnee: ›Wenn der Rebbe seinen Geist versteckt hat, damit die Häscher ihn nicht finden, dann könnte es doch sein, daß Gott mit Seinem Geist dasselbe gemacht hat?‹«

Und weil Jesus schwieg und sich der Wind über sein Schweigen ärgerte, sagte er: »Die Sonne verspricht einen freundlichen Tag. Ich mache mich jetzt auf den Weg. Und ich mache mich auch auf die Suche. Vor mir kann keiner was verbergen. Ich wette mit dir, daß ich den Geist Gottes irgendwo finde.«